A TRAVEL GUIDE TO THE MIDDLE AGES
The World Through Medieval Eyes
ANTHONY BALE

一本寫給過去、現在、未來旅人的歷史指南

走進中世紀的世界

安東尼‧貝爾——著

蔡耀騰——譯

◆➤· 獻給我的父親，約翰（John）·◄◆

Contents

前言

　　在研究中世紀旅行的歷史和文化時，我花了很多年的時間
與過往的旅客一起漫遊，這些旅人們穿越了一個看似不同的世
界。透過中世紀人們的旅遊指南和報導，我了解到當時旅行的
實際情況，以及危險和樂趣。

　　從牛津到伊斯坦堡，我曾坐在修道院和宮殿中安靜的圖書
館裡，閱讀有關當時旅人們旅程的中世紀手稿。我收拾好行李，
跟隨著中世紀旅人們的行程，穿過羅馬和耶路撒冷的街道和教
堂。我曾經在亞琛（Aachen）和烏爾姆（Ulm）被大雨淋濕，
在北京的夜晚迷路。我曾經因食物中毒生命岌岌可危，因中暑
而大汗淋漓，還被蜱蟲叮咬而驚慌失措，並且不知道在哪裡感
染了新冠病毒。而當我錯過了馬爾地夫環礁上的最後一個船班

時，沮喪和被遺棄的感覺油然而生。我曾經在罷工期間到達港口，在最後一刻改變了無數的旅遊計劃，並且被迫購買各式各樣的旅行許可證、文件和憑證，也因此支付了許多額外的費用。

在這本書中，我以中世紀時期的旅行指南和旅人們的報告為資料來源。讀者將會在後續的內文中遇到各式各樣的中世紀旅人們，就像我們在旅行時所遇到的人一樣，這些驚鴻一瞥，或許會給您留下深刻的印象。接下來，我將喚起中世紀人們對於世界的思考，讓您的想像遨遊在那些經常被記錄下來、然而您不曾造訪過的地方。書中的旅人們所喜愛的事物或許不盡然符合我們的品味，但這不正如我們在實際旅途中遇到的人一樣嗎？

在歐洲基督徒的想像中，環遊世界的主張已然在他們的心中。在大教堂迴廊所製作出來的世界地圖（mappae mundi）、朝聖的聖人神社、在天上人間的耶路撒冷對於心靈追求的理想，以及早期地球儀的轉動中所看到的這些都反映出了這一點。旅行就是讓自己接觸新知，然而旅行卻讓旅人們的視角有著獨特的觀點。當我們在家時，我們時常渴望旅行並神遊至九霄雲外，而只有在家裡，旅行的樂趣和回報才變得明顯。旅行是無窮無盡的誘惑，但是現實中的旅途景點很少能像故事中所說的那麼夢幻。

關於中世紀旅行的文章有各種不同的類型：自傳、自然書寫、百科全書、自白、歷史、日記以及民族誌等。這些作品也經常帶有一定程度的利己因素，並包含一些誤解，甚至是一些

聽說過的奇幻生物（比方說是像狗一樣大的螞蟻、眼睛鑲著寶石的女人、獅鷲（半獅半鷲的怪獸）力量強大到足以將馬匹抓到天空）和地點（青春之泉、亞馬遜島，甚至是人間仙境），但是從未有人親身見過或是經歷過。在中世紀時期，旅行意味著在真實和虛構之間穿梭。除了這些因素之外，遊記必然是帶有高度主觀意識的，有一部分是因為旅行經常會碰到前所未有的遭遇，而有些部分則是因為作者帶著他們因文化和個人猜想所造成的錯誤和負面描述。

旅行作為一種文化現象，不僅僅充滿了空間上的移動。「旅人（wayfarer）」一詞可以涵蓋任何在移動中的人：舉凡是旅行者、流浪者、過客或是朝聖者都可稱為旅人。然而強迫遷移、被驅逐出城鎮或是國家、被告知為雇主出差、或是被徵召參加遠方的戰鬥，諸如此類的事情則是移動或是流動，而不是旅行。旅行通常涉及一種地方感，涉及一次有目的或是自己選擇的旅程、一次自願與不同事物的相遇、一次自願或是經過深思熟慮的流動。旅行是一種計劃或是希望回家的旅程，選擇將自己（暫時）從自己的世界中連根拔起，渴望從旅程中獲得某種知識。

《加州法典》（*The Codex Calixtinus*，約西元一一三八至一一四五年）是最早可識別的旅行指南之一，這是一本為聖地牙哥—德孔波斯特拉（Santiago de Compostela）朝聖者提供的建議選集：朝聖者應該參觀哪些遺跡、在哪裡可以找到淡水、如何避免黃蜂和馬蠅，如何在聖人的聖地正確祈禱。西元約一二〇〇年，書面旅行指南在歐洲已經相當成熟，隨著朝聖活動變

得普遍，大約從西元一三五〇年開始，這一流派（有時稱為 Ars
apodemica，即旅行建議文學的流派）成為書寫關於自我探索世
界的主要方式之一。中世紀的遊記寫作是敘述者「我」的出現
地之一，對世界的好奇心形成了記述觀察到的地方和個人經歷
的故事。在中世紀，旅行寫作並不是一種既定的文體。相反地，
它是隨著旅行習慣不斷增長而緩慢出現的，但是它主要是寫給
那些不旅行或是根本不能旅行的人。旅行書籍是為那些對異國
情調感興趣，以及對不尋常事物、對世界上遙遠、無法到達的
角落充滿好奇心的人而寫的。

　　旅行經常可以成為一個強烈自我反省的工具，或者正如旅
行作家艾倫・狄波頓（Alain de Botton）所說的，旅行是「思想
的助產士」。一方面，當我們坐在馬車或是船上時，在旅程的
內省等待時間中，在出發和抵達之間的漫長時刻中，思想將會
在內心的對話中得到培育。另一方面，在旅程中，透過我們享
受或是受苦的際遇激發思考，因為這些我們不熟悉的新奇和陌
生給予了我們挑戰。在接下來的章節中，我們將穿越中世紀世
界，了解深植於旅行中的價值觀、快樂、恐懼和慾望。我們將
看到旅行所帶來的智慧和精神上的發展，以及人們如何應對熟
悉的刺激，寫下並記錄自己的旅行以供未來的世代思考。

　　即使在二十一世紀，許多人還是經常長途跋涉——有時是
出於必要，有時是出於慾望，然而旅行從來都不是一件簡單的
事情，經常在興奮和疲憊之間搖擺。除此之外，由於經濟上的
相互依賴、種族主義和剝削的結構，以及普遍的誤解，所有旅

行者都與他們所去的地方存在著不平衡的關係。正如伊莉莎白‧碧許（Elizabeth Bishop）在她所寫的詩《旅行的問題》（*Questions of Travel*）中說道：

> 大陸、城市；國家、社會：
> 選擇永遠不會廣泛，也永遠不會自由。

　　無論我們走到哪裡，我們都帶著我們的自我、我們的價值觀和我們的要求，所以即使我們所追尋的是自由自在，這些懸念也會限制並約束我們。

　　接下來，我將邀請您踏上中世紀旅行者所期盼的風景之旅。這些有時是具體的地點，可定位、可識別，有些則是今天可以實際參觀的景點，有時只是心中所嚮往的風景。書中的名字大多是根據它們最常見的形式音譯的，包括地名。當中世紀名稱與現代名稱明顯有差異時，我會在括號中給出名稱。例如，現代的亞速（Azov）我會在其後括號註明是（俄羅斯），而不是中世紀的威尼斯塔納（Venetian Tana）。有鑑於「英里」的測量範圍很廣，我沒有對一些報告的距離進行標準化。當我們穿越權力和多樣性不斷變化的海岸時，我希望讀者能夠允許在這方面存在一些不一致之處。為了本書的目的，我借鑑了「中世紀晚期」（大約是西元一三〇〇年至一五〇〇年）的資料，這是旅行技術和文化蓬勃發展的時期。尤其是在這個時期，旅行與閱讀和寫作緊密相連。換句話說，旅行文化是隨著旅行的歷

史而發展的。

　　《走進中世紀的世界》首先專注在西歐文化上，然後將其碎片化、多樣化，並在中世紀歐洲人所熟知的世界各地扎根，範圍從英格蘭到對蹠點（Antipodes）之間。我並沒有聲稱提供中世紀世界的完整行程：我們大可以啟程前往其他的目的地——孔波斯特拉（Compostela）、薩拉曼卡（Salamanca）和托雷多（Toledo）、諾夫哥羅德（Novgorod）和撒馬爾罕（Samarkand）、尚吉巴（Zanzibar）和大辛巴威（Great Zimbabwe），但是我們終究必須選擇一條路線。接下來，正如通常的情況一樣，羅馬和耶路撒冷的朝聖之旅被好奇心和探索之旅所取代。我邀請您穿越時空和地點在其中漫遊，透過這些旅居者的著作，它們既擾亂，又擴展了人性、經驗和知識的概念。

中世紀水手的風向玫瑰圖

風向玫瑰圖（windrose）已發展成為一種指南針，以預測天氣並能夠在海上正確的導航。風的名稱通常以西西里島和希臘之間的的愛奧尼亞海（Ionian Sea）位置來命名，亦即歐洲的海洋十字路口之處。

——— 風向玫瑰圖 ———

❶ 來自山外的北風 ｜❷ 來自希臘的強勁東北風 ｜❸ 從日升之處吹來的東風
❹ 從北非所吹來的炙熱、強勁的風 ｜❺ 微弱的南風，帶來雨水
❻ 來自利比亞的西南陣風 ｜❼ 微風，溫和的西風
❽ 從日落之處吹來的乾燥的西風 ｜❾ 沿著從威尼斯到希臘的主要航線上，
從法國南部吹來的強勁且寒冷的西北風。

CHAPTER ——————————————————— 1

西元一四九一年世界的樣貌；
或馬丁·貝海姆的序言

紐倫堡
Nuremberg

　　鋼樑、木箍和一桶搗碎的亞麻紙。泥模和多種顏色的油漆和墨水。鐵匠、印刷師傅和鑄鐘師等工匠大師們正流著汗水，用他們的雙手使用這些材料製作一個大約兩英尺寬的球體。西元一四九一年，在德國的紐倫堡（Nuremberg），有一件華麗且非比尋常的雕塑作品正在製作中。

　　工匠們正在勤奮地製作一個地球儀：這是他們所知道的整個世界的模型。他們的工作遵循著一張以此為目的特別印製的地圖。

　　一旦空心球體完成後，會用一種白堊膠狀的石膏粉覆蓋上。接著將羊皮紙條置放在球殼上。然後，當地的插畫家會在十五週之內根據印刷的地圖描繪其上，繪製成一張世界地圖。全部

的費用皆由紐倫堡市府的財政支付，包括繪製期間晚餐所飲用的葡萄酒和啤酒。完工後，地球儀被放置在紐倫堡市政廳內的其中一間接待室。這間位於市中心的市政廳是一棟宏偉的哥德式建築物，可供城市管理者們欣賞和學習。該地球儀預示著未來的財富，因為其目的在確定哪裡可以找到珍貴的寶石、珍珠、異國的木材和最好的香料；以提供紐倫堡的人民開發全世界的貿易。

負責這項艱鉅任務的是商人、旅行家和航海家馬丁·貝海姆（Martin Behaim，一四五九—一五〇七年）。自西元一四八〇年代後期以來，他一直擔任葡萄牙國王若昂二世（João II，卒於一四九五年）的宮廷地理學家。若昂國王熱衷於推動葡萄牙的貿易及其在大西洋、非洲和東方的新興帝國，貝海姆認為自己對這一事業至關重要。事實上，貝海姆在紐倫堡很有名，據他自己吹噓，他「環遊了世界三分之一」。

貝海姆的地球儀是歐洲現存最早的實體地球儀之一，嘗試展現出世界的全貌。地球儀向我們展示出西元一四九〇年初歐洲與美洲相遇的前夕，一群旅行者、工匠、學者和商人們如何構想出世界的樣貌。

貝海姆地球儀現在陳列在紐倫堡的德國國家博物館，它看起來就像是一個現代的地球儀。它以多種顏色進行了錯綜複雜的裝飾，上面有國家、河流、民族、地名、山脈、動物和精美的文字。地球儀上有大約兩千個地名、一百幅插圖和五十多篇冗長的敘述，因此它既是地球的雕塑，又是一本可供閱讀的百

───── 貝海姆地球儀 ─────

科全書。隨著日積月累，該地球儀已經風化黯淡（而且經歷了幾次笨拙的修復）。一開始很難看清楚表面的東西。然而，在重新調整目光後，大陸、島嶼、海洋和細微的圖案就會浮現出來，接著變得栩栩如生：一個充滿細節和目的地的世界。

　　馬丁‧貝海姆出生於紐倫堡，他的地球儀是那個特定時間和地點的產物。當他監督地球儀的製作時，紐倫堡是歐洲最偉大的商業首都之一，也是一個擁有巨大財富的地方。貝海姆家族的財富來自水銀貿易，亦即奢侈的紡織品。這是一項以國際為核心的業務，其商品種類繁多，有來自中東、波斯甚至是中國的棉花、絲綢、緞帶、掛毯、錦緞和虎斑貓，透過威尼

斯進行貿易橫跨歐洲。紐倫堡與奧格斯堡（Augsburg）、布魯日（Bruges）、科隆（Cologne）、佛羅倫斯（Florence）、法蘭克福、倫敦、呂貝克（Lübeck）和巴黎一樣，是中世紀歐洲快速發展的轉口城市之一，向外發展且四通八達。馬丁富有的父親也叫馬丁，是當時歐洲最國際化的城市威尼斯的一名商人。家族姓氏的意思是「波西米亞（Bohemia）」。中世紀時期，紐倫堡的財富來自於它作為中歐主要市場的地位。它的市場包括來自東方的商品，尤其是香料，而且這座城市是歐洲珍貴且昂貴的番紅花（saffron）貿易的中心，它不僅可作為食品和醫藥，還可當作染色和香料。紐倫堡的商人活躍於蘇格蘭至克里米亞（Crimea）之間的廣大地區間，並與君士坦丁堡（Constantinople）的熱那亞人（Genoese）和塔納（Tana）的韃靼人（Tatars）有貿易關係。

　　因此，貝海姆的生活遠離紐倫堡也就不令人感到驚訝了。在他的早期職業生涯中，他採用了歐洲的「流浪年」（wanderjahre）習俗。雇傭工（按天付費）從一個城鎮搬到另一個城鎮，一旦在工會中達成交易就會定居下來。這不是一種漫無目的的旅行，而是一種旅行學徒制。作為一名來自紐倫堡貴族家庭的年輕人，馬丁進入了布料交易的領域，在梅赫倫（Mechelen）、安特衛普（Antwerp）和法蘭克福等大型貿易城市網路之間工作；他也造訪過里斯本，而他晚年時，大部分的時間都待在葡萄牙。他娶了一位佛蘭德斯—葡萄牙裔（Flemish-Portuguese）的女子喬安娜（Joanna），她在亞速爾群島（Azores）

的法亞爾島（the island of Faial）上長大，她的父親在那裡是一位移民總督。

西元一四八〇年代後期，馬丁在海上航行遊遍了五湖四海，他遠征到了西非的幾內亞（Guinea）和維德角（Cape Verde），或許還去到了更遠的地方，他也在亞速爾群島生活了很多年。他於西元一五〇七年在里斯本去世。他到訪過已知世界的一些更偏遠的角落，這些地方也出現在他的地球儀上。

貝海姆和他的地球儀在歐洲的中心和東西方之間保持平衡：東向的貿易使得貝海姆、他的家人和他的城市變得富有，而他在西向的葡萄牙活動中聲稱曾在非洲海岸和亞速爾群島周圍的大西洋上航行。

貝海姆地球儀上所寫的訊息將國際貿易事實與八卦的民間傳說結合在一起。地球儀告訴我們，錫蘭（斯里蘭卡）的人們赤裸著身體，在印度東部的尼科巴群島（Nicobar）人們的頭像隻狗，在冰島的居民都是英俊的白人，他們以高價買賣狗，而為了控制人口把孩子丟棄給外國商人，他們吃魚乾而不是麵包（因為冰島不種植玉米），甚至可以活到八十歲卻從來沒有吃過麵包。我們也聽說德國人餐桌上的鱈魚正是他們捕獲的。我們如何知道這些事情是真是假、謠言還是事實？如果我們就像十五世紀紐倫堡的大多數人一樣從未去過斯里蘭卡、印度或是冰島，那麼只有從別人的口中才能知道那裡有什麼。

在接下來的章節中，我們將參觀貝海姆地球儀上所提到的許多地方，並且我們基本上將遵循他旅遊的主要來源之一，

也就是約翰・曼德維爾（John Mandeville）的《奇蹟與遊記》（*Marvels and Travels*，大約是西元一三五六年）所給出的行程。曼德維爾仍然是一個神秘的人物，其真實身份尚無定論，但是他的書是最受歡迎的中世紀遊記之一，被翻譯成多種語言，並以許多手稿和印刷版的形式流傳。他描述了一次從英國到耶路撒冷的朝聖之旅，後來轉變成了一次充滿好奇心和探索的旅程，最終一路到達遠東，而他的精神貫穿了接下來的章節。他對於不同旅程的描述不僅很受歡迎，而且代表了中世紀旅行的一些關鍵面向。也許最重要的是內容講述了一段經常被讀到但從未發生過的旅程。約翰爵士說，他從英國來到中國，並聲稱他的書已被教皇認可為「真實」。但其實並沒有獲得這樣的認可。曼德維爾的書是在修道院的圖書館中完成的而不是在路上，這本書是一個精彩故事的寶庫，這些故事使人容易信以為真。他出發的主要地方是真實的境界。但這並不是要詆毀他作為理解旅行意義的來源。對於曼德維爾和像是他的讀者貝海姆這樣的人來說，整個世界是一本包含不同景觀和社會的百科全書式的故事書，是一本活生生的幻想地圖集，可以從中學習到人類學、科學和道德課程。

曼德維爾寫道，「許多人在聽到和讀到不熟悉的事物時會感到非常高興和撫慰」。遙想異地的目的在激發人們對上帝創造的多樣性和世界的奇妙感到驚嘆（儘管對世界的驚嘆表示一個人不完全理解自己所看到的事物的另一種方式）。旅行就是閱讀，閱讀就是旅行：藉由閱讀老舊的書籍或是其他旅行者的

遊記，或是透過某人在很久以前寫下他到遠方遊歷所看到的世界來理解異地和旅遊的敘述。在中世紀的遊記寫作中，真相與謊言交織在一起，目擊者的證詞與古老的幻想並存。曼德維爾的書和貝海姆的地球儀都讓讀者和觀眾有機會透過敘述和影像「參觀」一些地方。對於紐倫堡的工匠和貝海姆的家人來說——比如他隱居在紐倫堡修道院的姐妹埃爾斯貝斯（Elsbeth）和馬格達萊娜（Magdalena）——貝海姆地球儀將是讓她們得以觀察這個世界唯一可能的方式，因此無論它所敘述的這些地方是否「真實」似乎已經沒有那麼重要，重要的是地球儀如何展現出這些故事。

貝海姆地球儀上的歐洲形狀至今仍然清晰可辨。它包括不列顛群島的精緻輪廓，蘇格蘭幾乎延伸到地球儀的最上方。法國善用布列塔尼（Brittany）伸向大海的長臂，澤西島（Jersey）則顯得異常巨大，位於菲尼斯泰爾（Finistère）之外，只是許多被稱為世界盡頭的地方之一。伊比利亞半島（Iberian peninsula）、巴利阿里群島（Balearic）、亞速爾群島和加那利群島（Canary）都被整齊地標記出來，統治者的旗幟顯示出誰控制著這些島嶼，就像軍事將軍的戰術地圖一樣。在丹麥，國王手握權杖坐在王座上。義大利半島（Italian peninsula）延伸至地中海（Mediterranean），毗鄰西西里島、科西嘉島（Corsica）和撒丁島（Sardinia）。波羅的海（Baltic）、黑海、賽普勒斯（Cyprus）和冰島都在其上。斯堪的納維亞半島（Scandinavia）有著不規則的形狀，逐漸消失在地球的北部邊緣，而現在的俄

羅斯，除了河流之外基本上空無一物。

　　儘管如此，對於二十一世紀習慣看地圖的人來說，貝海姆筆下的歐洲還是清晰可辨的。同樣地，中東和北非的海岸線對於現代的人來說仍然相當熟悉：尼羅河流經埃及、紅海、西奈半島（Sinai peninsula）和阿拉伯半島。

　　然而，馬丁・貝海姆和在他的地球儀上辛勤工作的人，對於世界樣貌的想法與我們的理解截然不同。一旦我們放眼歐洲之外，貝海姆的地球儀就會與我們的世界觀分道揚鑣。

　　最引人注目的是，地球只有三大洲：歐洲、非洲和亞洲。地球儀的兩極幾乎什麼都沒有。北極洲的北部有公海，與俄羅斯北部邊緣接壤。在南極洲的南部，貝海姆的藝術家們用這座城市的象徵；紐倫堡鷹、聖母瑪利亞的頭像以及紐倫堡和歐洲的旗幟、徽章和軍旗填滿了空間。在韃靼和中國北方（廣義上是俄羅斯、中亞和中國）的範圍之外，貝海姆的世界分裂成一系列的島嶼，其中有許多的島嶼沒有名字，就好像這些大陸已經變成了廢墟，漂浮在世界其他地區廣闊的海洋上。貝海姆的世界裡有兩個主要的海洋：西方的海洋，始於歐洲，到達「Cipangu」（日本）；印度洋，始於阿拉伯半島和「Taprobane」（斯里蘭卡）下方的某個地方，直到爪哇附近。更遠的海洋指的是東海，始於爪哇以東和日本南部，與西方的海洋（即我們現在所說的太平洋）相遇。

　　從這些「錯誤」中很容易推斷出歐洲人對他們所居住的星球知之甚少。然而，貝海姆地球儀代表了數百年來對於世界

的形狀及其周圍驚異的發現和探究的頂峰。值得非常明確指出的是，中世紀的人們普遍不相信地球是平的：他們知道世界是球形的，但是他們還不知道如何繞行它。任何受過教育的西歐人都知道有一部地理著作，也就是霍利伍德的約翰（John of Holywood，或稱為薩克羅博斯科〔Sacrobosco〕）的《球體論》（*Tractatus de Sphaera*）。這部專著尤其受到亞里士多德、托勒密（Ptolemy）和阿拉伯天文學家翻譯的影響，是十三世紀最受歡迎的天文學基礎教科書（它是中世紀課程較高級別的四門學科〔quadrivium〕的一部分）。霍利伍德基於「東方人和西方人」對於太陽、月亮和星星在不同時間出現的觀察，他申明說地球是球形的。他還描述了海洋「近似圓形」的性質。霍利伍德遵循馬克羅比烏斯（Macrobius，約西元四〇〇年）給出的有影響力的範本，斷言對蹠點的存在，並重申了氣候帶理論。氣候帶理論描述一個分為五個區域或是圓圈的世界：北部和南部寒冷的地區（北極和南極），一個「由於太陽的熾熱」而無法居住且幾乎無法通行的炎熱赤道地區，以及北部和南部溫帶區。貝海姆的地球儀以其赤道線和一個傳說來標記這個炎熱的地區，解釋說「一年中白天和黑夜總是有十二個小時。」根據地球儀的說法，赤道南部的非洲是一個「多沙、熱的燒起來的國家，人煙稀少，被稱為熱帶地區」。因此，在這個區域之外，無論是北部還是南部，「溫帶」區域的任何陸地都合理地被認為是適合居住的。關於像貝海姆的地球儀上那樣的遙遠的土地的謠言，以及它對爪哇和蘇門答臘地區的島嶼和王國的貿易往來的

詳細描述，表示出這些地區不僅適合居住，而且還真的有人住在那邊。貝海姆的球狀世界的圓形狀態和人類居住的範圍顯示出這些製作地球儀的工匠們受到了最新知識體系的教育。

　　有許多古代的地理學和哲學領域的權威人士都曾推測，在熱帶地區之外、與已知的非洲、亞洲和歐洲大陸分開的地方，都存在著可居住的土地，即第四塊大陸。西塞羅（Cicero）的《西庇阿之夢》（*Dream of Scipio*，西元前五四—五一年）在中世紀歐洲廣泛流傳，馬克羅比烏斯對其進行了評論，描述了太陽升起或落下的遙遠南方土地上的居民，那是一個遠遠超出「羅馬人」居住的地球北方小部分地區的人類世界（「羅馬人」居住的世界即地中海）。在西塞羅的描述中，南部地區的人們，「他們的腳與（我們）的方向相反」。可能與歐洲北部地區沒有任何關係，但是貝海姆的地球儀創新地將一切連接在一個球面上。聖奧古斯丁（西元三五四—四三〇年）在他的《上帝之城》（*City of God*）中接受了紐澳陸地存在的可能性，但是卻認為：「這太荒謬了，這意味著有人可能從地球的這一邊航行到地球的另一邊，在穿越浩瀚的海洋後到達那裡。照這麼說來，人類也應該由第一個人的子孫在那裡建立」。

　　許多地理學家和地圖製作者認為印度洋是一種「湖泊」，周圍被陸地環繞著，在地球的南部有一塊陸地環繞著海洋。到了十四世紀，南部地區的未知領域被普遍認為是存在的，與已知的地點相鄰並且以某種方式可以到達，儘管其確切的特徵和位置仍舊存在著爭議。人們理解到熱帶地區在某種程度上是可

以通行的。貝海姆的地球儀跟隨霍利伍德以及曼德維爾的敘述，說明了如何從對蹠點看不到指示方向的星星或是北極星，這在地球儀上的爪哇東部的島嶼「坎丁」（Candyn）得到了驗證。在坎丁和爪哇以及附近的島嶼上，貝海姆的地球儀指出北極星不再可見，但是另一顆稱作「Antarcticus」的恆星，即南極星，是可見的。這是因為這個國家與「我們的」土地「面對面」，也就是位於歐洲的對蹠點。法國紅衣主教紀堯姆‧菲拉斯特（Guillaume Fillastre，卒於西元一四二八年）是一位敏銳的地理學家，他寫道，「在東方最遠地區的人們與在西方最遠地區的人們是生活在地球上相反的地區」。因此，到了貝海姆的時代，人們普遍認為世界上有一些可以到達、但是仍不為人知的地方，那裡可能充滿了等待著他們前往傳播基督教福音並與西方進行貿易的人們。

與此同時，貝海姆地球儀上的資訊（即便格式未必如此）遵循著中世紀世界的標準排列，形成三個大陸的球體，基本上遵循現在所謂的「Ｔ＆Ｏ」地圖。這種基督教的大陸排列方式（字母Ｔ置於字母Ｏ內），直到西元一五〇〇年左右一直是地球的主導思想。它將亞洲置於頂部，歐洲置於左下，非洲置於右下。Ｔ由三個水體（通常是頓河〔Don〕、尼羅河、地中海）所組成，Ｏ代表圍繞已知世界的大海，即ecumene（已知有人居住的世界的社區）。貝海姆的地球儀同樣由非洲、亞洲和歐洲三大洲主導，所有這些大陸都與海洋相連。

地球儀在德語中被稱為Erdapfel，也就是英文的地球（Orb）

加上蘋果（Apple）。地球蘋果這個名字反映了中世紀對地球的理解，以有機水果的形式展現出一個生命週期。這是上帝在其完美的創造過程中的恩賜，反映出一個由旅行者（包括貝海姆本人）所走過的路線所穿越的世界，以及旅行者可以期望在海洋之外找到的所有土地。這類似於佛羅倫斯十四世紀壁畫中聖子耶穌手中握著像蘋果一樣的微小 T&O 球體（就像中世紀時期的歐洲，代表貿易和財富的「世界之都」紐倫堡）。聖子基督的手中掌握著整個世界。這裡 T&O 的 T 字是倒過來的，也許是為了暗示上帝的視角，從世界之巔往下看。

T&O 地圖將世界呈現為一個完整的三位一體（trinity），被上帝的傑作分割成整齊的大陸部分。這遵循聖經的說法，即所有人都是亞當（創世記〔Genesis〕第九章）並透過諾亞（Noah）的三個兒子所生的後裔。在這種人種學的理論中，閃（Shem）的後裔生活在亞洲，含（Ham）的後裔生活在非洲，雅培（Japeth）的後裔生活在歐洲。如果基督教要像耶穌所吩咐的那樣傳播到「萬國（all nations）」《馬太福音》（Matthew，二八：一六─二〇），那麼像貝海姆那樣的地球儀就是代表和連接整個可居住世界的一種方式，福音和貿易可以在其中傳播到那些曾經被認為遙不可及的熱帶地區之外的地方。

紐倫堡市財政部支付貝海姆地球儀費用的收據顯示出這是為了強大的市議會所提供的享受（在紐倫堡是市議會管理城市的貿易而不是公會）。當紐倫堡富有的市民轉動地球儀時，他們可能還記得他們自己的旅程。紐倫堡市議員格奧爾格・霍爾

─────聖嬰，手持世界之球─────

茨舒赫（Georg Holzschuher，卒於西元一五二六年）發起了建造地球儀的計畫並監督了議會的開支，他本人也於西元一四七〇年以商人和朝聖者的身份前往埃及和耶路撒冷。繪製地球儀的格奧爾格‧格洛克肯頓（Georg Glockenthon，卒於西元一五一四年）繪製了 Romweg 地圖，這是德國朝聖者前往羅馬的路線。有些人看到這個地圖可能會回想到他們曾經去過或是渴望前往更冒險的目的地。他們可能會思考讓他們致富的商品的來源。他們可能會反思葡萄牙在非洲所發現的消息，這些發現日積月累地徹底改變了歐洲人對世界的認識（貝海姆和霍爾茨舒赫家族的各個成員將在未來幾年積極參與其中）。他們也可能幻想過一些奇妙的目的地，也因此激發了他們的好奇心，

前往他們只能從書本和圖片中想像的地方。

地球儀上應該出現地名「紐倫堡」的地方，標籤上居然寫著「貝海姆」（Behaim）。地球儀是身份地位的象徵，紐倫堡航海家可以藉此掌握整個世界的知識。地球儀實際上讓貝海姆和紐倫堡的好人們以上帝的視角看待世界。因此，地球儀暗示了貝海姆過去和未來對於空間的掌控，這個世界是透過一個人的視角在特定的時刻所創造的。

當凝視任何世界地圖時，很容易忘記自己目前的處境。就像度假的照片一樣，地球儀可以成為講述旅行中所見所聞、去過的地方和走過的路線的故事的起點。地球儀對於導航和探索可能很有幫助，但是它作為一種大型、奢侈的物質物品的形式並不適合實際上帶著旅行。貝海姆地球儀是一個紀念品，一個讓你引起回憶的東西。它的功能之一或許是讓地點以縮影的形式呈現在人們的腦海中。掌控空間總是比掌控時間更容易想像。人們相信他們可以擁有空間，但是他們知道他們不能擁有時間。在地球儀上，全世界在觀看者的視角下閃爍，城鎮變得很小，令人敬畏的海岸線變成絲帶般的輪廓。在那一刻，時間的重要性不如空間來的重要，而我們似乎也看到、並知曉了這一切。

貝海姆的地球儀出現在一個關鍵的歷史轉折點，至少對於歐洲來說是一個停頓點，我們通常稱之為「中世紀」，亦即「早期現代」開始的時刻之一。也就是在西元一四九二年之後，歐洲人在美洲定居之前。歷史上也有許多類似的時刻，例如西元一○九六年的第一次十字軍東征、西元一四五三年鄂圖曼帝國

占領君士坦丁堡、或是從西元一五二〇年開始頒布的新教禁止朝聖的禁令。這些時刻都貫穿了中世紀的旅行史，當時旅行的性質發生了重大的變化。但是我們甚至可以定義旅行嗎？

　　大多數中世紀的移動方向都高度依賴於固定的地點：從特定的市集買賣商品，或是在修道院來往的道路之間移動，或者是去到特定的地點進行戰鬥的旅程。中世紀西方出現的主要旅行形式是朝聖，通常包含有旅遊的成份。朝聖通常是沿著既定的路線出發，前往一個令人嚮往和珍惜的目的地，然後以改進、更新和轉變的自我返回家園。朝聖的原因和動機有千百個理由，有時朝聖是自願的，有時是出於醫療的目的，有時是作為一種懲罰，有時是代表社區進行朝聖，但是朝聖總是一個前往特殊目的地的旅程。這些目的地包括沃爾辛厄姆（Walsingham）、坎特伯里（Canterbury）、亞琛、威爾斯納克（Wilsnack）、科隆、聖地牙哥德孔波斯特拉、羅馬、巴里（Bari）和耶路撒冷（Jerusalem）。這些地點以及其他更多地方都充滿了神聖的魅力，是基督教朝聖者的重要聖地。但是，到了大約西元一三五〇年時，這類旅行已經具備了我們現在所說的大眾旅遊甚至是旅行團的規模和基礎設施：旅遊的團體向旅行社和供應商付費，以確保一定程度的舒適性、安全性和社交性，然後旅行社代表旅遊經營者處理相關的事宜，比方說是語言、交通、貨幣兌換、食物供應等明顯的障礙。三教九流都有可能被安排在同一個旅行團體中，隨之而來的不是摩擦就是友誼。陌生的人因為知道一個人要去哪裡，以及在某種程度上知道誰和誰在一起而感到

壓抑。

　　旅行代表著一種追尋——尋找幸福、尋找救贖、尋找財富，但是它的定義是運輸、兌換、疾病、不適、延誤、取消等繁瑣的實際操作。旅行有目的地，並有產業和基礎設施的支持。旅行可以是行李和包裹、船隻和騾子、護照和安全通行證、讓人眼花繚亂的食物和可疑的飲料、令人不愉快的待客之道、與古代和現代建築物的邂逅、用不習慣的廁所和可怕的道路。旅行涉及到呆呆地看著別人的服裝和習俗。旅行者受到天氣和導遊的支配。旅行是與不講自己語言的人突然建立友誼的時刻，或者是發現自己撫摸著流浪貓或馴服的鳥類，彷彿牠們將成為終生的伴侶。旅行在許多方面都表現出對平等主義的矛盾態度，旅行者被聚集在一起或是被迫變得親密。旅行使人們依賴於那些既幫助他們又可能剝削他們的行業。旅行會帶來未知的無端興奮，讓旅行者期待著未知的世界。旅行會給旅行者帶來意想不到的時空交錯的體驗和似曾相識的令人不安的時刻。旅行就是試圖逃避責任，跨越大陸和語言，逃離在家裡的錯誤和失敗。旅行只是偶爾有史詩般的壯遊，大多時候只是個人的感受，但是有時其中會蘊藏著令人難忘的興奮時刻，這些時刻難以用文字表達，並會被旅者永久銘記在心或是一再地提及那段非凡的經歷。旅行涉及瘋狂的趕行程、走馬看花、亂吃亂逛但是又會經歷奇怪地、可預測的痛苦、怨恨和渴望。旅行激發了人們前往那些報導中聽說過的地方的慾望，而這些報導未必真實。旅行需要身心的投入，卻又總是身心靈分離。旅行鍛鍊了旅行者

主動的好奇心，然而矛盾的是，旅行者長時間處於被動的狀態：坐著、等待、延誤、生病、無聊。旅行出遊總是能獲益良多或是感受到樂趣，但是旅行的目的常常在旅途中發生變化。當一個人旅行時，人們常會努力追求「正確」的旅行體驗、好處和祝福。然而我們忘記了我們的步伐是多麼的渺小；旅行者的真實立場或性格往往幾乎保持不變。

　　對旅行的定義總是會失敗，因為無論是設計還是環境，每一次的旅行都是獨一無二的。走同樣的路線並不意味著旅行者經歷同樣的旅程。「旅行」是我們回家時講述的故事，而不僅僅是不優雅、痛苦和骯髒地在地球表面移動的實際經歷。書面的旅行指南通常與生存手冊有著非常相似的地方。旅遊的地方經常被描述成要如何忍受，而非如何去享受。但是對於未來要啟程的旅行者來說，描述不幸經歷比自滿地吹噓成功的旅程要來的更有用。正如我們將一次又一次看到的那樣，旅程越驚險，

─────── Wisdom for travellers ───────

　　旅行者的智慧：「他會被認為是一個非常愚蠢的旅行者，他在旅途中欣賞了一片宜人的草地，然後就放棄了旅程，忘記了他最初打算去的地方。」

　　此諺語出自列日的埃格伯特（Egbert of Liège）所著作的《滿載的船》（*The Well-Laden Ship*，約西元一〇二三年）

故事就越精彩。

　　貝海姆地球儀的插畫師面臨著許多早期地圖製作者想要逃避的挑戰：他們需要描繪大西洋世界的範圍，從葡萄牙延伸到日本，而不是把大西洋的浩瀚水域留在想像中。在許多中世紀世界的地圖上，大西洋被想像為地圖的「背面」，但是地球儀必須要能夠讓人看到全部的樣貌並呈現出來，然而當時連接歐洲、亞洲和非洲的海洋大部份仍屬未知。

　　在貝海姆地球儀上的大西洋中部，維德角以西的地方，有一座「聖布倫丹（Sant Brandan）」島」。貝海姆地球儀上的小小文字在島嶼旁邊記錄了以下的內容：「西元五六五年，聖布倫丹（St Brendan）乘船來到這個島上，在那裡他目睹了許多奇蹟，七年後，他回到了自己的國家。」這裡的地球儀指的是傳說中的聖布倫丹島（Isle of St Brendan），六世紀的愛爾蘭聖人布倫丹航行到這裡尋找天堂和聖徒的應許之地。無論是誰將其添加到地球儀中，都知道聖布倫丹的傳說，但也留有餘地，對島嶼的描述保持模糊。

　　在廣為流傳的《聖布倫丹》（St Brendan）故事中（可能最初寫於九世紀的愛爾蘭，但是以拉丁文和其他版本流傳），聖布倫丹島是一個森林茂密的烏托邦，那裡永遠是白天，太陽永遠不會出現。這裡的樹會結出美味、豐富的果實。每一塊鵝卵石都是珍貴的寶石，河流提供著充足的淡水。

　　兩週後，當布倫丹和他的同伴離開時，這個島就從此消失了。然而，聖布倫丹島仍然在旅行的故事和編年史中被人們閱

讀，或許有一天會被人們發現，這是一個對不存在的地方的幻想。在貝海姆的地球儀上，聖布倫丹島北部有四艘船向西航行，標誌著貝海姆時代歐洲對於大西洋的探索。然而，與這些船隻一起航行的是馬頭魚尾怪（hippocampus），這是一種神話般的海怪，一半是馬一半是魚，來自希臘和羅馬神話。馬頭魚尾怪隨著歐洲船隻向西航行，旅行者們帶著他們對於世界的想法、他們的神話傳說和先入為主的觀念，一起踏上旅程。

從布倫丹島的情況可以清楚地看出，貝海姆地球儀所展示的不僅僅是貝海姆親身經歷的旅行。地球儀涵蓋來自中世紀和早期旅行指南的訊息：它匯集了亞歷山大（Alexandria）的托勒密、普林尼（Pliny）和史特拉波（Strabo）的古典著作，馬可‧波羅（Marco Polo）和約翰‧曼德維爾爵士的早期中世紀記述，以及十五世紀精心製作的航海圖（portolano）。所有這些都是貝海姆地球儀製造者獲得資訊的重要來源。透過將這些不同的來源並排結合，貝海姆的地球儀代表了中世紀旅行必須被理解為古代故事和目擊者記述的混合體，一個民間傳說、歷史、地理、人類學和謠言的迷人組合。

旅行通常涉及一些世俗的權力、征服和統治的交易。對於貝海姆來說，日本和蘇門答臘島等地的特色是可供應極其豐富的肉荳蔻（moscat）和胡椒（pfeffer），這些是透過紐倫堡進行貿易的理想而奢華的香料，專供中世紀歐洲貪婪的商人階級。事實上，地球儀詳細描述了香料在「東方的印度」（東印度群島）如何「經過好幾手之後」才到達「我們的國家」。從

小島嶼到爪哇，然後到斯里蘭卡及其附近地區，接著運抵亞丁（Aden）、開羅、威尼斯。當香料穿越全球時，它們會被徵收十二次關稅。因此，地球儀是透過相互關聯的生產和商業鏈連接整個世界的一種方式，貝海姆的地球儀也毫不奇怪地以歐洲和基督為中心。在整個韃靼和亞洲，人們被標記為崇拜偶像的「異教徒」。在非洲，赤身裸體的黑皮膚男人在帳篷裡統治著他們的王國，這與歐洲蒼白膚色的基督教統治者不同，歐洲的統治者穿著長袍坐在王座上。

從我們現代的角度來看，中世紀旅行者對地理和地點的有限認知和誤解很容易被藐視。但是世界永遠無法被完全了解。在我撰寫本文時，侵蝕、洪水、野火、城市化、地震和滅絕，不斷地改變著地球的面貌。河流改變了河道，海洋變得乾涸。此外，我們對於哪些目的地是理想的或重要的感覺，正以令人眼花繚亂的速度在變化。當貝海姆的地球儀於西元一四九一年左右在德國南部製造的時候，並沒有顯示出美洲，因為在紐倫堡的人們不知道有這樣的地方。哥倫布於西元一四九二年十月才登陸「新大陸」（可能是在巴哈馬群島）。就像歷代的地圖繪製者和旅行指南的作者一樣，貝海姆團隊的工作甚至在完成之前就已經過時了。葡萄牙最新在非洲南部的發現並未包含在地球地圖上，而十年之內，類似的地圖將顯示北美和南美、好望角（Cape of Good Hope）、印度海岸線的詳細訊息以及遠東的香料群島（Spice Islands）。

貝海姆的地球儀其準確性有待商榷，也並不完全誠實地呈

現出貝海姆自己實際的旅程。地球儀上的文字顯示出，貝海姆
於西元一四八四至一四八五年帶領一艘葡萄牙的卡拉維爾三桅
帆船（caravel）航行期間，首先繪製了非洲南部大部分地區的地
圖，發現了聖多美普林西比（Islands of São Tomé and Príncipe）
群島，並開闢了繞行非洲南部的好望角的航線。事實上，這次
旅程的大部分路線早在貝海姆之前就已經繪製好了，所以當時
歐洲大肆報導、聳人聽聞的最新訊息沒有顯示在地球儀上，即
巴托洛梅烏‧迪亞斯（Bartolomeu Dias，卒於西元一五〇〇年）
於西元一四八八年繞行過好望角。

　　地球儀編湊出貝海姆作為航海家和探險家的重要性和名
聲，以表彰他個人和紐倫堡市的榮耀。任何旅行的寫作都鼓勵
旅行者透過他們的眼睛、按照他們自己的方式來看世界，並讓
他們的旅行符合他們自己的形象。誰沒有撒過謊，吹噓自己在
旅途中有多麼勇敢呢？誰沒有潤飾、美化過他們所參觀的地方
是多麼令人難以置信？貝海姆地球儀的表面依然迷人，承載著
好幾世代的旅行足跡、旅行者的傳說和對於旅行的渴望。地球
儀的鐵軸和木環有望旋轉成一個美妙的軌道，展現出新世界並
平衡日常生活的慣性和限制。

我可以用普拉帕幣支付嗎？

整個歐洲的貨幣和估算系統差異很大。貨幣通常是高度本地化的，特定於一個城鎮或公國，並使用各種金屬。從十三世紀開始，弗羅林幣（florins）和威尼斯達克特幣（Venetian ducats）開始廣為被接受，國際銀行業開始發展。大多數的旅行者在旅行時必須依靠兌換貨幣，而且匯率變化很大。

坎特伯里和羅馬之間的貨幣兌換，約西元一四七〇年。

首先，人們應該在倫敦的賈科莫・梅迪奇（Jacopo de Medici）銀行獲得一份信用狀。

其費率是：

9 英國先令	＝	2 羅馬達克特幣
40 英國先令	＝	11 勃根地公國萊茵盾

還可以在布魯日兌換貨幣，那裡有一家銀行。

1 萊茵盾	＝	21 荷蘭
1 荷蘭杜伊特	＝	24 小錢
1 萊茵盾	＝	24 科隆白芬尼
1 科隆白芬尼	＝	12 海勒
1 波西米亞達克特幣	＝	12 費拉斯幣
1 盾	＝	21 普拉帕幣 s
3 代芬特爾杜伊特	＝	5 科隆白芬尼
1 黃銅便士	＝	2½ 便士

1 利利亞德幣	=	3½ 便士
1 舊格羅特	=	½ 格羅特加上 ½ 便士
3 荷蘭盾	=	5 格羅特
1 佛蘭德斯荷蘭幣	=	1 杜伊特 11 便士
1 利利普拉克幣	=	3½ 便士
1 柯特幣	=	2 小錢
1 新杜伊特	=	4 便士
1 舊杜伊特	=	2 便士
1 斯圖伊弗	=	5 便士
6 科隆便士	=	5 斯圖伊弗
6 杜伊特	=	3 荷蘭幣（因此 1 荷蘭幣 等於 2 杜伊特）
1 利利亞德幣	=	2½ 便士
1 波西米亞達克特幣	=	3 克魯澤斯幣或 1 普拉帕幣
1 卡利諾幣	=	4 拜占庭金幣
1 教宗格羅特	=	4 博洛尼諾斯幣
1 博洛尼諾斯幣	=	6 費拉斯幣或 6 凱瑟林幣
1 達克特幣	=	28 威尼斯格羅特

CHAPTER ———————————————— 2

與碧翠絲、亨利和湯瑪斯
一起在出發點

伊恩漢姆_____ 西敏 _____ 倫敦 _____ 萊伊
Irnham　　　　　　　Westminster　　　　London　　　　　Rye

　　西元一三五〇年，碧翠絲・魯特雷爾（Beatrice Luttrell）女爵士（約西元一三〇七年至一三六一年）在林肯郡（Lincolnshire）鄉村的伊恩漢姆莊園裡，正在為一次旅行整理行李。（她的頭銜「dame」，既象徵著她高貴的地位，也代表著她作為家庭女主人的角色。）碧翠絲夫人正在差遣著她的女僕瓊安（Joan）收拾行李。或者，更準確地說，碧翠絲夫人在監督和指示，而她的女僕瓊安正在傳遞指示，而新郎亨利和不滿十四歲的僕人正在收拾行李。

　　碧翠絲夫人的丈夫安德魯爵士（卒於西元一三九〇年）幾年前繼承了家族財產，最近才剛從加斯科涅（Gascony）以及與法國的戰爭中歸來。碧翠絲夫人已經習慣了持家，生活也過得

很好：這裡物產豐富，空氣中瀰漫著烤豬肉和烤麵包的香味。當最近的瘟疫席捲英國時，她就一直在這裡等待，這場瘟疫在末期奪走了大約三分之一的人口。牧師、僕人，甚至主教和國王的女兒都死於瘟疫。碧翠絲夫人已經戰勝了瘟疫，她的家變成了安全的處所。

但是她在英格蘭東部的大宅邸，灰色的石頭靜靜地蹲伏在雨中莊嚴的林地中，也是一個束縛的地方。碧翠絲夫人已經四十多歲了，仍然沒有孩子。也許前往羅馬的旅程，經過擁擠的路線、充滿商品和傳奇神殿和祭壇的城市時，會讓她有幸懷孕並生下繼承人。她會離開莊園，而她長著鬍鬚的丈夫會和烏鴉、兔子、鹿、鷓鴣和雉雞待在一起。妻子不在的時候，安德魯爵士可以盡情的練習射箭，戴著獵鷹和手套騎著馬出去，放飛自己以恢復他的幽默感。

碧翠絲和瓊安命令年輕的亨利來回走動，嚴厲的對他大聲斥責，他們的英語夾雜著禮貌的英式法語，她稱他為 gareson，也就是男孩。年輕的新郎要處理的行李太多了：袋子、箱子和包裹，全都塞滿了。

他們正前往羅馬朝聖，但是碧翠絲和她的家人之前還曾去過其他的朝聖地。她的家人根據自己的需要和時間來選擇朝聖的地點。當她牙齒痛時，有時會去朗薩頓（Long Sutton）鎮的教堂（往東幾個小時的路程）。教堂的玻璃上有聖阿波羅尼亞（St Apollonia）的聖像（她的牙齒曾遭受過錘子敲碎並以鉗子拔出的折磨），而碧翠絲夫人會給聖人一兩分錢。參觀聖阿波

羅尼亞似乎總能治癒牙痛。有一回她的父親斯克羅普尊爵（Lord Scrope）在一次馬術比賽中手受傷，家人們向約克（York）的聖威廉（St William，一位十二世紀的大主教，他神蹟般的治療有據可查，而他的墳墓有時會散發出極甜美的氣味，或者是從裡面流出治癒的油）祈禱。感謝聖威廉，斯克羅普尊爵的手後來痊癒了。於是他們一起去約克朝聖，把斯克羅普尊爵的手的蜂蠟雕像帶到了聖威廉神殿，並將該蠟手獻給了聖殿。她最近去世的公公傑佛瑞（Geoffrey）為自己的靈魂健康留下了一筆錢，供奉在倫敦、坎特伯里、約克、沃爾辛漢姆（Walsingham）和林肯等全國各地的聖像，反映了他生前的朝聖之旅。碧翠絲夫人在她的斗篷上貼了幾個合金徽章，象徵著她所經歷的其他旅程。一枚徽章展示了一座小屋錯綜複雜的造型，讓人回想起她曾到訪過沃爾辛漢姆的聖屋（據說這座建築物奇蹟般地從拿撒勒〔Nazareth〕搬運到了諾福克〔Norfolk〕）。

　　而在西元一三五〇年末時，隨著最後兩年的大瘟疫有所緩解，此時人們都迫不及待地想進行朝聖。人們說瘟疫是上帝復仇的象徵。對於像碧翠絲夫人這樣的朝聖者來說，現在正是時候表達悔恨、許諾未來良好行為並透過離家公開進行懺悔的最佳時機。他們必須利用旅行來表達他們對上帝和聖徒的信仰。懺悔、悔改、虔誠和朝聖，據說這些是治療瘟疫的最佳良藥。

　　新郎亨利獻給碧翠絲夫人新的皮革健行鞋。她向林肯的鞋匠訂購了一款現代款式的鞋，這種款式被稱為克拉科夫靴（Krakow boot），靴筒很高，鞋頭又長又尖。她還買了一個小

皮包，上面有精緻的金銀花絲搭扣。打包行李到目前為止，裡面裝滿了由光滑的黑色玉珠所製成的美麗新念珠和大約一個手指長度的一把刀子，以及一面裝在象牙盒子裡的鏡子，上面裝飾著一位騎在馬背上的亞瑟王（King Arthur）騎士，此外，袋子裡還有很多的現金。

　　碧翠絲夫人還有一個可上鎖的木製小箱子，裡面裝的東西多到滿出來。她完全屈服於在瑣事上的狂熱消費，這是她準備旅行的標誌。箱子裡還有兩雙羊毛襪、一件灰色的羊毛百褶斗篷、一件用最好的褶邊亞麻製成的輕柔新面紗、一件深紅色帶有淺綠色袖子和以白鼬毛皮所製成的柔軟領子的新禮服。還有一個銀碗、一些小罐子和一本小詩篇（psalms），她為這本書做了一個漂亮的銀盒。大衣箱內還有一桶上好的法國葡萄酒、一些小空桶和一塊用亞麻布包著的奶酪，還有一些又硬又乾的鱈魚乾。此外，還有幾塊亞麻布，可以用來當作毛巾和擦東西以及一把用某種骨頭製成的新梳子，可以讓她的長髮保持整齊。箱子的底部還有一只藍綠絲綢繡花的錢包，裡面裝有碧翠絲夫人的絲帶金戒指，這只戒指上刻有聖克里斯多福抱著聖嬰耶穌的圖案。碧翠絲夫人被告知這只戒指會在旅途中保護她，特別是免遭溺水。錢包裡還有一套神秘的硬幣，用於滿足不可預見的需要和需求。

　　碧翠絲夫人與她的少女瓊安和新郎亨利一行三人將一起旅行。碧翠絲夫人向國王提交了一份請願書，要求他提供信件和印章，允許他們三人能夠暢行無阻的前往羅馬朝聖。在她的第

一段路線中,她將由她的牧師羅伯特修士(Brother Robert,一位穿著黑色長袍,嚴肅且值得信賴的修道士,他的金髮修剪整齊)和戈弗雷(Godfrey)陪同,戈弗雷是她家裡一位沉默寡言、堅忍不拔的自耕農(她丈夫的可靠夥伴,可以充當聚會的警衛)。

這趟旅程準備的費用到目前為止已經非常昂貴了,而她還沒有出發。

她知道前往羅馬的旅程將是危險而漫長的。但這是西元一三五〇年,羅馬的禧年(Jubilee year),這回是第二次此類盛事(第一次是在西元一三〇〇年,當時碧翠絲還沒有出生)。禧年是一個寬恕的節日,特別是對朝聖者來說,給予每個朝聖者他們的罪孽最充分的赦免,即使是最邪惡放蕩的生活也可能變得乾淨和純潔。它讓人回想起聖經中希伯來文的 yovel(禧年),即上帝的憐憫所特別彰顯的那些奇妙特殊的歲月。而現在碧翠絲夫人也是眾多朝聖者中的一員,大約有一百萬來自歐洲各地的人前往羅馬,以求在上帝眼中變得純潔,並感謝他消除了瘟疫。國王同意了碧翠絲夫人的旅行請求,他們的名字出現在發往所有港口的通知上,允許他們能夠不受阻礙地出國。名單上還有幾十個其他的名字,有的是職員,有的是騎士,有的是寡婦,有的是童僕,全都是朝聖者。

當她們一行人準備乘坐盛裝打扮的馬車出發時,碧翠絲夫人考慮是否要帶一隻寵物一起去。也許是一隻小狗或是一隻貓,也或許是一隻松鼠。

Don't forget!

別忘了！對於任何旅行者來說，最重要的兩個物品是手杖（支撐）和一個行李箱（憑證）。

白蠟木堅硬且柔韌易彎曲，是最適合你的木材。確保您的手杖適合您的身體，尺寸適合在岩石地形上行走。將為您提供支撐，但您也需要它來進行自衛。

你的行李箱應該用來存放硬幣和貴重的物品。最適合旅行的行李箱應該要有一個可以安全扣緊的扣子，因為這樣可以保護你的物品免受手巧的同伴偷竊。你的行李箱必須有足夠長的肩帶以便可以掛在胸前（這樣就不會被搶走）。對於朝聖者來說，樸素的皮製行李箱是最適合的。有些人的憑證翻蓋上裝飾著精美的刺繡，或是裝飾著之前旅程中的朝聖者徽章。如果朝聖者想被認為是真誠的朝聖者，就應該穿著簡單的斗篷並戴上寬邊帽。

如果你要去朝聖，你可以在出發前讓牧師為您的手杖和憑證祝福。這是為即將出發的朝聖者所做的祈禱：

「以這根手杖作為你旅程和辛苦朝聖中的支撐，使你能夠戰勝敵人，安全到達你想去的聖地，並且在旅程完成後，你會健康地回到我們身邊。」

四十年後的倫敦，另一群旅行者正準備出發。國王的堂弟德比伯爵亨利・博林布羅克（Henry Bolingbroke，西元一三六七──一四一三年）決定發動十字軍東征。他打算前往巴巴里（Barbary），改變統治那邊土地的長鬍子人民（亨利稱他們為撒拉遜人〔Saracens〕），或者向他們發動戰爭。在亨利看

來，這片土地理應是屬於基督教徒的。

　　或者，亨利考慮向波羅的海進行十字軍東征，加入領導當地對抗異教徒的德國騎士隊伍。他聽說異教徒仍然崇拜祭壇和樹上的神靈。他想向歐洲其他王子展示出他也像他們一樣，或是甚至更勇猛，他是一位勇敢的基督教戰士王子，一位新的十字軍戰士。

　　然而，他最關心的、也是他出國的最主要動機是希望逃離家鄉的磨難。就在三年前，他參加了針對他的堂兄國王理查二世的暴力叛亂。這場叛亂開啟了惡性報復殺戮的循環。亨利謹慎地尋求遠離家鄉的其他戰鬥。當一個人旅行時，錯誤和失敗不會像在家鄉那樣耿耿於懷。

　　亨利伯爵是一位富有的貴族，一位新進的王子，他才剛剛滿二十三歲。在皇室法庭內，他們稱他為「快樂的知更鳥」，因此，他以這樣的姿態四處旅行。他的行李不能裝在袋子裡或是行李箱內；他的行李是一座旅行宮殿，展示了他的消費能力、他的深思熟慮、他的華麗以及他有許多有權有勢的朋友。他透過他在倫敦的佛羅倫斯銀行家阿爾貝蒂（Alberti）作為中間人，為這次旅行預留了兩萬四千阿拉貢弗羅林幣（Aragonese florins）。亨利會準備最好的裝備出發去旅行。

　　他的旅行皇宮包括下面的物品：

- 幾副全套的全新盔甲（包括鋼靴和長襪、無袖短鎖護胸盔甲和護目鏡）。

- 大量的紙張、墨水和手寫筆（全部都存放在一個特殊的木製文件盒中，用於記賬）。
- 六匹新馬（一匹灰色和一匹白色；一匹栗色的馬；一匹海灣色的馬，有著閃亮的棕色皮毛和一條黑色的長尾巴；一匹「禿頭」的黑馬，但是臉上有一個閃亮的白色條紋；還有一匹聽話的小馬，這是最適合騎乘的馬種。更不用說馬鞍、繩索、食用燕麥、背帶、韁繩、馬鐙和韁繩。隨行的還有蹄鐵匠華特〔Walter〕。他隨身帶著一個巨大的皮袋，裡面裝滿了馬蹄鐵）。
- 六張皮革（大張的皮革床單，用來覆蓋亨利的行李）。
- 五個可上鎖的保險箱（用來存放金錢和貴重的物品）。
- 數量驚人的食物和飲料（麵包、葡萄酒、鹹魚、雞蛋、鰻魚、麥芽酒、蜂蜜酒、亞麻籽、奶油、奶酪、蜂蜜、鱒魚、培根、芥末、牛屍體和一些羊肉屍體等等）。
- 帶有亨利徽章的旗幟（他打算在騎馬與異教徒或非基督徒作戰時懸掛這些旗幟）。
- 一張新的羽毛床（這樣亨利就能睡得很舒服）。
- 銀器和金屬器皿（包括新的刀具、裝藥物的糖蜜餡餅盒、秤、鹽窖、懸掛烹飪鍋的架子和烤肉叉）。
- 西洋雙陸棋和骰子（為了讓亨利的手下們開心，也許還可以在賭博的過程中賺點錢或是輸點錢）。
- 空鍋子、空袋子和空罐子（亨利計劃花很多錢，帶一些奇怪而珍貴的物品回來）。

　　亨利的家族關係和隨行隊伍的宏偉將為他打開城門並獲得
青睞，而且他行李箱裡面裝的巨款也無傷大雅。陪同他的有大
約二十名貴族侍從、三到四名家中的資深僕人、一名牧師、弓
箭手和步兵（其中大部分是亨利的朋友免費提供的），以及無
數的僕人、馬伕和家僕。

　　赫里福德（Hereford）的副主教被任命與亨利一起旅行，以
記錄所有花費的金錢和購買的物品。當該團體精心策劃地穿越
歐洲時，王室金庫中保留了大量的資金以支付這趟開銷。

　　西元一四四〇年，在倫敦東門旁的聖三一阿爾德蓋特（Holy
Trinity Aldgate）修道院，湯瑪斯·戴恩修士（Brother Thomas
Dane）正準備踏上一生難忘的旅程，他準備前往羅馬，並希望
能夠造訪耶路撒冷。他的上司修道院院長約翰·塞文諾克（Prior
John Sevenoke）給他請了假，休假時間以三百六十五天為上限。
湯瑪斯修士（還）沒有像碧翠絲·魯特雷爾夫人或是亨利伯爵
那樣有錢，但是他（還）不像他們那樣習慣舒適和時尚的生活。

　　他計劃節儉地旅行。他的厚重羊毛斗篷和外衣以及寬邊皮
帽可以保護他免受惡劣天氣的影響。這些衣服和他的白蠟木手
杖也將向沿途的人們展示他是一位樸素、真誠的朝聖者以及一
位神的僕人和一位信仰的戰士。他唯一花費的大筆開銷是一雙
時尚的新鞋子，由深色的皮革所製成，採用法國風格剪裁，鞋
匠稱之為「熊掌」，有著圓形的鞋頭。

　　他所有的其他物品都塞在一個整潔的小牛皮袋子裡：一個
裝飲料的小桶子、一個石杯、一點點錢、一些帆布內衣、一把

小刀和一張畫在羊皮紙上的聖母瑪利亞圖像，她正在哀悼基督在加爾瓦略山（Calvary）的逝去，背景是耶路撒冷的塔樓和城牆。湯瑪斯修士不僅要把這個影像放在他的行李箱內，而且還要把它留在他的心中和腦海裡。

湯瑪斯修士按照奧古斯丁的規則生活。他從年輕時起就無時無刻地在尋找上帝。他並不完全確定自己是否應該離開修道院。他私底下想知道，他是否應該審視自己，而不是在國外徘徊。修道士或是修女最好進行一次心靈的朝聖，而不只是身體的朝聖。但是修道院本身已經變得有些鬆散，人們對塞文諾克院長的道德有很多議論的聲音，他與聚集在修道院外街道上的妓女一起陷入了可憎的好色罪孽。在離開修道院旅行的許可證中，塞文諾克院長稱湯瑪斯修士是一位生活值得讚揚且談吐誠實的人。湯瑪斯修士的目標是效仿基督來生活。他期待著在耶路撒冷追隨基督的腳步，那裡的石頭和街道都沐浴在基督甜蜜的汗水和血淚中。

耶路撒冷城將是湯瑪斯修士接觸過最偉大的遺跡。他期待著在基督受苦過的地方受苦，感受那口渴、身無分文、筋疲力盡的滋味。

湯瑪斯修士以近乎苦行僧的方式旅行。他試圖不去想前方的旅程，那些關於他用來休息的骯髒小屋、險峻的山路、不可避免的暈船等，但是他把注意力集中在快樂的目的地上。就像許多的旅行者一樣，湯瑪斯修士出發去確認他期望找到的東西，去看看一個他認為自己已經了解的世界。

　　並非所有人類的努力都是為了延長在人世間的壽命。一趟適當的朝聖之旅是為了治癒我們的靈魂。當（或是如果）他到達羅馬和耶路撒冷時，湯瑪斯修士的所有罪孽都會被洗淨（唉，曾經有過一些罪孽）。如果他死了，他就能更快地進入天堂。

　　行李、費用、冒險、提升心靈、風險和快樂。在中世紀後期的歐洲，人們正收拾行李（或是有人為他們收拾行李）並四處奔波。像是碧翠絲夫人、亨利伯爵和湯瑪斯修士這樣的旅行者充滿了期待和希望，也夾雜著懷疑。他們出發的動機和理由有很多。這些目標雄心勃勃，然而對許多人來說是可以實現的。當他們鎖上旅行箱、關上家門時，每個旅行者都甜蜜地陶醉在眼前的世界，一個等待著遇見、擁抱和包容的世界。

　　旅行幾乎總是令人充滿期待。眼前的世界向我們招手，比我們離開時門栓的喀嚓聲更加誘人。旅程預示著一個新的自我。然而，收拾行李準備出發卻令人沮喪，因為打包讓我們想起旅行的現實。我們的身體需求、途中的不適、可能出現問題的一系列情況以及我們需要為此塞入行囊中的無數種情況：天氣、盜竊、遺失、破損、預期的情況、意外的情況。比方說是藥物、貼身衣物、污跡斑斑的破布、小毛巾、牙籤、有刮痕的手拿鏡、一些舊肥皂和殘餘的蠟燭和一些針線等等。許多中世紀的旅行者都會隨身攜帶一把劍，以防止在旅途中遇到盜匪時防身之用。

　　打包完畢後，人們發現自己揹著一個像頭牛一樣重、大小差不多的袋子。現實是你幾乎把所有的家當都裝進去了，比你想像和預期的還要多。

旅人們，尤其是朝聖者，有時被認為切斷了與日常生活的聯繫，但是他們的行李卻像一個責備自己的影子一樣跟隨他們走在路上。人們在收拾行李時常常會發脾氣，或者是感到洩氣、缺乏動力和沮喪。透過我們的行李，我們被提醒著，在旅途中我們總是帶著自己墮落的、世俗的自己去遠行。

西元一四八〇年前往聖地的米蘭政治家和朝聖者桑托·布拉斯卡（Santo Brasca）總結道，旅行者總是需要兩個袋子：一個裝滿金錢，另一個充滿耐心。其他旅行者說，人們還需要第三袋：一袋信仰。但是這第三個袋子似乎總是最容易忘記或是遺失的。

對於中世紀的旅行者來說，旅行的準備取決於旅行者的期望。準備旅行不僅僅是收拾行李的問題，還有一些重要的其他事項需要處理。首先，一個人需要獲得旅行許可（來自配偶、牧師、統治者的許可；以及透過其他統治者土地的書面安全通行法規）。在進行朝聖之前，丈夫應該得到妻子的明確許可，反之亦然。任何生活在封閉機構（如修道院、女修道院、隱修院）中的人都需要獲得資深牧師的許可。一個人一旦離開了自己所熟悉的小鎮或城市，就成為了「他鄉的異客」。由國王簽署、並在困難時刻出具的安全通行證將有助於確保個人的安全。

第二，要把自己的事情整理好。在踏上長途旅行之前，每個人都確保已經立下了自己的遺囑。沒有人能夠確保自己是否會平安地回到自己的世俗事物中。

第三，必須安排好旅途中的財務：兌換錢幣，沿途需要的

東西。

　　最後，有許多旅行者會拿著一份書面的旅遊指南。這將包括一些前往主要目的地的行程，以及它們之間的距離。旅遊指南的內容可能會有關於在哪裡可以看到最好的文物的建議，也會為旅行者提供方便的詞彙表，甚至還有一些字母表，以及為旅行者祈禱的內容。此外，可能還會提供一些不容錯過、令人感到驚奇的事物的描述和圖片。

　　旅行一個月後，湯瑪斯修士已經看到了一些英格蘭他所嚮往的地方。他首先從倫敦向北前往約克，參觀聖威廉的遺跡和神殿（聖威廉被認為是一位好牧師，他被惡毒的對手惡意的毒害）。接著他向東旅行來到了海邊，參觀聖約翰在貝弗利（Beverley）的遺物和神殿（他被譽為是一位熱愛窮人、放棄世俗的偉大主教）。然後他往南前行，經倫敦返回坎特伯里，並參觀坎特伯里的聖湯瑪斯・貝克特（St Thomas Becket）神殿。（聖湯瑪斯・貝克特被認為是一位神聖的大主教，他被不虔誠的騎士所謀殺）。隨後他前往英格蘭南部的海岸到達萊伊港，接著搭船前往法國，然後從那裡抵達羅馬，他希望最終能夠到達耶路撒冷。

　　在倫敦時，湯瑪斯修士從書商那裡給自己買了一本旅行者指南。該指南用棕色的墨水以整齊、規則的線條書寫在牛皮紙上，並用柔軟的小牛皮包覆著。開頭的建議毫無幫助又令人恐懼：「首先前往加萊（Calais），途經佛蘭德斯（Flanders）、德國的北部和德國的南部。說話時要始終保持禮貌，因為很多

人都很粗魯，有些人則是徹頭徹尾的惡意和好辯。」

該指南給出了各種類似且令人沮喪的建議。當你抵達佛蘭德斯的布魯日時，你要仔細地規劃路線，並向貨幣兌換商尋求建議。因為戰爭正在發生，這裡有其他的「不法分子」，比方說罪犯、惡人、不法分子等壞人正在路上。指南也警告路線上有間諜。其作者陰沉地說道，旅行者絕不可讓任何人知道自己選擇走哪條路線，以免有人提前趕到，隨後伏擊無辜且毫無戒心的旅行者。

該旅遊指南暗示，在國外，到處都會遇到強盜、海盜、小偷、猥褻的人和騙子。它建議旅行者雇用一個被稱為「scarceler」（法語為 escarcelle）的人，這種專業人士是一種集守護者、特使和導遊於一體的人。他會陪伴旅行者，並為旅行者和馬匹找到最好的休憩處。同時，指南還警告說，人們應該小心，不要雇用酒鬼或是魯莽的人。旅行者所依賴的任何人都應該是「悲傷、秘密和明智的」，亦即忠誠、謹慎和經驗豐富的。該指南的作者告訴他沮喪的讀者說，「英國人在很多地方都不受歡迎」，人們僅因他們的金錢或是權勢而受到尊重。因此，湯瑪斯修士只能依靠他那一小袋的錢幣，以及他的舉止和虔誠、帶有權威的神態。像任何旅行者一樣，他會磨煉自己去接受陌生人的善意和仰賴生活中的機運。

湯瑪斯修士一邊讀著他的旅遊手冊、一邊在萊伊繁忙的港口旁的住處焦急地等待著。他選擇住在美人魚（The Mermaid），這是旅行者常投宿的客棧之一。今日仍然在原址，

但是現在轉型成一間智慧型的旅館。客棧的走廊和臥室圍繞著狹窄、泥濘的庭院和馬廄。它也是一家啤酒廠，自己釀造啤酒，但主要是一個睡覺的地方。每晚的花費大約是兩便士，旅行者可以找到一個可以休息的地方，但那裡既不私密，也不是特別舒服。人們可以只支付通鋪的費用，或是再多花一兩個便士就可住有門鎖的閣樓單人房。無論你是馬伕或是客棧老闆都必須給小費。客棧老闆可能會被說服提供鯡魚、麵包和麥芽酒等一頓大餐，而客人則可以在壁爐旁用自己的攜帶式火鍋給自己的食物加熱。在最好的客棧裡，床單被褥等寢具會盡可能經常更換，大約每十四天更換一次。外頭有一間石頭砌成的茅坑坐落在院子的昏暗處，不容易看得到卻很容易聞得到。然而，與其他的選擇相比，旅館是更好的住宿地點（如果比下列其他地方更貴的話）：朝聖者收容所神的殿堂（Maison Dieu）骯髒的角落，或是修道士宿舍石地板上的一張乞討的床，抑或是鬼鬼祟祟的蜷縮在某人房屋外的附屬建物中的稻草堆裡。

湯瑪斯修士所住的客棧名稱叫「美人魚」（The Mermaid），讓人聯想起大海中的妖怪。美人魚是一個虛榮、放蕩、美麗的半人半魚的女性，有著鯖魚般的尾鰭，用她誘人的歌聲讓水手和他們的船隻永遠沉睡。湯瑪斯修士想知道他在旅行中是否會遇到這樣的生物。

傍晚時分，在斯特蘭德（Strand）的碼頭上，河口的潮水拍打著萊伊的城牆和碼頭。暮春的太陽已經落山了。旅客、水手、船務人員和乞丐，以及一些餵養得很飽的貓聚集在碼頭上。那

裡有富有的高級教士、偉大的貴族和高貴的公主，以及他們的隨從和一車車的行李，也有來自倫敦和其他城鎮的英國商人前來進行買賣，還有流動的建築臨時工人和工匠。此外，碼頭上也聚集了一些佛蘭德斯人（Flemings）在此販賣精美的毛氈、眼鏡和裝飾精美的書籍，然而他們受到一些英國人的侮辱和不友善的目光。在鎮上的其他地方，在隱蔽的角落裡，躲藏著騙子、海盜和流浪漢，這些人藉由在海上搶奪船隻上的貨物來謀生（有些是合法的，有些則是犯罪的行為）。

　　鎮上有些其他的旅行者似乎動機不明，他們是在混亂的世界主義旅行中從遙遠的海岸來到這裡的。像是有一位威爾士（Welsh）寡婦和她的女兒膽怯地環顧四周，彼此之間幾乎沒有說上半句英語，還有一個來自蘇格蘭的瘸腿年輕人，他患有馬蹄內翻足，臉上長滿了痘痘，脖子上掛著十幾個十字架，正在前往西班牙朝聖的途中。另外還有一位來自德文郡（Devon）的駝背老人，穿著一件縫縫補補的斗篷，他試圖與任何願意傾聽他說話的人成為朋友。此外，有兩位來自愛爾蘭非常年輕的神學生，外表整潔、清醒、嚴謹且沉默，正在前往帕多瓦（Padua）學習的路上。還有兩位冰島人穿著厚重的毛皮和獸衣，有著飽經風霜的臉龐，但是雙手卻異常的柔軟。

　　路上也有士兵在附近徘徊，包括弓箭手和武裝人員，這些人期待搭船前往法國參與戰事並等待其他更多的機會。

　　在萊伊的河港，有數十艘大小不一的船隻往返於星羅棋布的港口之間，這些港口構成了世界的奇蹟。彼得號和湯瑪斯

號航行到波爾多（Bordeaux），滿載著優質的葡萄酒回港；凱瑟琳號則駛往布里斯托（Bristol），接著前往愛爾蘭，帶回從阿拉伯、敘利亞和波斯轉運過來的布料和香料；上帝騎士號從赫爾（Hull）出發，正準備卸下船上的波羅的海魚乾。還有許多柯克船（cogs）正等待啟航，這些中型的小船最多可以容納一百多名旅客，準備帶著他們的貨物穿越英吉利海峽前往佛蘭德斯、法國或是西班牙。這些船隻的名字如聖倫納德號（The St Leonard）、三一號（The Trinity）、加百列（The Gabriel）、聖靈號（the Holyghost），暗示著上帝的靈魂將伴隨每一位乘客同行。起重機、絞車和纜索在船的上方和旁邊進行著作業。

湯瑪斯修士從美人魚客棧的閣樓窗戶望向通往碼頭的繁忙街道，瀏覽著街道上的屋頂。輕柔的微風有利於航行，湯瑪斯修士自言自語地念出詩篇的內容：「那些乘船出海、在大海中做生意的人啊！他們見證過主的作為和他在深海裡展現的神蹟。他一聲令下，狂風便起，海浪也掀起波瀾」（《詩篇》一〇六：二三一五）。

湯瑪斯修士的船原定於當晚十點起航，如果風勢平穩的話，他們將於第二天中午在諾曼第（Normandy）海岸著名的迪耶普（Dieppe）港登陸。海鷗在鹹濕的空氣中哀嚎。湯瑪斯修士讀了旅遊指南的最後幾行，這不但啟發了旅行中的讀者，也給旅行者帶來了挑戰。因為這本書突然以神秘和令人費解的話語結束：「不再困惑了！」你走得越遠，你看到的和了解的就會越多。

出發是一個總是充滿特別喜悅的時刻，整個世界就像波浪

一樣擁抱著旅行者的解放時刻。這是旅程的啟航，遊戲從這裡開始。船搖搖晃晃地駛出萊伊港，順著河口的水域航行。幾分鐘後，河水就變得越來越大，船像是被拋來拋去般，開始不停地前行。小鎮的燈光現在已經遠遠地落在後面，變得微弱昏暗，接著消失在眼前。空蕩的前方，只有海上的浪花和天上的星星。有人引用詩篇大聲喊出「大海的波濤多麼的美妙！」（Mirabiles elaciones maris!），儘管你同時可以聽到其他人在船上乾嘔和嘔吐的聲音。

我們走吧！你走得越遠，你看到的和知道的就會越多。

Charms and prognostications for Christian travellers

基督徒旅行者的魔咒和預言

據說魔咒可以保護旅途中的人們。最常見的魔咒之一是聖經短語「但是耶穌從他們中間經過，繼續前行」（Ihesus autem transiens per medillorum ibat，《路加福音域》四：三〇）。人們會大聲地說出這句話，並將其寫在硬幣、戒指、旅行箱、書籍和絲帶上。為了旅行平安順利，鼓勵大家可以查閱天體圖並查閱月亮和十二星座的安排。

這是來自英格蘭的星座的預言和魔咒，混合了祈禱和神秘的符號。（西元一四五〇年）：

當你遠颺或是以任何方式出發旅行時，請查看月亮在其運行過程中所形成的跡象。

如果你發現它在**白羊座**，你將快速而順利地完成你的旅程。如果它在**金牛座**，你將會受到傷害。如果它在**雙子座**，你會獲得利益，人們會像朋友一樣歡迎你。如果它在**巨蟹座**，即使你的旅程很短暫，也不要害怕出發。如果它在**獅子座**，請帶著愉悅的心情出發，因為你將會變得很憤怒。

如果它在**處女座**，就不要出發，因為你會被厄運壓垮。如果它在**天秤座**，請帶著害怕的心情出發，因為你將會遇到敵人。如果它在**天蠍座**，你將會後悔去這趟旅程，不要出發，你會一事無成。如果它在**射手座**，那就啟程吧，你所渴望的一切都會來到你身邊。如果它在**摩羯座**，就不要照你的意願出發。如果它在**水瓶座**，你應該會不願意出發，因為你會感到矛盾。如果它在**雙魚座**，而你出發時一貧如洗，你回來時就會缽滿盆盈。

當你出發前往任何路線時，請開始說：

奉主基督耶穌的名，我將 Tau τ 的標誌放在我的額頭上*＋
Gradiel ＋ Pantassaron ＋聖子與你同在，聖靈與你同在，並與我們
同在。＋但是耶穌繼續前行＋耶穌＋拿撒勒（Nazareth）的＋國王
＋猶太教徒的＋上帝的兒子 τ 憐憫我。＋以聖父、聖子和聖靈的
名。阿門。

★ 作者註：Tau τ 是 Tetragrammaton 的縮寫。這個詞是希伯來語中上帝（Yah-
weh）的四個字母的名字，通常被認為是上帝名字中最偉大的。

CHAPTER ———————————————————— 3

從亞琛到波扎諾

亞琛 ———— 科隆 ———— 烏爾姆 ———— 康斯坦茨 ———— 波扎諾
Aachen　　　Cologne　　　Ulm　　　　Constance　　　Bolzano

　　在中世紀的歐洲，只有偶爾才會有證據顯示出人們有旅行的癖好，人們被不可抑制的旅行慾望所吞噬，為了旅行而旅行。旅行癖是休閒和好奇心的產物。前者只對有錢的人開放，而後者則被世人撻伐，說好聽一點是浪費，被批評的糟糕些就被說成是罪惡。詩人彼特拉克（Petrarch，西元一三〇三─七四年）由於好奇心於西元一三三六年四月二十六日攀登了風禿山（Mount Ventoux，進行此活動的原因只是想看看引人注目的程度），他猛烈地譴責自己的這種精神漫遊。對於彼特拉克來說，必須要得到上帝的授權才能觀看和欣賞風景。內在的洞察力或是自我認識才是真正的追求。

　　當時的旅行也存在著重大的阻礙。從事宗教活動的人被閉

關在修道院、尼姑庵或是隱居處所裡。農奴和僕人常常被迫不得離開領主的宅邸或是莊園。越來越多的教區居民被鼓勵在自己的教區接受懺悔和聖餐等儀式。然而，出於宗教、貿易、交流和追求知識等等的動機，人們確實進行了旅行。與今日人們藉由旅行尋求令人愉快的休閒活動相去甚遠，大多數中世紀的旅行都是辛苦且費力的（從各種意義上來說），並且有一個特定的目標。然而，旅遊業被理解為旅行體驗的商品化現象確實存在，尤其是在朝聖的宗教活動中，以及較少見的、透過好奇心以及對於知識的流動追求。

隨著旅遊業本身發展成為一種產業，旅行開始圍繞著不固定的地點進行安排：短暫的停留，走馬看花後又繼續前往下一個景點，目的在讓旅行者保持移動的狀態。朝聖者的旅館、客棧、渡輪、檢疫站和貨幣兌換站相當於中世紀的機場和酒店，這些地方的設計目的是讓人們感覺到自己身處兩地之間，在不知名的地方（或任何地方）而不是某處。

在中世紀的歐洲，大多數的城市都制定了照顧和接待訪客的方式以照顧旅行者（或至少是對於部分訪客，取決於他們的宗教和身份）。熱情好客的網路遍布在非洲大陸已建立的貿易路線上，特別是旅館、小酒館和以貿易和接待多功能綜合體的形式最為普遍，如漢斯集團（Hanse）的 kontore 和 stahlhöfe、義大利和地中海的 fondaci 以及中歐和東歐的 maidan 市集（貿易路線上固定地點的市集）。西元一三四七—五〇年大瘟疫之後，修道院在遠離主要區域的建築中為朝聖者設置宿舍變得十

分普遍，這樣可以將旅行者的具傳染力的屍體隔離在遠處。

　　無論是什麼季節，歐洲每年都有著名的穿越路線，其中許多路線至今仍得以追溯得到。這些蜿蜒的路線遍布世界各地，導致了個人、城市和整個文化的轉變。這些路線包括聖地牙哥朝聖之路（Camino de Santiago），特別是從聖讓—皮耶德波爾（St-Jean-Pied-de-Port）出發的法國之路（Camino Frances）路線，供朝聖者前往聖地牙哥德孔波斯特拉的聖詹姆斯（St James）神殿。這條路線帶領旅行者穿過庇里牛斯山脈（Pyrenees），到達布爾戈斯（Burgos）和萊昂（León），再到達聖地牙哥，然後到達菲尼斯特拉（Fisterra），即地球的盡頭（Finis Terre）。朝聖之路與雷吉亞大道（Via Regia）相連，這是一條穿越神聖羅馬帝國的貿易和軍事路線，最後將西班牙北部與北歐、格羅德納（Hrodna）、基輔（Kyiv）和莫斯科連接起來。帝國大道（Via Imperii）透過萊比錫（Leipzig）和紐倫堡將波羅的海與羅馬連接起來。這條路線的一部分包括布倫納山口（Brenner Pass），這是北歐旅行者從因斯布魯克（Innsbruck）到波扎諾（Bolzano）、翻越阿爾卑斯山脈進入義大利和威尼斯的主要路線之一。這條路線隨後與深受朝聖者歡迎的法蘭奇納古道（Via Francigena）匯合，從坎特伯里經漢斯（Reims）、洛桑（Lausanne）和帕維亞（Pavia）到達羅馬。

　　沿著這些陸路，主要的河川連接著城鎮。旅人們交替進行陸路旅行（透過馬匹或是驢子、馬車、步行）和乘坐個人划艇或是更大的駁船隻繼續前行。萊茵河（the Rhine）、多瑙河（the

Danube）和波河（the Po）是旅行的動脈，通常比陸路旅行更快。無論是陸路還是水路，收費站、橋樑、中繼站（用於休息或是更換馬匹的中繼站）或是渡輪，都增加了旅行者的成本，但是也提供了可靠且完善的服務。西元一五二〇年，著名的藝術家阿爾布雷希特·杜勒（Albrecht Dürer）從紐倫堡前往荷蘭，他鉅細靡遺的記下了橫越全國的旅行者的開支：護航的費用、行李著陸費用、給搬運物品和管理馬匹的少年仔一些海勒（heller，當時德國和奧地利所使用的低價質貨幣），準備些弗羅林幣（florin，英國以前的二先令銀幣）用來繳交過路費，各式各樣的酒和飯菜，烤雞、螃蟹、雞蛋、梨子，離境稅用的弗羅林幣，給信使和買墨水以及住宿用的荷蘭幣（stuivers），而洗澡則需要三個白芬尼（pfennig，當時德國的輔幣），以及給那些帶他參觀祭壇畫作，並給他指路的男人和男孩們一些零錢。杜勒很幸運，他從班貝格主教（Bishop of Bamberg）那裡得到了一張通行證，這張通行證讓他走完了大部分的路，而且不必支付大多數旅行者被要求的費用。值得注意的是，杜勒很少評論他所經過的風景、他所參觀過的客棧和酒館的品質和他所參觀過的城市的風景：相反地，這位細膩的雕刻師專注於從他的資金中流淌出來的金錢，就像萊茵河一樣自由自在地流過鄉村。

從亞琛到波恩（Bonn）的路程不到一百公里，騎馬大約需要三十個小時（不包括停下來休息或睡覺的時間）。步行大約是兩倍的時間。僅在這條路段上，就有六處旅客收費站：穿越魏登（Weiden）村時向布拉班特公爵（Duke of

Brabant）徵收的通行費、穿越羅爾河（River Rör）時在比克斯多夫鎮（Birkesdorf）騎馬時徵收的通行費、穿越布拉茨海姆（Blatzheim）村時給科隆大主教（Archbishop of Cologne）的通行費、在莫德拉特（Mödrath）的橋樑通行費、在科隆時的萊茵河通行費以及在波恩時的護送通行費以確保旅客的安全。邊境城鎮和中繼站靠過路的人維持生計，但是其宗旨也是在為徒步的旅人們提供服務。在某些情況下，通行費是支付給當地的領主或是地主的，但是通常是支付給當地的大主教，對他們來說，擁有充足裝備的旅行者經過他的教區意味著他教堂的金庫盆滿缽盈。

亞琛市是幾條此類主要路線的節點。它位於雷吉亞大道（Via Regia）的西側，將布魯日的佛蘭德斯（Flemish）港口和安特衛普與德國北部和中部的大城市、從法蘭克福到克拉科夫（Kraków）連接起來。

亞琛擁有天然溫泉，曾是查理大帝（Charlemagne，西元七四八—八一四年）的冬季宮廷。查理大帝是法蘭克王國（Franks）和倫巴底王國（Lombards）的國王以及羅馬帝國的皇帝。他被安葬在他於西元七九〇年代所建造的宏偉大教堂裡。因此，亞琛位於北歐的十字路口，是一個具有儀式感和歷史意義的城鎮，也是一個健康之地（由於它的水質）、貿易之地（由於它位於主要路線上）和宗教之地（因為它的大教堂、它的遺跡和令人驚嘆的聖母瑪利亞畫像）。亞琛朝聖之旅（Aachenfahrt），是中世紀後期歐洲旅行者最受歡迎的旅行之

一。

　　西元一三八四年，有一對已婚夫婦多蘿西婭（Dorothea，西元一三四七—九四年）和阿達爾布雷希特（Adalbrecht，或稱阿爾布雷希特〔Albrecht〕）從他們位於普魯士（Prussian）城鎮但澤（Danzig，亦稱為格但斯克〔Gdańsk〕）的家出發前往亞琛。多蘿西婭出生於但澤附近的蒙托村（Mątowy Wielkie），婚姻並不幸福。她生了九個孩子，每一個孩子都是一次艱難的分娩，每一個孩子對她來說都是一次可恨的經歷。只有一、兩個孩子在童年之後倖存下來，但是多蘿西婭似乎對於她童貞的哀悼比對死去的孩子的哀悼更甚。

　　阿達爾布雷希特是但澤的一名武器工匠，他酗酒，花錢如流水。他喜歡控制他的妻子，但是當她事奉上帝時，他會照顧孩子。他是個野蠻的大男人，比妻子大二十歲，經常用拳頭打她。他生性暴躁，他的精神狀態更加劇了這個情況，而他的關節炎也沒讓他停止大發脾氣。

　　三十幾歲時的多蘿西婭在教堂度過了很多的時間（儘管她總是盡量不忽視自己的家務）。她經歷了宗教幻象、出神和狂喜，以及與耶穌基督和聖母瑪利亞的含淚對話。她開始禁食、剝奪自己的睡眠並殘害自己的身體。當她三十八歲的時候，她所有的孩子都死了只剩下一個。由於她的宗教狂喜，她不再與阿達爾布雷希特睡在同一張床上。阿達爾布雷希特長期以來認為他妻子的宗教信仰令人尷尬、可笑且非常沒有吸引力。她在教堂裡高興地尖叫。鎮上有人說她有成為異端的危險，並低聲

說應該把她燒死在木樁上。阿達爾布雷希特試圖束縛她，用鍊子鎖住她的手腕和腳踝，將她禁錮在家裡。

有一回，她全神貫注於與上帝的狂喜之間的親暱，以至於忘記給阿達爾布雷希特送晚餐。於是阿達爾布雷希特給她戴上了鐵鍊，並認為她的奉獻精神是一種身為人婦的無禮，於是拿起一把椅子砸了多蘿西婭的腦袋。他狠狠地揍了她一頓，以至於他以為自己殺了她。看著妻子癱軟殘破的身體，他驚慌失措，最後發現自己還有點良心。

妻子康復後，阿達爾布雷希特同意去朝聖，以悔改自己的可怕行為。於是，這對不幸的夫婦賣掉了房子和家具，前往西邊一千多公里處的亞琛。他們的旅程花了九個多禮拜的時間。他們乘坐馬車，有時則會步行，途經馬格德堡（Magdeburg）、萊比錫、埃爾福特（Erfurt）和科隆向西前行。

當多蘿西婭與她可悲的、會霸凌妻子的人一起穿越北歐時，她正在做一件偉大的事情，那就是藉由神聖的旅程改變一個可憐的罪人。

懺悔和治癒靈魂是中世紀旅行最主要的動機之一。如果進行得當，朝聖絕不是假期，而是一種自我懲罰和自我改造的行為。阿達爾布雷希特可能認為他前往亞琛的旅程是一場悲慘的承諾，就像亞當和夏娃所生的孩子該隱（Cain）因暴力虐待而被判處流浪一樣。或者他可能覺得這是一種第二次的洗禮，一次重生，成年人突然在上帝面前變得謙卑。當然，正是他從以商業、享樂和霸凌為主的生活中徹底轉變，才得以在家中持續

生活。對於多蘿西婭來說，去亞琛朝聖是一個機會，讓她從虔誠的家庭主婦轉變為獻身於上帝的僕人，從作為丈夫的殉道者轉變為展示她作為基督神秘新娘的新生活。她與基督的關係與她與阿達爾布雷希特的關係一樣充滿波動。

多蘿西婭和阿達爾布雷希特參觀的亞琛大教堂，在很大程度上仍然是由查理曼建造、並於西元八〇五年祝聖的皇家禮拜堂：這是一座獨特而寬廣的、與世隔絕的八角形建築，藉由沉重而古老的柱子拔地而起，頂部是金色、翠綠的馬賽克天花板和胭脂紅瓷磚。杜勒於西元一五二一年來訪，對查理曼從義大利帶來的「比例匀稱的柱子以及綠色和紅色斑岩的精美柱頭」表示讚賞。教堂的奉獻精神描述了它的「活生生的石頭……和平地結合在一起」，在聖殿中永恆翱翔。對於任何遊客來說，這是他們第一次看到這樣的建築，如此鼓舞人心的建築，如此的大理石、磚塊和燈光的完美結合。

多蘿西婭和阿達爾布雷希特到訪時，教堂裡堆滿了黃金和彩繪珍寶。聖物盒子裡裝滿了聖徒的碎片。橡木上雕刻的彩繪人物顯示出胖嘟嘟的基督聖嬰對他雙頰紅潤的母親微笑。有許多單幅的祭壇畫作描繪出基督被鞭打和死亡的令人震驚的圖像，旁邊的版畫則描繪了查理曼本人，他臉上掛著鬍鬚傻笑著，手裡還拿著他在亞琛所建造的帝國教堂的迷你鼓狀雕像。

除了查理曼的遺骸外，亞琛大教堂還曾在某個時候獲得了基督和聖母的重要且私密的遺物。這是聖嬰耶穌的襁褓，用棕色的毛氈折疊成一個梯形。還有纏腰的布，那是一塊灰色的

抹布，耶穌在受難時所穿的；「斬首布」則是一塊錦緞，據說是用來固定施洗者約翰的頭的；其中最珍貴、最著名的是一件束腰外衣，這是聖母瑪利亞在耶穌誕生之夜所穿的一件暗褐色無口袋的罩衫。每件文物都暗示著貧窮和人性，以及聖經中神性的切實存在，並被傳送到亞琛。多蘿西婭對亞琛的興趣似乎是由於她對聖母瑪利亞的熱愛，到了西元一三八〇年代，這件束腰外衣已成為最著名的文物。這些珍貴的織物被裝在一個華麗的、以黃金和琺瑯瓷所打造的橡木盒裡，這個盒子是西元一二二〇年或是西元一二三〇年左右在亞琛所製造的，它就像一座教堂的中殿，讓人聯想到天堂的金色建築，在教堂華麗的陰影下閃閃發光。懸掛在八角形建物中央的枝形吊燈（由神聖羅馬帝國皇帝弗雷德里克·巴巴羅薩〔Frederick Barbarossa，西元一一二二一九〇年〕捐贈，將光線投射到聖物盒的金色雕刻面孔上。）教堂就像一個鑲嵌在燈籠內的鍍金王冠中的珠寶盒，一切都建造著如此的和諧，似乎輕輕地升向天堂。

　　繼十四世紀初亞琛推廣其遺蹟之後，像多蘿西婭和阿達爾布雷希特這樣熱心的前往亞琛朝聖的旅行者，成為了偉大朝聖運動中的一部分。西元一三四九年之後，這些聖物開始每七年公開展示一次，將它們從大教堂的大門和主教堂之間的一條裸露的、位於高處的走廊上舉起來供大眾觀看。遊客們蜂擁而至將這裡擠得水洩不通，只為了一睹這些遺蹟的風采，亞琛大教堂虔誠的鐘琴聲在上空響起，遊客們像波浪般前仆後繼地排起長長的隊伍。根據記載，十四世紀前往亞琛的朝聖

———— 亞琛大教堂（Aachen Cathedral）————

者來自歐洲各個角落，最遠可至東部的柯尼斯堡（Königsberg/
Kaliningrad），北部的斯德哥爾摩（Stockholm）和林雪平
（Linköping），以及東南部的維也納、比斯特里察（Bistriţa）
和菲拉赫（Villach）。由於朝聖者無法觸摸到在高處展出的聖
物，他們經常會在朝聖者徽章上鑲嵌一小塊的鏡子，這樣聖物
的倒影就會「觸碰」到自己身上，從而祝福他們的紀念品和他
們。

　　大約有一千四百名朝聖者攜帶著一個巨大的木製十字架。
十字架上的基督悲傷地被釘在上面，他的肋骨從他骨瘦如柴的
軀幹中突顯出來，他的腰像個孩子一樣細，他的眼睛裡充滿了
疲倦的失望。他被安置在亞琛大教堂，直到今天還掛在那裡，
他痛苦的額頭和皺眉的嘴角凝視著主教堂旁邊尼古拉斯教堂的
訪客。

　　到達亞琛後，多蘿西婭在萊茵河畔的一處偏僻隱居處度
過了一段時間，並進行了其他的朝聖活動，包括穿越泥濘的
道路和危險的山路，前往數百公里外的瑞士山區艾因西德倫
（Einsiedeln）的聖母教堂（Chapel of the Blessed Virgin）。

　　多蘿西婭和阿達爾布雷希特回到格但斯克後，因造訪了亞
琛而煥然一新，但是多蘿西婭發現她對進一步精神耐力的渴望
有所增加。美味的食物開始變得令人厭惡。當天氣寒冷、下雪
的時候，她會靠在打開的窗戶外幾個小時，以懲罰和羞辱自己
的身體。她拒絕睡覺，但是會一邊禱告一邊踱步。

　　第二年，這對夫婦再次嘗試返回亞琛。在勃蘭登堡

（Brandenburg），他們在途中遭到強盜的暴力搶劫，他們失去了衣服、金錢、馬車和馬匹，阿達爾布雷希特也因此受傷了。多蘿西婭只能赤裸著腳，穿著一條顯眼的短裙。他們確實及時奪回了財產，但是阿達爾布雷希特卻繼續毆打多蘿西婭。他還解雇了他們的僕人，讓多蘿西婭趕馬。她跟著馬車走，有時還必須牽引著馬車。她將馬車清理乾淨，並給輪子塗上了潤滑油。她也需要餵食馬匹以及給牠們喝水，還要試圖安撫牠們。有一次，當她乘船渡湖時，馬匹開始焦急地跺腳，但上帝確保一切風平浪靜。

阿達爾布雷希特現在已經老得一塌糊塗，他留著長長的灰白色鬍子，在她身邊艱難地前行。路上的人們嘲笑這對奇怪的夫婦，並對多蘿西婭喊道：「姐姐，你要把你的約瑟夫帶到哪裡去？」「你要去不老泉旅行嗎？」他們指的是一個地方，在稍後的文章中會提到，在那裡人們只要喝了一杯奇妙的水之後就會變得青春永駐。

十八個月之後，這對夫婦回到了普魯士，他們這回經歷了同樣艱難的旅程。阿達爾布雷希特還是繼續毆打多蘿西婭。有一回，只因為她忘了買稻草，他就一拳打在她的胸口，結果她吐血吐了好幾天。

最終，阿達爾布雷希特去世了，而多蘿西婭則遠赴羅馬拜訪聖徒。

後來，多蘿西婭搬到了格但斯克附近的馬林韋爾德（Marienwerder，或是 Kwidzyn），並將自己鎖在一個不舒服的

隱士牢房裡。她的漫遊結束了。她成為了第一位普魯士的聖人，以其神秘的啟示和奇蹟而聞名。她的亞琛之旅是她成為聖徒之旅的開始。

對於多蘿西婭來說，前往亞琛的危險之旅似乎是她最嚮往的一次旅行，沉思和紀念聖母瑪利亞可以改變她的生活，並試圖改變她的婚姻。在多蘿西婭和阿達爾布雷希特的旅程一百年後，前往亞琛的朝聖變得異常受到歡迎：西元一四九六年的某一天，大約有十四萬兩千名朝聖者穿過亞琛的大門，他們都是為了得到祝福和自我轉變。

亞琛位於馬斯河／默茲河（Maas/Meuse）和萊茵河這兩條大河之間，這兩條河流橫貫歐洲的西北部。萊茵河在北海入海口處分成許多條支流。但是在其三角洲之前，萊茵河是一道可怕的屏障和天然邊界，它灰濛濛的流域和莊嚴的水流穿過平坦的景觀。它也是連接北歐和阿爾卑斯山最重要的連接點之一。科隆位於萊茵河西岸，是該河最重要的港口之一，也是一個快速發展的中繼站以及商業和宗教中心。萊茵河將科隆與其他繁榮的城市連接起來，包括波恩、科布倫茲（Koblenz）、美茵茨（Mainz）、施派爾（Speyer）、斯特拉斯堡（Strasbourg）和巴塞爾（Basel）。載著木材的托運船和滿載旅客的小船沿著河流順流而下。

據說科隆河為這座城市帶來了兩大寶藏和吸引遊客的景點。來自南方的，是西元一一六四年從米蘭轉移（或盜取）的三賢士的遺物——他們是基督在伯利恆誕生時在場的國王們。

來自北方的，則是聖女吳甦樂和她的一萬一千名處女隨從的遺體。[1]

　　東方三賢士被放置在科隆進行的巨大工程中，也就是聖彼得大教堂，這是一個貫穿中世紀的建築工事。未完工的尖塔的柱子慢慢地用磚塊往上砌成，其顏色就像是聖經裡的字母一樣的漆黑。賢士們的遺體被保存在一個巨大的橡木箱中，這是一種裝飾過的石棺。來自歐洲各地的遊客低聲向賢士們祈禱，透過不完整的尖塔的磚牆和花飾窗格飄向天際。許多人帶著錫製的徽章離開，徽章上展示出天幕下的三位加冕國王，並指向伯利恆之星。

　　與此同時，附近的聖女吳甦樂大教堂聲稱擁有聖女吳甦樂和她的聖母像的所有權。膜拜吳甦樂源起於科隆，隨後又在此重新發展，利用的是十二世紀在大教堂遺址上所發現的一批晚期羅馬骨頭。這些骨頭隨後受到崇拜，並分成聖人、她的新郎和一萬一千名處女的遺物。這群英國處女都是女性，她們蒼白的臉轉向同一個方向，很多年前就沿著萊茵河滾滾的河水航行，擠在駁船上組成了一支宏偉的新娘護衛艦隊。中世紀有許多人效仿聖母，沿著萊茵河航行去參觀她們的聖殿。這座大教堂以其巨大的聖物箱吸引了朝聖者，其中保存著被殺死的處女屍體

1　作者註：一萬一千這個數字可能只是早期書寫「XIM」時筆誤的一個範例罷了，其中 M 代表 martyrum，「烈士」，但被誤讀為 milium，「千」，或是也有可能是對這些處女其中一個名字的誤讀，抑或是對於傳說中的一些類似的誤解或是扭曲。

的小碎片，這些屍體碎片是一個非常受歡迎的參觀地點，特別是因為吳甦樂是英國科隆和孤兒的守護神。

這個故事在十三世紀和十四世紀時發生了變化，簡述如下。年輕的吳甦樂是一位公主（當然，高貴而美麗），她是古代的一位英國國王的女兒。她很不情願地嫁給了一位王子。她同意了這門親事，但是有一個條件：那就是她的父親要給她十個處女侍女，每位侍女將獲得一千名處女同伴和僕人。此外，必須要將船上的廚房給安置好，使得吳甦樂能夠持續的航行三年，以便在婚前完全致力於保持她的童貞。

她的父親熱切地希望女兒結婚，所以他同意了所有的要求，並促成了這一切的發生。處女船隊駛向荷蘭，沿萊茵河經科隆到達巴塞爾。在科隆出境停留期間，年輕的吳甦樂從天使那裡得到了一個可怕的訊息，那就是她的隨從們將在返回科隆的航程中罹難。

儘管得到了這樣的訊息，這群人仍然繼續他們的旅程，在巴塞爾，他們放棄了駁船，改走陸路前往羅馬，在那裡，所有的處女都接受了教皇的洗禮。一群現在成為基督徒的童女開始了返回的路程。

在科隆，可怕的警告成真了。吳甦樂和她的團隊遇到了匈奴人，他們屠殺她們並斬首了每一位處女。然而，他們的首領愛上了吳甦樂，而吳甦樂作為一個已經與另一個人訂婚的虔誠的處女斷然地拒絕了他。於是，她就被萬箭穿心射死了。

參觀大教堂的遊客被要求為被殺的處女背誦一萬一千首祈

禱文。而且，在他們離開並再次踏上河流之前，參觀者購買了由鉛錫合金製成的小徽章。這些徽章可以在教堂內和城市周圍的攤位上購買。徽章上通常會展示一艘船，一個微型的小船，上面擠滿了小小的頭像，傳說中的處女在粗糙的合金紀念品上永遠航行著。吳甦樂和她的一萬一千名處女的徽章在距科隆數千公里的地方被發現，證明了她們成功地獲得旅人們的青睞。其中包括在瑞典哥特蘭（Gotland）島發現的一塊小小的鑄匾，上面畫著加冕的吳甦樂在她的斗篷下保護著七個小處女。在挪威中部也發現寫著「S.URSULA」的一塊羊皮紙被包覆在花框裡，此外，在格但斯克發現的鉛合金徽章顯示出吳甦樂再次加冕，旁邊還有一艘船，上面載著一群處女的頭顱。吳甦樂的形像從科隆向外傳播，象徵著她的信徒的成功旅程。

　　中世紀朝聖者的徽章是人們的標記，以此顯示出自己是一位經驗豐富的旅行者的最常見的方式之一。透過這些徽章讓他們的旅行獲得了社會的認可，這些徽章通常附在朝聖者的手杖或是他們的特殊服裝上：標誌性的寬帕默帽（palmer's hat）或是斗篷。其他常見的可穿戴紀念品包括念珠、鈴鐺、小口哨（有時是公雞的形狀）、撥浪鼓、裝有聖水、油或泥土的壺腹，以及蕾絲片和絲帶。最不起眼、最常見的可穿戴紀念品是來自聖地牙哥德孔波斯特拉的扇貝殼，貝殼被縫在帽子或是斗篷上，而貝殼的線條匯聚在一處，就像旅行者前往聖地的路線一樣。

　　這些紀念品可能具有護身符的功能，可以保護佩戴者。朝聖者徽章顯然也是旅遊紀念品的早期例子，這是一種小買賣，

目的在幫助人們記住過去的旅程,但以一種非個人化和大量生產的方式實現。這些徽章經常被諷刺作家嘲笑為廉價的紀念品,因為它們透過標準化和陳腐的金屬來假裝神聖,扭曲了旅行者因旅程而在內心或精神上有所改變的想法。

朝聖者徽章非常常見,讓我們了解人們旅行的範圍有多大。科隆在朝聖者徽章行業中處於領先地位,是最早開發朝聖者徽章的聖地之一,西元一二○○年,人們就開始購買銀製和錫製的徽章。精心製作的鏤空徽章幾乎就像牌匾一樣,展示了騎馬的東方三賢士,或鑲嵌在花朵形的菱形圖案中,並在框架上標出了他們的名字。念出中世紀東方三博士的名字「卡斯帕(Casper)、梅爾基奧爾(Melchior)、巴爾薩扎(Balthaza)」的咒語被認為具有神奇的功效,可以預防癲癇症並幫助你找回失去的財產。

幾乎同樣流行的還有褻瀆的徽章,上面畫著移動的或是加冕的生殖器、帶翅膀的陰莖、在海上航行的一船陰莖、裝扮成朝聖者的行走的陰戶。據說,此類徽章通常被認為是神奇的護身符,具有象徵生命肯定的幸運符的地位。但同樣的情況也可能是,它們標誌著聖日與假日的交匯點,旅遊的狂歡在朝聖的祝福中撒野放肆。

就像聖女吳甦樂一樣,向南穿越歐洲的旅行者往往會在巴塞爾或是更早的施派爾附近離開萊茵河。接著他們將會改走陸路,向東南方向的康斯坦茨或是因斯布魯克方向前進。穿過萊茵蘭(Rhineland)和施瓦本(Swabia),鄉村呈現出無限的變化,

有時是平坦的牧場，有時是茂密的山谷，有時是洶湧的瀑布。

　　這條路線上點綴著像是烏爾姆這樣的優秀城市，它們位於從安特衛普到威尼斯、從里昂（Lyons）到布拉格的路線上，並藉由多瑙河連接到黑海。在中世紀晚期，烏爾姆的城牆緊鄰著多瑙河，是神聖羅馬帝國的一個主要自由城市。它是多瑙河上可通航的流域，是其源頭之前的最後一個（或第一個）主要港口。這座城市不隸屬於任何當地的王子或公爵，而只服從於神聖羅馬帝國皇帝，然而他似乎只是一位在遠方統治著該市的缺席市長。烏爾姆的人口在十四世紀和十五世紀迅速增長，到西元一四五〇年時約有一萬五千人。這座城市控制著穿過施瓦本阿爾卑斯山（Swabian Alps）的關鍵隘口蓋斯林格山口（Geislinger Pass），該市還以 barchent 而聞名，這是一種用當地的亞麻以及透過威尼斯進口的印度棉花所編織而成的奢華粗布。[2]

　　與許多類似的德國城市一樣，烏爾姆由富有的貴族商人家族及其城市的公會主導，這些公會與神聖羅馬帝國政府有著密切的聯繫。這座城市以其強大的修道院而聞名，包括城市裡宏偉的大教堂和高聳的尖塔。然而這裡還有一些倖存的客棧可讓我們逗留一些時間，熱情好客的氛圍讓來自歐洲各地的旅人們在這些客棧休息和小酌。

2　作者註：英語單字「fustian」源自開羅穆魯克城市福斯塔特（Fustat）；德語名稱 Barchent 源自阿拉伯語，意為駱駝毛。

——————朝聖者的徽章：聖女吳甦樂和她的聖母；移動的外陰——————

　　客棧（Inns），或可稱為 Gasthaus、auberge、logis à pied et à cheval，與英式酒吧 public house 或是小酒館 tavern 截然不同。客棧總是會提供住宿，並向旅客和遊客開放，而英式酒吧或是小酒館則主要是提供飲料。客棧提供更全面的食物（原本是法文 table d'hôte，主人的桌子的意思）和過夜的床。客棧和小酒館一樣，是開放的社交和消費場所，也是支持歐洲各地民眾活動交流的基礎。貿易、外交、朝聖和任何其他類型的旅行都依賴這些客棧作為交通基礎設施的重要組成部分。

　　社會各階層的人經常會光顧客棧，但不一定是不受歡迎的下等人。在一家旅館裡，虔誠的修道士與嗜酒的勞工會擦肩而

過（或者反之亦然？），而來自威爾士的寡婦則睡在前往波隆那（Bologna）或是帕多瓦（Padua）途中的年輕學生旁邊。住宿的標準差異很大。一個中世紀的佈道故事描述了一位朝聖者如何在一家旅館的麵包籃裡發現了一隻老鼠——寓意是魔鬼躲在貪吃者美味的縫隙中，但顯然住宿的清潔是作者最關心的問題。烏爾姆市擁有各種設施齊全、著名的客棧和小酒館，包括建於西元一四〇一年之前且至今仍在營業的皇冠（Krone）、紳士酒窖（Herrenkeller）和下層房間（Untere Stube）。烏爾姆身為一座富裕且複雜的城市，擁有管理完善的接待系統，因為知道誰在城裡以及他們住在哪裡較能符合任何城市的利益（在犯罪和公共衛生方面）。

— Good manners in a tavern —

小酒館內應有的禮貌

用餐的基本規則如下：不要像抓跳蚤一樣的抓頭或抓背。不要悶悶不樂、亂拋媚眼或是淚流滿面。不要擤鼻涕、摳鼻孔、流鼻水或是擤鼻涕太大聲。不要像寒鴉一樣扭動你的脖子。不要把手放在長襪上，不要擺弄你的下體蓋片，也不要抓癢、聳肩或是揉搓你的手。不要挖耳朵、乾嘔、笑得太大聲或是吐得太遠。說話要輕聲細語，不要說謊和胡言亂語，不吐口水、打哈欠、撇嘴。不要舔盤子。不要咳嗽、吃太快而一直打嗝或是打飽嗝，也不要蹺腳或是翹二郎腿。不要剔牙或咬牙，也不要向比你優秀的人吐口臭。時刻注意不要「爆後槍」（即放屁）。

　　皇冠圍繞著一個小庭院（the Innenhof）而建造，特色上幾乎帶有防禦性。今天它給人的印象是一間鄉村小酒館，但是在中世紀時期它可是一座豪華的建築物（有三位神聖羅馬帝國皇帝魯普雷希特〔Ruprecht〕、西吉斯蒙德〔Sigismund〕和馬克西米利安〔Maximilian〕在十五世紀時曾在此下榻）。皇冠的業主韋斯家族（Weiss family）以其財富和魅力在烏爾姆聞名。烏爾姆的客棧老闆們（一位烏爾姆市民明確地將其定義為「那些熱情地接待陌生人以獲取金錢的人」）都是該鎮最著名的公會——雜貨商公會（Grocers' Guild）的成員，與香料商、商人、馬鞍商、鈕扣製造商、手套製造商和羊皮紙製造商一起合作。旅館的下層是拱形的，包括酒窖和一口水井，上層有幾套供住宿的房間。也有空間可以固定馬匹，還有小伙子在場照顧牠們。

　　對於旅行者來說，經常很難在旅館或酒店等以提供睡眠場所為目的的機構中獲得良好的睡眠，這一直是旅行者煩惱的來源。口乾舌燥、失眠和迷失方向是旅行中常有的事。中世紀烏爾姆一家高檔旅館的一個夜晚，馬匹在院子裡發出嘶鳴，跺著蹄子。附近酒館的喧鬧聲一直持續到深夜，然後附近漁民家裡很早就發出了喧鬧的聲音。城牆上的守望者在夜間大聲喊叫。院子裡一隻友善的黑狗哀鳴著尋求陪伴。烏鴉咯咯地叫到午夜過後。與客人共享空間的是各種跳躍、爬行的東西：一隻貓、一些蝙蝠、蒼蠅、飛蛾，它們白天時沒有聲響，但是到了晚上就變成了無止境的嗡鳴和刮擦的聲音。跳蚤和臭蟲突然活躍了起來。橫樑嘎吱作響，彷彿在彎曲著手指。蜱蟲叮咬著膝蓋窩，

讓人感到發癢和抽痛，迫使人們起床在嚴重的傷口處塗上鵝脂。還有其他的客人咳嗽、氣喘、打呼、打嗝、禱告和喃喃自語的聲音伴隨著旅人們度過漫漫長夜，不禁讓睡意轉瞬即逝。不過，至少第二天旅館會提供一頓美食和許多的葡萄酒或是麥芽酒。

烏爾姆是一個充滿活力的交匯點，擁有許多資源豐富的修道院，也是培養最有趣、最健談的中世紀旅行作家之一的熔爐。菲利克斯・法布里（Felix Fabri）於西元一四四〇年左右出生於蘇黎世（Zurich），成年後的大部分時間都在烏爾姆的多明尼加修道院（Dominican friary）度過。法布里一點都不是一位與世隔絕的修道士，而是一位完美的旅行者，致力於將旅行作為一種想法和一種活動。書面的文字對於法布里而言，不僅對他理解神聖旅行的意義至關重要，而且對於他如何體驗神聖的旅行也是一樣。

法布里在四十多歲時進行了兩次重要的旅行：西元一四八〇年他前往耶路撒冷和聖地（Holy Land）朝聖，以及西元一四八三─四年前往聖地、西奈半島（Sinai）和埃及朝聖。他寫了四篇關於這些旅行的記述。首先是一首德語詩《押韻的朝聖者手冊》（*Gereimtes Pilgerbüchlein*），以及一本德語散文《朝聖者之書》（*Pilgerbuch*），這兩篇都描述了他在西元一四八〇年的旅程。隨後，他寫了一部長篇的散文巨著，拉丁文的《流浪之書》（*Evagatorium*），反映了聖地的歷史和他在聖地的經歷。接著，在西元一四九〇年代，他又寫了另一篇德語的文章，現在的標題是《錫安朝聖者》（*Die Sionpilger*），專為

那些被困在修道院裡的女性而設想，這些女性無法親自旅行，但是想在腦海和靈魂中遙想聖地。法布里在旅行時會隨身攜帶書籍並在蠟板上書寫，他在旅途中也遇到了其他各種寫作風格的旅行者。他有一回聖地之旅的同伴包括了匈牙利的詩人亞諾什・拉薩伊（János Lászai，西元一四四八－一五二三年）和幾位德國的旅行作家：伯恩哈德・馮・布雷登巴赫（Bernhard von Breydenbach），此行的遊記讓他成為暢銷書作家；來自居格林根（Güglingen）的保羅・瓦爾特（Paul Walther）對他的朝聖之旅進行了個人的主觀描述；格奧爾格・馮・岡彭伯格（Georg von Gumppenberg，卒於西元一五一五年）則對耶路撒冷的聖地進行了客觀、簡短的描述。我們需要將中世紀的旅程想像成一個繁忙的閱讀和寫作場景，一些文化程度很高的人打算藉由寫作來記錄他們的旅程。法布里將他「從一個地方到另一個地方」朝聖所付出的努力，與他「埋首群書間時的閱讀和寫作，修正和加以關聯」所寫的有關聖地的付出進行了比較。對於法布里來說，讀萬卷書就是行萬里路，反之亦然：故事和歷史透過在一個人的身體和心靈中到訪過的地方而融合在一起。

當我們陶醉在本書的遊記時，稍後我們將會再次遇到法布里。此時此刻，我們正沉浸在他從烏爾姆這座人來人往的城市出發的生動場景中。他在西元一四八〇年復活節開始了他的第一次旅程。在他的《流浪之書》中，法布里這位激動人心的傳教士描述了他如何登上多明尼加教堂的講壇。那裡有很多人，在佈道結束後，他向聽眾述說了他即將到來的朝聖之

旅，並請求他們為他的安全歸來祈禱。然後，他們一起為海上旅行的朝聖者唱了一首讚美詩。法布里唱起了《十字軍之歌》（Kreuzfahrerlied），這是一首為前往聖地的人們而唱的聖歌。它的開頭是：「我們以上帝的名義旅行，我們尋求他的恩典……」（In Gottes Namen fahren wir, seiner Gnaden begehren wir ...）。教徒們開始與法布里一起唱歌，並重複聖歌。有些人開始哭泣，大聲的啜泣取代了呼喊。法布里說，許多人都擔心他會在未來旅行的「可怕危險」中喪生。他祝福教徒們，赦免他們的罪孽，並畫十字與之告別。然後他從講壇上走了下來。

法布里的多明尼加修道院距離多瑙河僅一箭之遙。西元一四八〇年四月十四日清晨，菲利克斯修士在修道院裡親吻並擁抱了他的兄弟們，然後騎馬離開烏爾姆往南前行。陪同他的是他的院長路德維希・福克斯（Ludwig Fuchs）和一名僕人。法布里前行時，左邊會經過一座沒有窗戶的塔樓，這邊有一些重罪犯被關押在那裡，有時甚至會被淹死，此外，還有城市監獄塔樓，外面有供公開處決的斷頭台。

接著他會穿越多瑙河畔的城牆，城牆用漂亮的紅磚持續地在建造中，費用由市政府支付。低級單面絨布在河中被洗的亮白，剛捕獲的魚被沖洗乾淨並去除內臟。鵝群搖搖晃晃地、匆忙著走到它們想去的地方。然後，法布里跨過赫德布魯克橋（Herdbrucker，以橋上放牧的動物命名），這是該市橫跨多瑙河的橋樑。有兩個哨兵一直在那裡監視著他，而在這天的當下，他們還沒有吹響起床的號角。

　　法布里的前方是一片牧場、葡萄園和往南邊的道路。他經過郊區一座供奉聖母的小神殿，神殿周圍有一個美麗的花園，這是對他離開前最後的祝福。

　　法布里和他的修道院長以及他們的僕人一起騎馬，沿著平坦的平原和亞麻田，到達以南五十公里處的中轉站梅明根（Memmingen）。在這裡，菲利克斯修士會見了當地的貴族兼上巴伐利亞（Upper Bavaria）州長阿波利納里斯・馮・斯坦因（Apollinaris von Stein）、他的兒子格奧爾格（Georg）和一隊武裝隨扈人員。他們約定好第二天早上出發前往耶路撒冷。法布里擁抱了路德維希院長，「帶著深深的哀痛和悲傷」，兩人都淚流滿面。路德維希在精神上已經把他當作兒子，他告訴菲利克斯到了聖地後不要忘記他，如果可以的話就寫信，並答應他會很快回來。院長離開後，帶著他的僕人回到了烏爾姆，回到了他精神上的孩子們那裡，菲利克斯的弟兄們那裡。

　　離開梅明根之後，阿爾卑斯山的白色山峰巍然聳立在眼前，連綿不絕，淹沒了地平線，與施瓦本和巴伐利亞的甜美平原相比，似乎無懈可擊。第二天早上，人們沿著上坡的道路前往肯佩滕（Kempten）和因斯布魯克。

　　法布里熱愛他的城市烏爾姆。他描述了當他出發時，他對參觀耶路撒冷的熱情是如何在他內心「消失」的。在他看來，前方的旅程「令人感到厭倦、痛苦、無用、空虛和罪惡」。他寫道：「與地中海東岸的低地迦南（Canaan）相比，我更喜歡看到施瓦本，烏爾姆對我來說比耶路撒冷更令人愉快。」法布

里正在經歷一種特殊的痛苦、麻醉性的渴望，我們現在將其稱為鄉愁，這是旅行者難以逃脫的魔咒。鄉愁可以出現在任何地方，這是一種不快樂的驚喜，一種絕望的疼痛，一種完全身在錯誤的地方的感覺。

菲利克斯修士幾乎沒有離開過家。只是尷尬的強烈羞恥感阻止了他轉身跑回路德維希院長的身邊。

再往南些，在阿爾卑斯山的分界線，萊茵河流入康斯坦茨市的博登湖（Bodensee 即康斯坦茨湖〔Lake Constance〕）。在中世紀，這裡經常有橡木板船，其中有一些可長達二十公尺。有些船載運木桶，有些則載運獸皮、木材或是魚。還有一些橡木板船載著旅客穿越歐洲各個方向。

旅行中不斷的移動、繁瑣的打開包、再度開箱幾乎總是會導致東西遺失。很顯然的，搭船穿越博登湖的人們經常在船上遺失物品或是把東西弄丟。湖底下有無數的物品，比方說是無頭的聖母瑪利亞抱著聖嬰耶穌的一尊雪花石膏雕像、一把鉛鑷子、針線盒、用貝殼雕刻而成的迷你朝聖者雕像、一個錫碗、堅固的金屬掛鎖、馬蹄鐵、好幾十個十字架、徽章和胸針。數百年後，所有這些遺失的東西以及更多的物品將會被考古學家從湖底取回。

這些在運輸過程中遺失的物品現在陳列在康斯坦茨考古博物館，讓人不禁想起資深的英國旅行家瑪格麗·肯佩（Margery Kempe，卒於西元一四三九年）於西元一四一四年來到這座城市時，在旅行中所遺失（或是被搶劫）的一些東西：一枚刻有

耶穌愛情座右銘的珍貴戒指，一根她在耶路撒冷買的手杖，還有在康斯坦茨附近，她的旅伴偷走了她的一張床單和一袋錢。

　　肯佩是來自英格蘭東部林恩（Lynn）港的一位十四個孩子的母親，她與蒙托（Montau）的多蘿西婭沒有什麼不同，都是中產階級的妻子，也都致力於神秘的願景和朝聖。肯佩大膽口述了她自己的人生故事，記錄在《瑪格麗・肯佩之書》（*The Book of Margery Kempe*，西元一四三六—八年）中。她一生中的一個決定性時刻是西元一四一三——四年從英國到耶路撒冷和羅馬的艱難旅程，她對這段旅程的描述讓我們對一個人穿越英國和歐洲的旅行有了獨特的視角。

　　西元一四一二年左右，當肯佩四十歲左右時，她收到了上帝的指示，要她拜訪耶路撒冷、羅馬和聖地牙哥德孔波斯特拉。對她來說，旅行是上帝將要賜福的過程，也是為了能夠獲得聖地的原諒或赦免，從而加深她與上帝的關係並使她的靈魂受益。在獲得丈夫和主教的許可後，肯佩於西元一四一三年末啟程前往耶路撒冷，從雅茅斯（Yarmouth）航行到荷蘭的濟里克澤（Zierikzee）港。然後她前往康斯坦茨，大約是到威尼斯的三分之二距離遠。

　　肯佩經歷了一段非常艱難的旅程。好一段時間以來，她「為自己的罪孽，有時也為別人的罪孽」大哭起來。每當她想到基督被釘在十字架上時，她都會不禁流下淚來，而且她經常想到這些事。當她接受聖餐時（至少每個星期日都有），她不再隱忍抗拒，開始放聲「大哭和大聲地啜泣」。肯佩的淚水伴隨著

她的旅程，也讓她不受同行者的歡迎。她在她的書中告訴我們，她的同伴「對她如此的愛哭泣，並在餐桌上和其他地方不斷地談論上帝的愛和良善感到非常不高興」。而其他的旅行者則會責備她，並警告她說他們不會再容忍她。

　　就連肯佩自己從英國來的女僕也無法再忍受她和她在一起了。只有一名男子支持肯佩，並鼓勵她抵達康斯坦茨之前繼續留在隊伍中。

　　當這群旅行者前往康斯坦茨時，他們對肯佩的霸凌行為變得更加嚴重。他們責罵她、辱罵她，處處讓她難堪。他們把她的長袍剪短，長度剛好到膝蓋以下，還讓她穿上一件可笑的白色帆布罩衫，所以人們認為她是個瘋子，不相信她。肯佩到每個酒館、客棧用餐時，他們都排擠她，讓她坐在桌子的最尾端，甚至比侍女、馬伕等卑賤的人階級還要低，還要她閉嘴保持安靜。

　　有一天，在施瓦本地區某處路旁的教堂裡，肯佩進去祈禱時哭泣著，眼淚流到了石頭地板上。上帝在她心裡對她說：「我的女兒，別害怕，當妳和你的同伴在一起時，妳不會受到她們的傷害。」所以她堅持了下來，並且「心中充滿了感激之情！」肯佩秉持著這樣的信念，最終，一行人安全地抵達康斯坦茨。

　　獨自旅行是危險的，尤其是對於女性來說。婦女確實經常旅行，但是通常是與丈夫、姐妹或是孩子們一起旅行，而且通常是一大群人。瑪格麗‧肯佩多次提到她對沿途強盜以及被陌生人強姦和性騷擾的擔憂。我們還從她的敘述中了解到，獨自

旅行意味著一個人會錯過其他旅行者的資訊和推薦，比方說甚麼潮汐時最適合航行，或是城裡最可靠的旅館，或是最值得參觀的遺跡，或是最值得信賴的地方，以及為下一站旅程提供床墊和床上用品的供應商等等。因此旅行者很少單獨出行，如果當你發現自己和不喜歡的人一起旅行時，也無法做什麼改變。旅行形成了社群，但並不總是和諧的。

肯佩於西元一四一四年至康斯坦茨的短暫停留中，她描述了這座充滿活力的城市。到訪幾個月後，該市舉辦了一次意義重大的教會理事會，這是一個來自基督教世界各地代表的普世聚會，這個聚會已經持續了四年。從衣索比亞（Ethiopia）到愛爾蘭，來自遙遠國度的來訪者聚集在一起討論教會面臨的關鍵問題，包括教皇分裂的結束（在羅馬、亞維儂〔Avignon〕和比薩〔Pisa〕有相互對立的教皇）、波西米亞（Bohemia）和英格蘭持續存在的異端邪教、新聖徒的批准、波羅的海異教徒的皈依以及聯合起來反對伊斯蘭教的願望。理事會最嚴峻的高潮時刻之一是處決波西米亞的神學家和改革主義人士揚・胡斯（Jan Hus）。他本人在前往康斯坦茨的途中住在烏爾姆的皇冠客棧。皇帝給了他一份免死金牌的安全通行信件，但是這並救不了他。他在萊茵河畔被處以火刑，他的骨灰與當天丟棄的垃圾一起被扔進河裡。

當肯佩在康斯坦茨時，人們開始從世界各地湧入這座城市。這座城市變得擁擠不堪，人們到處尋找住宿的地方，客棧和排屋的標誌上寫著各種各樣的名字：紅鷹（Roten Adler）、黃羊

（Gelben Schaf）、黑雄鹿（Schwartzer Bock）、金羊（Goldenen
Lamm）、彩虹（Regenbogen）。大使館和皇室接管了整個排屋
（英國人占領了金劍〔Goldenen Schwert〕）。揚‧胡斯住在更
為簡陋的環境中，與一位名叫菲達‧菲斯特（Fida Pfister）的麵
包師遺孀下榻在同一個地方。

肯佩聽說鎮上有一位英國修道士，他是教皇宮廷的使節。
她擁有旅行者的本事，能夠在遙遠的土地上尋找友好的陌生人，
而在康斯坦茨，她充分利用了偶然遇到這位牧師所帶來的機會。
她向他描述了她的整個人生故事，並告訴這位牧師她上帝所贈
與她的甜蜜啟示。修道士向她證實，這些啟示是上帝的傑作，
而不是魔鬼的作品，他還保證會支持她對抗欺負她的旅伴。

於是，肯佩邀請修道士到她和她的同伴們的住處共進晚
餐，他對她表示了支持。其他旅行者對此一舉感到非常憤怒，
並表示他們不想再與她有任何關係。使節給了她一些錢（二十
英鎊，其中十六英鎊被其他人偷走了），肯佩祈禱上帝能給她
一個新的旅伴。然後突然間，彷彿受到了神聖恩典的派遣，一
位善良的英國人出現了，他是一位名叫威廉‧韋弗（William
Weaver）、蓄著白鬍子的男人，他們一起繼續前行，從康斯坦
茨走到波隆那。肯佩的敘述讓我們強烈地感受到人們在中世紀
時期在康斯坦茨動靜的樣貌，以及可能成就或是破壞旅程的各
種際遇。

烏爾里希‧馮‧里森塔爾（Ulrich von Richental）是一位富
有的當地人士，他對這次會議的發生情況進行了非常詳細的描

述記載，為我們提供了大量有關於西元一四一四年造訪康斯坦茨時的資訊。里森塔爾描述了當時排山倒海的訪客湧入這座城市的驚人情況（比薩的對立教皇約翰二十三世〔John XXIII〕率領六百人的隊伍前來），更令人驚訝的是陪同出席會議的代表的馬匹數量。西利西亞（Silesia）布若贊格（Brzeg）的公爵路易二世（Duke Louis II）帶著兩百匹馬和四輛滿載的馬車前來，匈牙利奧佐拉（Ozora）領主皮波（Pipo）擁有一百五十匹馬和三輛馬車。每匹馬背上都配掛著的行李，包括鼻套、銜環、馬銜扣、韁繩、馬糧袋、馬刺、麻布袋、韁繩和華麗的馬鞍。

大使們來自非洲、亞洲和歐洲各個角落，據里森塔爾統計，至少有五千人。隨後，各式各樣的人紛紛前來支持理事會的與會者：藥劑師、鞋匠、裁縫、金匠、毛皮商、雜貨商、文書抄寫員、腰帶製造商、屠夫和理髮師，他們都在城市周圍搭建了帳篷和攤位。此外，還有七百名妓女來到了鎮上，她們都各自租了自己的房子，或是住在馬廄裡，或者住在任何可以投宿的地方。里森塔爾估計，在議會期間，該市的人口（通常約為一萬人）因為超過七萬名遊客的到訪而增加許多。

這是康斯坦茨人賺取外地人財富的絕佳機會。康斯坦茨市議會對這一群龐大的人群的住宿進行了嚴格的監管。雖然貴族租用或是住在富有的市民的房子裡，還有一些神職人員住在鎮上的修道院裡，但是絕大多數的遊客都受到康斯坦茨客棧老闆的擺布。於是議會制定了一項法令：雙人床每個月的費用不得超過一點五荷蘭盾，房東有義務提供床單、靠枕和枕頭，所有

這些每個月至少都要清洗乾淨一次。馬廄的價格固定在每晚兩便士。後來糧食的價格也得管制，因為要養活的人口太多，利潤太多了。小麥、燕麥、葡萄酒、香料和肉類的價格都受到嚴格控制，以確保遊客不被欺騙。

晚餐和宴會上有豐盛的餐飲，但是旅行者也可以購買速食，由帶著手推車或是小獨輪車上有烤箱、抵達鎮上的麵包師出售：他們販賣麵包圈和椒鹽捲餅，以及餅乾、派和魚肉餡餅、加了香料的肉或是雞蛋。還有一些義大利麵包師傅來到鎮上，出售一種新型的薄麵包，上面有美味的配料。

當旅行者離開康斯坦茨時，他們面臨著穿越阿爾卑斯山的挑戰。中世紀對山脈的普遍理解是，地球是平坦的圓形，但是山脈是由河流挖走地球較鬆軟的部分，將堅硬的部分留下所形成的。人們當時還知道地震可以形成山脈。在這種理解中，山不再被視為是美麗的或是崇高的，而是堅硬和結實的，與大地相連，卻又伸向天空。山的優點包括能夠吸收水分，同時也是泉水的來源，以及蘊藏貴金屬的礦脈和山頂的清潔空氣。

行進間路線變得更加陡峭，空氣也變得更稀薄。穿越阿爾卑斯山前往於目的地的旅人們必須比以往任何時候都更專注。中世紀的旅行者很少提及山脈、冰川或是山谷等自然景點，儘管他們曾在嘆息的雨聲和轟隆的雷鳴聲中艱難地跋涉，而他們的馬匹和驢子一定是在令人眩暈的攀爬中掙扎著前行。

西元一四一四年深秋，對立教皇約翰二十三世（當時教皇頭銜的三位覬覦者之一）在前往康斯坦茨會議的途中，從米蘭

附近的洛迪（Lodi）出發，翻越阿爾卑斯山，穿過奧地利的阿爾貝格山口（Arlbergpass），由東方到達康斯坦茨。像即將上任的教皇這樣位高權重的旅行者不必忍受在雪地裡艱難地跋涉或是騎在打滑的坐騎上受盡屈辱：他乘坐一輛塗有紅色金飾邊的輪式木馬車，由兩匹白馬拉著。但是當他們試圖穿越阿爾卑斯山的小村莊克勒斯特勒（Klösterle）附近的雪道時，教皇的馬車翻覆了。對立教皇穿著飄逸的長袍，戴著搖搖欲墜的金王冠，從戰車上被扔到雪地的泥濘中。他以魔鬼的名義褻瀆地咒罵著。他沒有受傷，但這對他下行到康斯坦茨來說是一個不吉利的開始，屆時到了那裡，他將被剝奪教皇的頭銜，逼得他不得不偽裝成信使逃離。

阿爾卑斯山可以藉由既定的山口通過，四通八達的道路透過山谷並沿著鬆軟的陡坡前行，其中最受歡迎的一條山路是布倫納山口，這是從北歐到南歐的主要路線，可從康斯坦茨出發前往納瑟雷斯（Nassereith）、因斯布魯克、維皮泰諾（Vipiteno）。西元一四八三年四月，菲利克斯‧法布里進行他的第二次旅行時，說他經過一天的雨和一夜的雪之後，道路的品質變得很差。他的馬「每走一步都陷入到牠的腹部」，而法布里則陷入了沒到膝蓋的位置。他發現布倫納山口非常寒冷，「因為即使是在夏天，那裡也總是有冰、雪和白霜。」在高山村莊的一家旅館裡，法布里有自己的房間，門可以上鎖。但是另一個房間裡的兩名信使忘記鎖門，他們的錢包被法布里前一天晚上在酒館裡賭博時發現的一群喝醉的採銀礦工搶走了。

　　當旅人們到達繁華的波扎諾小鎮時，就已經翻過了層層的山脈。這裡有一座美麗的教堂，一間設備齊全的聖靈醫院，商店，藥劑師，新鮮的物資，優質的提洛邦（Tyrolean）葡萄酒。

　　這裡甚至還有城鎮許可的妓院（為城鎮提供稅收）。在妓院裡，食物和飲料會提供給男性訪客（已婚男性、猶太男性和神職人員除外），然後被介紹給性工作者。正如我們將看到的，這樣的設置是新興的旅遊基礎設施的一部分。

　　離開波扎諾，喜怒無常的高山峭壁就在旅行者身後。義大利北部更加柔和的鄉村出現了，威尼斯也觸手可及。

兩位旅行者之間的睡前對話

威廉和佩羅（Perot）在路邊的「青年旅社」（hostel），西元一三九六年（摘錄自《語言學習手冊》〔 *La Manière de langage*〕，一本給英國旅行者學習法語的指南）

「老兄，求求你拜託現在將火蓋上，立刻把那些木頭和餘燼拿出來。將煤渣和烙鐵頭推到一起，再將灰燼放在上面。然後我們就可以去睡覺了。」

說完，他們就上樓各自去了自己的房間。當他們到房間時，有人問說：「小狗比格萊特（Beaglet）和小母狗弗洛萊特（Florette）在哪裡？」

「我不知道比格萊特去了哪裡，但是無論如何，弗洛萊特已經睡在樓下花園裡的橡樹下了。」

「威廉，快脫掉褲子去洗一下腿，然後用塊布擦乾淨再搓一搓，因為有跳蚤。」「你不會想讓它們跳到你的腿上：在燈心草墊下的灰塵裡有很多的跳蚤。」

接著他上床睡覺。於是他對另一個人說：「稍微讓讓，好嗎？你的身體也太冰冷了，我完全受不了你碰到我！看在上帝的份上，我們去睡覺吧！我真的需要好好睡一覺，因為我已經連續兩個晚上沒有睡好覺了。」

「什麼鬼？！你很熱，出很多汗耶！」

「喔！那些跳蚤一直咬我，很不舒服又痛得要死，我就一直抓背抓到都流血了。你看我全身都結痂了，全身都癢個不停。所以明天我要立馬給自己洗個蒸汽浴，我真的很需要好好的去蒸一下。

「哇！但是威廉，你的身體真柔軟！天哪！我好希望我能像你一樣柔軟又乾淨！

「不要，不要，佩羅，別碰我，我拜託你了！我好怕癢！

「哈哈！我要給你搔搔癢！

「現在看在上帝的份上，老兄，別再鬧了！我們該睡覺了！

「好吧，為了聖母的愛，當然，無論如何。」

「那麼，我們就別再說話了，睡個好覺，把蠟燭吹熄吧。」

「威廉，願上帝賜予你一個美好的夜晚，也讓我睡個好覺！」

「什麼？我們不是要像平常一樣祈禱嗎？

「我完全忘記了。」

「現在，讓我們唱一首《深淵書簡》（De Profundis），讚美上帝和祂親愛的母親聖母瑪利亞，以及天堂裡的所有聖徒。對於那些在煉獄的刑罰中等待神的憐憫的亡靈來說，透過我們的祈禱，他們可以從痛苦中更快地解脫出來，並獲得永恆的喜樂，這就是神的喜樂，神在在那個三位一體、沒有盡頭、令人愉快的地方，祂用自己的寶血赦免了我們，願祂在最後以極大的慈悲和憐憫賜予我們，如果這樣能夠得到祂的歡欣的話！阿門。」

CHAPTER —————————————————————————— 4

先造訪威尼斯，
然後前往羅馬

聖馬可廣場	德國商館	聖馬可大教堂
St Mark's Square	Fondaco dei Tedeschi	Basilica of St Mark
雅朵和市場	檢疫站	羅馬
Rialto and markets	Lazzaretto	Rome

　　威尼斯以其美麗的風景、半月形潟湖內的一百多座島嶼上有著令人難以置信的環境，以及獨特的威尼斯風格而聞名。然而，遊客們對威尼斯的感受經常是潮濕、惡臭、昂貴、太熱或太冷、傲慢、不性感和死氣沉沉的。而且這甚至還沒有考慮到對旅遊業的完全屈服。正如人們經常觀察到的那樣，有旅人們的威尼斯才是真正的威尼斯。長久以來，整個城市一直被往返於其他地方的人們塑造、商品化並屈從於他們。

　　西元一三四五年，尼科洛‧達‧波吉邦西（Niccolò da Poggibonsi）修道士在前往聖地的途中經過威尼斯。他將威尼斯描述為一座與其他城市不同的城市，這裡的所有道路「無論大小，都是水中的渠道」。於是出門就必須得搭船。尼科洛發現

這裡是最好的港口，因為你只要搭船，就可以從威尼斯航行到世界上任何可以做生意的地方。他描述了一個充滿美麗房屋和許多鐘樓的城市景觀，其中有一些由於地基做的不好而歪斜的矗立在水面上，就像在排便一樣。他體認到，由於威尼斯位於海洋中的沼澤環境，因此在建設城市時面臨著獨特的困難。

有時，威尼斯給人一種奇怪的海市蜃樓的感覺，彷彿它實際上是由水構成的，可能隨時會在光影的洪流中消失殆盡。

大多數的中世紀城市都有城門並且設立了入口。威尼斯則不然。當遊客走近這座城市時，眼前一片雜亂無章。渡輪和小型船隻掠過潟湖前往城市的各個地點。西元一四八〇年代從烏爾姆來訪的菲利克斯・法布里指出，當他的隊伍穿過潟湖進入威尼斯時，他對「如此沉重、如此高大的建築，將其地基位於水中時」感到驚訝。最中心的目的地是聖馬可廣場、公爵政府所在地（公爵宮〔the Palazzo Ducale〕，於西元一三四〇年重建，擁有哥德式的拱門和涼廊）和古老的聖馬可大教堂。這裡靠近威尼斯的另一個主要焦點雅朵（Rialto），這裡是這座城市傳奇般的基礎所在地。至少從西元一一七〇年代起，這裡就已經建造了一座橫跨大運河（Grand Canal）的人行天橋，雅朵是這座城市的商業中心和來自世界各地的商人的聚會場所。正是因為這座城市的開放性，迫使威尼斯在旅行管理方面進行了創新：十五世紀的威尼斯共和國在護照、旅行指南和旅遊辦事處、旅客檢疫、公共衛生法規以及對旅館、餐館和航運的監督和治安方面皆處於世界領先地位。中世紀晚期的威尼斯遠非最初出現

─── Be careful! ───

　　當心！當你到達威尼斯時（或者，有時甚至在你到達之前，當你穿過潟湖前往城市時），你會被導遊們（當地人稱他們為 tolomazi）包圍。他們會帶你四處參觀並翻譯所有不同的語言，甚至還可以預訂前往聖地的票。但是有些人會勒索你，還有說謊的人、騙子和妓女。你必須選擇一名持有執照的導遊，你每天早上都可以在公爵宮外和雅朵廣場找到他。

時那樣是一個開放的城市，而是充滿了無形的障礙、規定和官僚機構。

　　然而，當遊客們感受到威尼斯終於歡迎他們得以一窺它的秘密時，這座城市的感覺就像是歷史之中的一件迷人的禮物。甚至有人說威尼斯是用特洛伊（Troy）的石頭建造的。

　　西元一三二三年，修道士西蒙‧菲茨西蒙（Simon Fitzsimon）從愛爾蘭克朗梅爾（Clonmel）前往耶路撒冷途中，被這座城市的美麗和潔淨所震撼，認為它可能坐落在蒼穹的群星之中，而不是大海。菲茨西蒙描述說，這座城市的三分之一是「用烤磚鋪成的」，而三分之二是可通航的流動的街道，「海水不停歇地、不知疲倦地在此流動和漲退」。他指出，為了宮殿的榮耀和「為了其公民的光彩」，總督的宮殿裡一直飼養著活獅子。

　　一名僕人坐在威尼斯的旗幟下，用一根厚重的彩繪棍子在

地面上有節奏的敲著節拍,向總督的宮廷宣布有貴族訪客的到來。人們可能會看到男孩子穿著五顏六色的服裝演奏雷貝克琴(rebec),女士們穿著危險的高腳鞋以保持腳部乾燥,還有帶著項圈的狗耐心地坐著等待主人。有雜耍者、侏儒和傳教士。傳令官會宣布來自世界各地的新聞,有時還甚至會用歌唱的方式。

除此之外,在潟湖海浪拍打下的聖馬可廣場入口處,矗立著兩根瘦長的花崗岩柱。此岩柱建於西元一二〇〇年左右,供奉著這座城市的守護神聖馬可福音傳道者和聖西奧多(St Theodore,當地人稱為聖托達羅〔San Todaro〕)。西奧多的雕像由一些古老的雕塑組成,一個羅馬皇帝的頭放在另一個皇帝的身上。他站在柱頂,跨騎著一條鱷魚龍,代表著勝利,這是大約在西元一三〇〇年左右加上去的。聖馬可柱頂上矗立著一隻古老的青銅翼獅(福音傳道者的標誌),它成為了這座城市的象徵,在整個地中海地區的城門、大門和塔樓上,只要拉塞雷尼西瑪(La Serenissima)統治著海浪和市場,你就都可以看到它的身影。西奧多背對大海,眺望城市,注視著人們。馬克之獅向東望去,望向城外的潟湖、麗都(Lido)和遠處的大海。

海浪不斷地衝擊著城市的木樁和大理石地基。威尼斯是一個不斷流動的地方:移民、商人、奴隸、水手、朝聖者、難民和世界其他地方的人,不停地到達這裡又離開這裡。像威尼斯這樣的中世紀城市,其特徵之一是它實現並增加了流動性:不僅是在不同地方之間的流動性,而且還包括社會和金融的流動

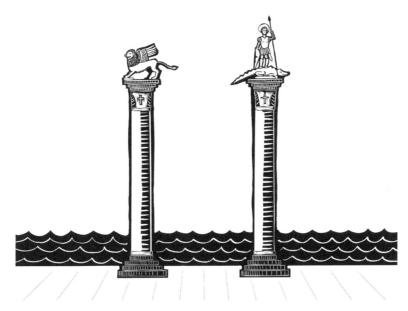

──────威尼斯聖馬可（St Mark）和聖西奧多（St Theodore）的柱子──────

性。威尼斯是個名副其實的商業中心，在這裡可以創造財富，改變命運。據說，就連這座城市的守護神聖馬可也曾在這座城市尋求庇護，他是一位從黎凡特（Levant）被流放到沿海地區的傳教士（到了九世紀時，馬可的旅程再次發生，他的聖骨從亞歷山大那裡被盜走並供奉在威尼斯）。

　　有許多途經威尼斯的旅行者都是商人，比方說馬可·波羅（Marco Polo），而另一些則是傳教士（例如西元一三一八年到一三二九年穿越亞洲的方濟會〔Franciscan〕成員，波代諾內〔Pordenone〕的奧多里克〔Odoric〕）。其他人則以威尼斯的名義開始征服世界：例如，老馬里諾·薩努多（Marino Sanudo the Elder，卒於西元一三四三年），他多次造訪黎凡特，並制定了占領和吞併埃及的計劃。或者是尼科洛・孔蒂（Nicolò Conti），他在西元一四二〇年代透過航行穿越了波斯灣，一路逆流而上到達印度。西元一四三二年，彼得羅・奎里尼（Pietro Querini）在挪威北部的羅弗敦群島（Lofoten Islands）被風吹得偏離航線並且遭遇船難。威尼斯和威尼斯人似乎與世界有最廣泛的聯繫，比方說來自波斯和中國的布料，來自黎凡特的麵粉，從直布羅陀（Gibraltar）到克里米亞（Crimea）的各個港口航行至此的船隻和乘客，以及來自冰島、蘇格蘭、瑞典、法國、葡萄牙、波蘭、亞美尼亞（Armenia）的朝聖者。世界各地的人們聚集在這片看似不太可能聚集那麼多人的低窪島嶼上。

西元一四九四年，彼得羅・卡索拉（Pietro Casola）從米蘭前往聖地，他說：「我認為沒有任何城市可以與建立在海上的威尼斯相媲美。」卡索拉補充道：「似乎全世界都湧向那裡，人類也將所有的精力集中在那裡進行貿易。」與卡索拉同年造訪威尼斯的法國大使菲利普・德科明斯（Philip de Commines）對這座城市「全部淹沒在水中」的情況感到驚訝，並得出結論，威尼斯「是我所見過的最得意洋洋的城市」。英國旅行家托馬斯・拉克（Thomas Larke）於西元一五〇八年造訪威尼斯，並為他的贊助人理查德・吉爾福德爵士（Sir Richard Guylforde）撰文，他被威尼斯所震撼，他說：「財富、華麗的建築、法官和議會的組織，以及所有其他使一座城市變得輝煌的東西，在威尼斯比我見過的所有其他地方都要發展得更好。」對於拉克和

許多其他遊客來說，威尼斯是一座建立在島嶼上的宏偉建築的仙境，實現了關於城市的一些美麗且讓人驚豔的想法。

卡索拉用心寫了好幾頁的文章來讚揚威尼斯的商品和市場，這個美麗又多采多姿的城市看得令人眼花繚亂。然而，他對威尼斯的描述一再圍繞著旅行者經常困擾的一個問題而搖擺不定，那就是如何在描述一個奇妙的地方的同時，又讓那些沒有去過那裡的人相信它呢？他文章中寫道：「我知道，對於沒有親眼目睹這些事情的人來說，很難相信我說的話，因為我自己也犯過同樣的錯誤，也就是說，我過去不相信別人告訴我關於他們的所見所聞！」身歷其境的旅行者往往發現很難讓讀者相信他們所見所聞的真實性。畢竟，這個世界被認為是一個充滿奇才和奇蹟的、令人驚奇的百科全書式花園。

許多旅行者來到威尼斯是為了航行到聖地。該市是前往雅法（Jaffa）的出發港，也是當時耶路撒冷的主要港口。威尼斯共和國是整個東地中海地區的主要海軍力量的集結地。規模

Must see!

必看！耶穌升天節那天，聖馬可教堂會舉辦盛大的集市。還有一個名為「海上婚禮」（Sposalizio del Mare）的儀式，威尼斯總督會乘坐儀式駁船（Bucintoro）出海，將結婚戒指投入海中。這顯示出威尼斯與其漂浮和繁榮的水域之間有著不可分割的連結。

宏大的軍械庫（Arsenale，建於西元一一〇四年）[1] 是軍用和民用船舶的造船廠，航行穿過城市的遊客可以瞥見它的城牆，有時參觀它本身就是一個奇觀。這裡有數百艘船每天出發航行到世界各地。威尼斯共和國涵蓋了星羅棋布的眾多領土，橫跨達爾馬提亞（Dalmatia）和東地中海、一直到亞歷山大、貝魯特（Beirut）以及克里米亞以外的地方。其中包括塔納（Tana，現為亞速〔Azov〕）的一個重要貿易站和卡法（Caffa）港（又稱費奧多西亞〔Feodosia〕），熱內亞人（Genoese）和威尼斯人在此地曾交易了數千名的奴隸，其中大部分都是韃靼人和切爾克斯人（Circassians）、穆斯林和基督教徒。在神聖旅遊業的朝聖產業的支持下，威尼斯海洋共和國在各種商業上蓬勃發展。

　　旅客們會在威尼斯逗留一段時間。他們會受到其他乘客和船長的擺布，他們必須等到天氣合適才會繼續前行（或者等到他們迫使旅行者在威尼斯花很多錢之後）。瑪格麗·肯佩於西元一四一四年的春天在此停留了十三週，而佩羅·塔富爾（Pero Tafur）則在西元一四三六年停留了三十多天，托馬斯·拉克於西元一五〇六年五月到七月也停留了七週。像他們這樣的旅行者已經給了航運公司押金：如果他們的船開走了，他們如何到達雅法？對於菲利克斯·法布里來說，在威尼斯待了幾週之後，這座城市的魅力開始褪色。「我們開始對威尼斯感到極度厭倦，

1　作者註：Arsenale 這個名字來自阿拉伯語 Dar sina'a，意思是建築場所、建築工地。

並且急切的期待著離開」他寫道。他懷疑船長在出發日期上對他撒了大謊。有許多像法布里這樣的旅行者發現自己被困在威尼斯，花了太多不必要的錢，只能傻傻地等待船隻啟航，並且渴望趕快離開這座過度管制的城市，開始下一階段的旅程。

整個業務由威尼斯共和國的各個官員監管和控制。索洛馬里（tholomarii），也就是導遊們，他們組成了一種旅遊辦公室，目的在幫助旅人們找到住宿的地點並且協商他們繼續航行的事宜。該市的住宿也受到威尼斯參議院的嚴格監管和檢查。與此同時，從西元一二九二年起，威尼斯國家檔案館（Ufficiali al Cattaver）負責監督與海上航行有關的法律和狀況。事故、詐騙、糾紛和失望都對共和國的旅遊業造成了不利的影響。旅客（如果他們在旅途中倖存下來）可以在回程時向國家檔案館的官員們投訴，因為優良的客戶服務並且讓旅客們滿意對國家是有益的。

中世紀的旅行者習慣隨身攜帶安全通行證、旅遊指南或是旅遊特許憑證。在威尼斯，旅行者的認證成為一項要求、一種義務。威尼斯以景觀法案（bolleta del pasaggio 或是告示、公告、政策〔bullétta、boletino、polizza〕）的形式開發了先進的個人認證系統，該文件在不同時期可以是支付過境通行費的收據、提單、貨物證明。健康或是護照等文件。任何護照都是管制個人行動的手段，而威尼斯的法案就是這樣做的：在威尼斯下船的陌生人必須付費以獲得一份文件（bolletta），用來確定他們的身份並證明他們的預定路線，有時候，他們必須來自沒有瘟

疫的地方。證明旅行者的資格並確保他們旅行的能力比任何朝聖者徽章都來得更重要。接著，朝聖者和商人們可能會被要求在從威尼斯到耶路撒冷或是君士坦丁堡（Constantinople）的整個旅程中出示這份文件。該文件是有時間限制的，可以由導遊或是船公司提供。此外，從十四世紀後期開始，佛羅倫斯和利佛諾（Livorno）等許多其他義大利城市要求旅行者持有健康證明（bolletta di sanità），以證明他們沒有感染鼠疫。到了十五世紀後期，獨自旅行或是不帶證明文件旅行的旅行者通常會被懷疑攜帶鼠疫。通過「通行證」，旅行者開始依賴於他們旅程的管理，以及通過文書證明來獲得合法性。護照這個文件，雖然總是讓人感到焦慮，但逐漸成為每位旅行者身份的具體表現。

規範以及發展良好的威尼斯旅遊業意味著只要旅行者有足夠的錢，找到住宿地點就不是問題。這裡有基本且古老的旅行者收容所（避難所或醫務室），往返聖地的朝聖者可以與窮人和病人一起住宿。導遊還會引導國際遊客前往朝聖者收容所（ospizi），例如位於斯拉夫人堤岸（Riva degli Schiavoni）的塞爾西臨終關懷中心（Ospizio Celsi，成立於西元一四〇九年），此處距聖馬可教堂僅有幾步之遙。大量的公共旅社、私人旅館和客棧聚集在雅朵附近的帕格利亞橋（Ponte della Paglia）以及聖馬可廣場周圍。對於北歐人來說，最喜歡的客棧包括 San Zorzi（也就是喬治旅館，由某一位叫做瑪格麗塔〔Margarita〕的女士於西元一四八〇年代開始經營，她與僕人尼古拉斯·弗里格〔Nicholas Frig〕結婚，這不禁令菲利克斯·法布里大為驚

訝）。

威尼斯大多數的旅館可容納大約二十至四十位客人。這些旅館受到共和國政府的各種監管。這些旅館大多聚集在一起，以便該市無處不在的當局可以監控那裡所發生的行為，與雞姦、盜竊、爭吵和酗酒進行一場失敗的戰鬥。和其他地方一樣，旅館和小酒館不同，小酒館是為了喝酒而存在的。除了小酒館之外，威尼斯還有簡陋的「furatole」，也就是出售炸魚和非法葡萄酒的非正式攤位。在旅館和小酒館裡，飲酒受到嚴格管制，並由守夜人或「夜間之主」（Signori di Notte）監管，他們也在妓院中執行規定，據說在他們的訴訟中使用了梯架（curlo）酷刑。

豪宅式的家庭可接待客人，許多宗教醫務室也會照顧朝聖者。有一些醫務室是男女分開的，另一些則位於潟湖中私人的島嶼上。威尼斯歡迎外國人時最宏偉、最明顯的標誌則是德國商館（Fondaco dei Tedeschi），這是建於西元一二二八年，一座宏偉的德國商人貿易行館（於西元一三一八年和西元一五〇五年重建）[2]。這是一座擁有八十個房間的大型建築，集倉庫、旅館、酒館、陳列室、餐廳和社區中心於一體。德國南部的商人和使者在這裡建立了一個強大的殖民地，比鄰著雅朵河，處

---

2 作者註：在威尼斯，類似的 Fondaco dei Turchi 則是為土耳其商人和大使所服務的，而直到西元一六二一年才有這樣的土耳其商館。fondaco（威尼斯語為 fontego）一詞來自阿拉伯語的 funduq，意思為商隊旅館，而最初的詞意則源自希臘語的 pandocheion，意思為一間旅館，一個適合所有人的地方。

於蜿蜒的大運河中央的轉角處,是最佳的商業環境。隨著時間
的推移,德國商館迎來了奧地利、匈牙利和所有北歐的遊客來
到威尼斯。各種外國社區——阿爾巴尼亞人、亞美尼亞人、勃
艮第人、希臘人、斯洛維尼亞人、土耳其人和許多其他各國的
人也在這座城市擁有定居點,這通常反映在今天的街道名稱中。
西元一四六七年,在羅茲米塔爾(Rozmital)的波西米亞貴族
利奧(Leo)和他的侍從文澤爾・沙塞克(Václav Šašek)於西元
一四六七年造訪了方達科(Fondaco)。沙塞克(Schasek)寫道,
「任何來自所有基督教國家的所有主要城市的人都可以擁有自
己的餐桌,在那裡他可以獲得他想要的任何食物和飲料」。在
方達科,「任何東西都供應充足」。

　　除了這些完善的住宿場所外,威尼斯還有 albergarie,也就
是寄宿的小屋,其中有許多沒有執照,分散在城市各處,而且
聲譽不佳。威尼斯衛生局(Provveditori alla Sanità,成立於西元
一四八〇年代)似乎特別擔心這些深受遊客歡迎的寄宿處有傳
染的風險,有部分的市府官員認為這種流動性的場所更會傳染
疾病,更加令人擔憂。

　　當遊客被滯留在威尼斯等待繼續前行時,這裡有大量的古
跡、神殿和宏偉的教堂可供他們參觀。比方說,奧吉爾・德・
安格盧爾(Ogier d'Anglure)於西元一三九五年來訪時,他在
威尼斯一家慈善醫院的教堂裡看到了歌利亞(Goliath)的牙
齒遺跡,給他留下了特別深刻的印象。而威廉・韋(William
Wey)於西元一四五八年造訪此地時,在每座教堂中都看到了

施洗者聖約翰的父親聖撒迦利亞（St Zacharias）的整個屍體，以及聖露西（St Lucy）、聖薩賓娜（St Sabina）、聖潘克拉斯（St Pancras）和聖瑪麗娜（St Marina）的屍體，以及聖喬治（St George）的左臂和聖克里斯多福（St Christopher）的大腿骨。除了這些神聖的身體和成員之外，他還看到了用摩西（Moses）在沙漠中敲打的岩石所製成的聖母瑪利亞雕像。此外，據說聖馬可大教堂裡的耶穌雕像曾被一名猶太遊客刺傷了五次，而並且還滴下了真正的血。透過這些地點，威尼斯本身成為了一個朝聖的目的地，讓旅行者能夠以神聖地旅遊的名義來名正言順其行程的延誤。

非比尋常的聖馬可大教堂往往會讓遊客們眼花繚亂。從外面看，它顯得又矮又低，是一座充滿異國情調的涼亭，與哥德式大教堂高聳入雲的塔樓截然不同。它既是總督的禮拜堂，也是威尼斯的國家教堂。聖馬可教堂於西元一〇九四年在一座古老的大教堂遺址上落成，其拜占庭風格的正面由五個上方有涼亭的拱門所組成，皆裝飾有淺色的基督教普魯特斯大理石和石頭。門廊上面的後方澆鑄著四匹由銅合金所鑄造的古馬；它們可能是西元一二〇四年威尼斯洗劫君士坦丁堡時的戰利品。在馬匹上方，這座建築的頂部有五個圓頂。

教堂內部陰沉的十字形中殿與外部淺色的石頭形成鮮明的對比。但是內部有著明亮、華麗且金光閃閃的天花板，天花板上還裝飾著數百萬顆閃閃發亮的馬賽克。聖馬可鑲嵌馬賽克的新穎創新引起了特別的評論，正如吉恩・德・圖爾奈（Jean de

Tournai）於西元一四八八年造訪時所描述的那樣，「小石頭和玻璃碎片只有小指頭指甲大小的四分之一」。大部分的馬賽克作品是由穆拉諾（Murano）著名的玻璃工匠所製作的。

聖馬可大教堂與其說是一個朝聖地（儘管它聲稱擁有福音傳道者的遺體），不如說它是威尼斯的奇觀和總督展示權力的舞台。西元一四六二年，來自英國的朝聖者威廉·韋在大教堂裡目睹了聖馬可就任前的舉行儀式，聖人的祭壇上放置著「十二頂鑲滿珍貴珠寶的黃金王冠」，還有「極其豐富」的聖杯、高爐和燭台。高高在上的祭壇是用鍍金的銀所製成的。對於威廉·韋來說，聖馬可大教堂讓他想起了耶路撒冷的聖墓教堂。聖馬可節那天，他看到城裡的兄弟會在教堂周圍遊行，一手拿著蠟燭，另一隻手拿著鞭子鞭打自己。

愛爾蘭人西蒙·菲茨西蒙評價聖馬可教堂是「一座最華麗的教堂，由無與倫比的大理石和其他名貴的石材所建造而成」，而對面就是公共廣場——聖馬可廣場，「從各方面來看，它在任何地方都是獨一無二的」。西元一四八六年，康拉德·格魯南伯格（Konrad Grünemberg）從康斯坦茨來訪，他將這座大教堂描述為「令人驚嘆的奇蹟」，他被這裡的玻璃、黃金、大理石馬賽克和枝形吊燈所震撼。毗鄰大教堂的是宏偉的鐘樓，一座兼具瞭望塔的鐘樓，它將遊客的目光吸引到天空，其金屬的尖頂就像一顆歡迎的星星引導著到來的旅客。

拋開這些信仰的問題不談，對於大多數旅行者來說，在威尼斯的首要任務是要為接下來的旅程購物。到了十五世紀時，

這座城市已經成為了一個旅行者的超級市場，其目的在確保人們在艱苦的旅程中獲得充足的補給。有一位英國人，可能是倫敦的傑佛瑞·考德威爾（Geoffrey Caldwell），在十五世紀末時前往聖地的途中造訪了威尼斯，並根據自己的經歷為其他人寫了一本旅行指南。他主要關心的是買些什麼，他的建議是在威尼斯，「首先，必須為自己提供床上的用品」和「雞籠」（雞本身可以在前往雅法的途中購買）。

然後，在其他的建議中，考德威爾轉向了旅行者似乎最關心的問題：在未來的旅程中如何管理腸道。在威尼斯，考德威爾建議購買一個有蓋的排便桶和一個尿罐。他說，人們還應該要準備一桶水和自己喜歡的葡萄酒（並補充說，應該在葡萄酒中添加一些乾淨的水）。他警告說，這是因為沿途蓄水池的水會導致便秘，而淡水可能會產生有害的瀉藥讓你拉肚子。他建議在威尼斯（在雜貨市場，但是要根據醫生的建議）儲備灌腸劑和肛門栓劑（就像用白肥皂或是細牛脂蠟燭所製成像男人的手指般的東西）。另一件重要的事情是購買一些茴香籽和大茴香，以幫助緩解放屁過多的情況。現代旅行寫作常常避免報導旅行者的私人生活；中世紀的旅行寫作則不然，其中既涵蓋了旅行者身體的親密關係和需求，也涵蓋了對靈魂的關懷。

康拉德·格魯南伯格建議，保持胃部溫暖有助於日常排便並預防腹瀉。出於這個原因，他說許多遊客在威尼斯購買了用斯卡拉托（scarlatto）製成的內衣，斯卡拉托是一種昂貴的羊毛布料，這座城市因此而聞名。

　　來威尼斯的遊客都說旅人們應該在威尼斯買些食物並儲存起來，為即將到來的海上航行儲備些存糧，到時候可墊墊胃。烘烤過兩次的環形脆餅特別適合出海的人，因為它可以保存很長的時間。沙丁魚、鯷魚和鰻魚是主要的魚類，通常會被醃製保存起來，以使其賞味期限能更長久並易於旅行時食用。鱘魚則會被抹上鹽巴後再行醃燻，或是製成一種叫做薩拉米（salami）的香腸（或稱為莫羅納〔morona〕）。全歐洲的人都愛吃鹽鱈魚（baccalà），在威尼斯也很常見，深受即將啟程的旅人們的歡迎。船上的廚房預計每天為乘客提供熱食，但是品質無法預測。旅行者計劃使用自己儲存的食物，並在沿途停留的港口補充食物。

　　威尼斯的食物反映出世界各地來到這座城市的食材以及這裡居民的消費能力。那裡的商品讓大多數的參觀者都興奮不已。佩羅・塔富爾對於西班牙的水果在威尼斯和在西班牙一樣便宜感到驚訝，並補充說，在威尼斯，人們可以購買「任何來自敘利亞的東西，如果有人願意的話，還可以買到從印度來的商品，因為威尼斯人航行遍及世界各地」；威尼斯提供給訪客一個全球的市場。彼得羅・卡索拉用了很多篇幅來描述威尼斯的市場，他問道：「誰能數得清楚到底有多少商店在此，且布置得如此精美，看起來就像倉庫一樣？」他看到了一系列非凡的布料──掛毯、錦緞、帷幔、地毯、各種絲綢和許多其他的物品。倉庫裡裝滿了香料、雜貨和藥品，「還有這麼多美麗的白蠟」！他說，這麼多東西可能會「讓人目瞪口呆」，而且無法一個一個

地詳細描述。

對於卡索拉來說，如此豐富的物質是一種迷人的美麗景象。他對於威尼斯的麵包店感到開心，「應有盡有且漂亮得令人難以置信」，這裡販賣各種無與倫比的麵包，讓一個吃飽了的人還想繼續吃下去。穀物從中東進口到這座城市，麵糰製造商和麵包師傅得到了良好的監管；麵包的重量和價格每天都是固定的，產品則反映出旅行者的需求。卡索拉喜歡種類繁多的食物，特別是鳥類和魚類（儘管價格昂貴），以及豐富的水果和蔬菜（似乎世界上所有的花園都在那裡！），還有幾乎令人難以置信的葡萄酒——馬姆齊（malmsey）、麝香葡萄酒（muscatel）、希臘葡萄酒、白葡萄酒、紅葡萄酒，以及可以裝很多酒的小口大肚瓶（demijohns）和酒桶。卡索拉的敘述不禁讓人感受到他是如此的沉醉在這座城市裡。

令卡索拉感到不安的一件事是雅朵肉品市場的慘淡狀況，這讓他不想再去那裡購買。例如腐爛的內臟以及酸臭的屠夫垃圾，這些難聞的氣味與瘟疫和疾病有著不可磨滅的關聯。

由於威尼斯是一座人口不斷流動的城市，因此特別容易受到傳染病和瘟疫的影響。佩羅・塔富爾指出，經過潟湖的水沖洗過的街道非常乾淨。他並補充說，威尼斯人在街道上燃燒香水，「人們隨身帶著香水和香料，這些氣味和香料在街道上擴散開來，散發出最令人愉悅的氣味」。一條芳香宜人的街道等同於健康的城市景觀，並掩蓋了隨著成群的遊客而散發出來的惡臭。

威尼斯的運河上布滿了狹窄的小巷，擠滿了形形色色的陌生人，他們對彼此有著無限的遐想。猶太居民還沒有被限制在猶太人區，土耳其商人在城市裡進行買賣，來自北非的摩爾人（Moors）在市場川流不息。未婚的年輕女性會進到修道院內，並將她們的情人（男性和女性）偷偷帶進修道院。各種年齡、性別和美艷的妓女遍布在整個城市中。旅館和小酒館被禁止讓妓女們在那兒工作，相反地，從西元一三五八年開始，有執照的妓院首先在雅朵附近設立，最終遍布整個城市（威尼斯總委員會於西元一三六〇年頒布法令，規定妓女「在這個城鎮是絕對必要的」）。到了西元一六〇〇年時，所有這些群體都將受到市府機構的監管，並透過公民關懷來遏制他們，彷彿要阻止人們在威尼斯熱情好客的潟湖周圍不斷流動。

西元一三四八年，隨著瘟疫在歐洲蔓延，威尼斯大議會聘雇了守夜人來檢查那些被懷疑將疾病帶入城市的入境旅客。威尼斯作為旅遊的樞紐，也難免受到瘟疫的侵襲。因此，該市主動在潟湖中開發了檢疫站（lazzaretti）[3]，將患病者（或被認為可能患病的人）隔離在其中。在威尼斯的拉扎里蒂島隔離病人，預示著威尼斯人未來將會把人們隔離起來以淨化城市的體制。

3　作者註：「檢疫」（Quarantine，一詞來自中世紀拉丁語和威尼斯語的 quarantena）指的是耶穌在沙漠中禁食的四十個晝夜（《馬太福音》四：二）。耶利哥（Jericho）附近的檢疫山，據稱是耶穌被隔離和受到魔鬼誘惑的地方，西方朝聖者經常到訪。「檢疫」一詞在十四世紀時進入法語和義大利語方言，指的是出於公共衛生目的而採取的隔離狀態。

西元一三七七年，威尼斯的前屬地拉古薩（Ragusa，杜布羅夫尼克〔Dubrovnik〕）橫跨亞得里亞海，開始對入境船隻進行檢疫隔離，將他們在遠離拉古薩繁榮港口的無人島馬爾坎島（Mrkan）滯留一個月。但世界上第一家檢疫站或是瘟疫醫院於西元一四二三年在威尼斯的拿撒勒聖瑪麗亞島（the island of Santa Maria di Nazareth）上建立。第二個島（Lazzaretto Nuovo）於西元一四五六年建立，也用來作為檢疫站（並於西元一四七一年全面投入運營）。隔離島的概念迅速流行起來，大約在這個時期，其他主要的旅行者中繼站也開始設立檢疫站，包括威尼斯的鄰國以及在帕多瓦（Padua）、基奧賈（Chioggia）、斯普利特（Split）和科孚島（Corfu）的殖民地。威尼斯檢疫站用於隔離已經感染鼠疫的人和與病人有過接觸的人，將進港船隻的貨物和船員在到達城市之前進行隔離，還有那些正在從鼠疫中康復的人。檢疫站並不總是被視為關押那些被譴責者的地獄般的景象：有時人們將那裡描述為天堂，一座有圍牆的花園；有時將其稱為 Cuccagna，即富足的神話世界；有時則被形容為煉獄，一個人們可以從中得到淨化的地方。蝴蝶在那裡繁衍生息，白鷺自信地涉過沼澤的水域。

檢疫站的空氣中瀰漫著悶燒杜松和迷迭香的淨化氣味。這是為了抵抗腐爛、粘稠的蟲毒瘴癘，瘟疫被認為是透過瘴氣進入體內，並因為過多的熱量和水氣而導致精神狀態失衡。

舊檢疫站島（Lazzaretto Vecchio）是一個小島，位於聖馬可廣場以東約三公里處，靠近威尼斯的沙洲麗都（Lido）。訪客

首先會看到一座前修道院的圍牆建築，包括迴廊、水井和小教堂。這裡有種有果樹的花園，還有修道院院長的房子，與病人宿舍分開，還有用於商品消毒的倉庫區。這些患者中有許多是來自歐洲和黎凡特各地的朝聖者、水手和商人，他們皆在男女宿舍中接受治療。富人和窮人一樣汗如雨下、呻吟和死去。這些可憐的病人吃的東西是被認為具有恢復性和健康性的食物：水煮蛋、雞肉、小牛肉、藏紅花和葡萄酒。

在瘟疫爆發期間，聖馬可廣場旁邊的廚房被臨時的木筏取代。那些被漆成黑色的人將已經死去的人的屍體運離城市。船上的船伕用白色的石灰粉對木筏進行消毒，然後將病人運送到檢疫站。在那裡，被要求只攜帶床上用品的個人由衛生局官員進行登記（與其他中世紀醫療保健機構不同，在威尼斯，這是一個由公民和國家資助的機構，而不是宗教機構）。病情嚴重的症狀都會被記錄下來，那些看起來身體非常不適的人會得到告解，為他們的死亡做好準備。外國的大使和外交官、土耳其和猶太商人以及短暫停留的朝聖者和數千名威尼斯人都被送往檢疫站，其中有許多人永遠都不會離開。

檢疫站的主要特徵是他們的墓地。數以千計的屍體被放置在冗長的平行戰壕中，有時甚至會被放置在亂葬坑中，身體交疊在一起。而且墳墓很少會有標記。

對舊檢疫站遺跡的調查顯示出，那裡的人們死於鼠疫耶爾森氏菌（Yersinia pestis），鼠疫耶爾森氏菌是一種導致腺鼠疫、肺炎和敗血症瘟疫的傳播病原體。西元一三四七年至西元

一五二八年間，威尼斯至少發生了十六次的瘟疫大爆發。換句話說，瘟疫大約每十年就會對這座城市造成一次重大的侵襲。每次爆發時，瘟疫似乎都會瘋狂地席捲這個為交通而建設的地方。瘟疫對於這座人口稠密的城市來說是災難性的：在某些瘟疫年份，威尼斯有四分之一到三分之一的人口死亡。而每次爆發時，禁慾主義的苦行鞭打團體都會在受災的城市中遊行，以激烈的節奏鞭打他們的後背，他們的鮮血流過街道，流入運河，以表現出他們在上帝面前是如此的卑微和謙遜。

威尼斯有一個兄弟會，成立於西元一四七八年，致力於紀念聖羅克（St Roch 或是 St Rocco），為那些飽受瘟疫折磨的人服務。西元一四八五年，聖羅克的手指從德國被帶到威尼斯，以幫助保護這座城市（幾年後，聖羅克身體的其餘部分也被帶來）。羅克本人是一位早期的旅行者，一位法國人，他將自己的全部財富捐獻給窮人，然後作為身無分文的朝聖者前往羅馬。在義大利，據說他在瘟疫爆發期間照顧病人，並導致了許多奇蹟般的治癒。當羅克自己也生病時，有一隻忠誠的狗照顧了他，狗狗舔拭並治癒了他的瘡口。羅克經常被描繪成穿著朝聖者的服裝，並拉開長袍指用手指著或是摳他長滿膿瘡的大腿。當旅人們的同伴感染瘟疫時，他們有時會前往威尼斯聖羅克教堂參觀。西元一四八三年，菲利克斯・法布里相信威尼斯旅館的老闆死於瘟疫，於是急忙前往聖羅克教堂祈禱，與此同時，法布里的同伴已經向南前往帕多瓦，逃離威尼斯的穢氣。

從威尼斯，商人可以乘船前往地中海和黑海的所有港口。

朝聖者一般都經由陸路向南前往羅馬，或是乘船向東前往雅法以到達耶路撒冷。

西元一三五〇年，碧翠絲・魯特雷爾（Beatrice Luttrell）夫人選擇羅馬作為她的目的地，因為那一年是禧年。羅馬禧年本質上是一個朝聖的節日，對於任何足夠虔誠的基督徒來說，這個旅程是準備在未來淨化靈魂的一個機會。教會認識到，西元一三四七年及其後來幾年席捲歐洲的大瘟疫給朝聖帶來了新的緊迫感。虔誠的信徒想要表達他們的悔改，並感謝他們從可怕的大瘟疫中得以重生。當碧翠絲夫人到達羅馬時，她和她的女僕瓊安以及她的新郎亨利的罪孽都將獲得完全的赦免；換句話說，透過旅行，一生的罪孽都可以被抹去。

此時的羅馬還不是一個大城市。瘟疫過後，人口減少約一萬七千人。人們參觀了東倒西歪的街道，參觀了埋有聖徒屍體的破舊教堂。這座城市有許多古典的遺跡被人們忽視或是被困在中世紀的小鎮之外，這座中世紀小鎮比古代的帝國首都要小得多。貴族宮殿、教皇宅邸、商人大院和新的大教堂在城裡忽隱忽現。一些古董遺跡被認為是奇怪的奇蹟，例如老聖彼得大教堂（Old St Peter's）庭院中矗立的一座巨大的一世紀時期的青銅松果，或者是巧妙的圓形萬神殿教堂（Church of the Pantheon，稱為聖瑪麗圓形大廳〔St Mary Rotunda〕），其巨大的圓頂超出了人類的理解。約翰・卡普格雷夫（John Capgrave）在西元一四五〇年寫作時，在他的旅行指南中重複了一個常見的神話，即萬神殿的圓頂是一個沒有柱子的「奇

蹟」，是透過建造一個裝滿金錢的巨大土塚建造的；圓頂建在山上，然後歡迎鎮上的居民把泥土拿走，並保留他們找到的錢作為他們勞動的報酬。

羅馬的歷史與其主教教皇密不可分，他的鉅額財富部分來自財產和稅收。他更像是一位國王，而不是一位僧侶（儘管從西元一三〇九年到西元一三七六年，教皇並不居住在羅馬，並且放棄了過去以來一直是教皇主要住所的拉特蘭宮〔Lateran Palace〕，轉而遷往亞維儂）。

在參觀了羅馬各地的各個祭壇之後，對於像碧翠絲夫人這樣的朝聖者來說，旅程的高潮將是參觀兩座主要的大教堂：牆外的聖保羅大教堂和梵蒂岡（Vatican）的聖彼得大教堂。對於任何希望獲得全大赦並獲得羅馬朝聖的全部祝福的朝聖者來說，這些都是必去且不可錯過的站點。另一個主要的聖約翰拉特蘭宮（St John Lateran）位於凱莉安山（Caelian Hill），這裡可俯瞰羅馬競技場，在西元一三〇八年的一場災難性火災後，這裡已成為一片毀壞的建築工地。

聖保羅大教堂的巨大拱廊位於城外，有拜占庭（Byzantium）時期的巨大青銅門，展示了基督的生平和聖徒的生活場景，他們的名字用蜿蜒的希臘字母刻在其上。它的中殿通往埋葬聖保羅屍體墓穴上方的耳堂。祭壇上方的神殿採用了華麗的尖頂華蓋的形式，由阿諾爾福·迪·坎比奧（Arnolfo di Cambio）和他的朋友貝德羅（Petro）在西元一二八〇年代設計，由深色斑岩和純金製成。它結合了建築和精美的繪畫，就像一座裝飾精美

的迷你大教堂，是教堂中的教堂，有拱頂、玫瑰窗和尖拱門，所有這些都高高的聳立在聖保羅大教堂的墳墓上。

朝聖者往下走進地下墓穴，瞻仰聖保羅的遺體。與上面華麗的裝飾形成鮮明對比的是，有一塊樸素、簡單、古老的石板，上面刻著殉道者使徒的姓名。這塊石板上已經被切了幾個洞。朝聖者將布片或是其他物體放入這些孔洞中以觸摸聖物，而旅行者和他們的破布本身就會接觸到聖物，聖人的祝福可以藉由這些物品繼續傳播下去。

此外，還有一尊真人大小的聖保羅木製雕像，其面容安詳。但是他的手臂和腿都被朝聖者撕裂成一塊一塊的，他們在木頭上亂抓，留下碎片和木片，每一塊都是他們靠近聖保羅屍體時所留下的遺物。教堂外面有一座由白色大理石建構完成、令人驚豔的迴廊、扭曲的柱子上鑲嵌著獨特的「宇宙風格」裝飾、金色、栗色和白色的三角形鑲嵌在最新的馬賽克作品中。

與此同時，梵蒂岡的聖彼得大教堂矗立在一個較高的位置，俯瞰著這座古城（當時還不是梵蒂岡後來成為宮殿般的教皇所在地；直到十四世紀末教皇從亞維儂返回後，梵蒂岡才成為主要的住所）。然而，西元一三五〇年的聖彼得大教堂是羅馬最著名的教堂，當時場面非常擁擠。儘管這場大瘟疫最近仍在肆虐，但是人們仍然自由地活動，似乎一點也不擔心受到傳染。事實上，有許多人染疫死亡，被來自歐洲各地的熱情朝聖者給壓垮了。人們可以在大教堂寬闊台階前的教堂中庭內的攤位上購買食物、瓶裝水和酒、衣服和錫製的朝聖者徽章。場面很吵

鬧，令人感受不到特別的神聖，有些氣味還帶著不敬的味道。

　　古老的聖彼得大教堂供奉著第一位教皇，即使在十四世紀時也算是很古老。那時它的馬賽克已有近一千年的歷史。聖母瑪利亞、死去已久的聖人和過去教皇的悲慘面孔一個個以精緻的棋盤格式高掛在牆上凝視著前方。在君士坦丁大帝建造的這座宏偉教堂的中殿裡，幾個世紀以來所累積的豐富而生動的裝飾讓碧翠絲夫人這樣的遊客驚嘆不已。其中一幅祭壇畫是一幅雄偉而華麗的雙面三聯畫，由喬托（Giotto）於西元一三二〇年左右所繪製而成，三個拱門覆蓋著金色和精緻的粉色和藍色顏料。威嚴的聖彼得位於三聯畫正面的中心，被天使包圍著。在他的右邊，赤褐色頭髮的紅衣主教賈科莫・加埃塔尼・斯特凡內斯基（Giacomo Gaetani Stefaneschi，卒於西元一三四三年）獻給聖人三聯畫的模型，而在他的左邊，一位主教教皇恭敬的拿了一本書給彼得。兩位屈膝跪著的主教向朝聖者展示出向羅馬聖彼得社區捐獻的美德，那種強大、新穎和奢華的形象。

　　主後殿的馬賽克鑲嵌畫描繪了基督在彼得和保羅之間登基，一群小綿羊聚集在寶座上，這是在十三世紀時所裝設的。觀看這一場景的是戴著帝國王冠的埃克勒西亞（Ecclesia）的化身，這是對教會凌駕於任何政治或是國家單位之上的大膽聲明。在旁邊的走廊上，基督和其使徒的神聖琺瑯小雕像守護著向牧師懺悔罪孽的朝聖者。當他們排隊等待懺悔以赦免罪惡時，許多朝聖者幾乎是充滿情欲地愛撫並親吻小雕像。許多人認為的一座古老的、栩栩如生的聖彼得雕像坐落在中殿，朝聖者撫摸

雕像的腳並哭泣，彷彿它的青銅是活人的皮膚。

　　碧翠絲夫人會在聖彼得大教堂周圍的各個祭壇上祈禱，但最重要的一個是有著古老頭巾的聖維羅妮卡（St Veronica）聖地，一塊放在厚重玻璃後面的方形框架中，帶有基督臉部印記的碎布。就像遊客們放在自己行李裡面的亞麻抹布一樣，但卻印著神聖的面容，凝視著外面。據說，當耶穌被迫前往加爾瓦略山時，耶路撒冷的一位女士維羅妮卡在基督的痛苦面容中擦去了他滿頭大汗的臉。這塊布稱為 Vernicle 或是擦汗用的布（sudarium），是原本接觸耶穌基督的遺物之一。朝聖者擁擠的擠在 Vernicle 周圍，驚奇地凝視著它。Vernicle 也回頭凝視著，彷彿基督本人正在看著到訪者的眼睛。

　　西元一三五〇年的聖彼得教堂幾乎沒有任何東西保留在原處，因為這座教堂從西元一五〇五年左右開始就被全面拆除並予以重建。即使在這座「永恆之城」，所有的事物也在不斷的變化。

　　碧翠絲·魯特雷爾夫人對聖彼得大教堂的參訪結束了。理想的情況下，她的旅程會讓她煥然一新、改頭換面，即便這趟旅行是一場磨難。接著她和她的隊伍就該向北出發，回到她充滿悲傷的英國世界了。

　　此時，羅馬與加利西亞（Galician）的城市聖地牙哥·德孔波斯特拉一起成功地與耶路撒冷競爭成為朝聖者的主要目的地。每個地方都有詳細的指南，列出了實用且有趣的宗教景點；這裡有著名的遺跡和支援旅行者的基礎設施。耶路撒冷地處偏

遠，交通費用昂貴，而且由非基督徒統治，但是仍然是人們可以前往的「最好的」朝聖地。在某些地方，這是妻子唯一不需要丈夫許可的旅行。因此，從威尼斯航行到雅法（「耶路撒冷港」）依然是最受歡迎和最令人嚮往的旅程，而這就是我們現在所遵循的路線。

赦免自己！

　　赦免或是原諒是基督徒在中世紀時期歐洲旅行的主要原因之一。獲得赦免的意思是，由於生前所犯下的罪孽，死後在煉獄中的時間將被免除（縮短）或撤銷。赦免通常與前往聖人的祭壇或是聖地有關，朝聖者會向教堂或其代理人支付費用以獲得赦免憑證。

　　以下是西元一四五〇年時羅馬為遊客提供的一些精選赦免參考資訊，摘自羅馬旅行指南。

梵蒂岡聖彼得教堂（San Pietro in Vaticano）

- 八十八個祭壇，每個祭壇二十八年（在相關聖人的節日）加上在七個最重要的祭壇上七年
- 天使報喜節（Feast of the Annunciation）一千週年
- 濯足節（Maundy Thursday）一千週年
- 聖彼得節一千年
- 七千年以及三分之一的罪孽在教堂奉獻週年紀念日得到赦免
- 當聖維羅妮卡的頭巾（Vernicle）被展示時，對於羅馬人來說是三千年，對於來自羅馬和阿爾卑斯山之間的人來說是九千年，對於來自阿爾卑斯山以外的人來說是一萬兩千年

聖約翰拉特蘭宮（拉特蘭的聖喬凡尼〔San Giovanni in Laterano〕）

- 所有進入施洗者聖約翰禮拜堂的人其罪孽可完全赦免（僅限男性）；女人只要碰一下門就能得到赦免。

城外聖保羅教堂（穆拉聖保羅〔San Paolo fuori le Mura〕）

- 二十八年，從西門（靠近聖保羅的頭的遺物）進入教堂者可獲得三分之一的罪孽赦免

- 聖保羅節一千週年

- 聖保羅皈依節一百週年

- 諸聖嬰孩殉道慶日（Holy Innocents）四十週年

- 七千年，在教堂奉獻的節日上，三分之一的罪孽可得到赦免

- 每個星期日，每個人都會得到同樣的赦免，就像一個人去了聖地牙哥德孔波斯特拉一樣

城外聖勞倫斯聖殿（St Lawrence Outside-the-Walls，或稱穆拉聖洛倫索教堂〔San Lorenzo fuori le Mura〕）

- 七年的赦免，七次四旬齋（四十天的齋戒），以及三分之一的罪孽的赦免

- 聖勞倫斯節和史蒂芬節一百週年

- 任何週三來參觀這座教堂的人都可以將靈魂從煉獄中拯救出來

CHAPTER————————————————————5

跨越大海：
從威尼斯到賽普勒斯

在海上＿＿＿＿＿札達爾＿＿＿＿＿莫東＿＿＿＿＿羅德島＿＿＿＿＿賽普勒斯
At sea　　　　　Zadar　　　　　Modon　　　　　Rhodes　　　　　Cyprus

　　在威尼斯登船前往聖地的旅人們預計需要二十五到六十天的旅程，才能到達雅法的古老港口。或許需要比這更長的時間，但這並不是一次圍繞地中海美景的悠閒遊輪。旅程中危險重重：天氣、海盜、裝卸貨物的延誤、船上的瘟疫和疾病、在異國海岸遭遇船難以及／或是被船東詐騙。威尼斯和雅法之間的航運路線本身就是一個產業，為前往聖地的朝聖者提供服務，同時將威尼斯與其島嶼帝國和地中海東部的貿易站連接起來。普拉（Pula）、札達爾（Zadar）和都拉斯（Durrës）的主要港口以及希臘及其周邊地區的村落，如科孚島、莫東（邁索尼）、優卑亞島（Euboea）、伊拉克利歐（Heraklion）和賽普勒斯（Cyprus），在中世紀後期的某個時候都曾經是威尼斯的屬地。

　　海洋被月光照的發亮。海水時而綠色，時而藍色，時而波濤洶湧，時而平靜，布滿岩石、峭壁、沙洲，甚至還有漩渦。正如許多智者所觀察到的那樣，大海藉由不斷的運動來淨化自身，並驅逐任何腐敗或死亡的東西，但是它也會令人害怕和恐懼，而且可能還會突然被猛烈的暴風雨改變。身兼學者和百科全書作家的塞維利亞的伊西多爾（Isidoreof Seville，卒於西元六三六年）其言論和著作經常被引用，他描述了大海獨特的海峽（fretum）性質，即波浪中的一種騷動，一種「激烈而強烈的運動」，具有淹沒人和吞下船隻的獨特力量。水手們必須相信星星和太陽的位置，並且相信他們的指南針以及以黃銅和銀所製作的水手星象盤，這是一種帶有規則的小裝置，可以在刻有星星的地圖上追蹤一個人的位置。即使如此，海洋周圍的空氣也可能變得狂暴，將任何船隻拋向周圍，或是大氣也可能變得昏暗並起霧，導致船隻陷入未知的危險。

　　旅行者最常見的船隻是威尼斯槳帆船（Venetian galley），這是一種由槳手推動的細長的淺船。一艘離開威尼斯進行「春季航行」（通常在六月初左右出發）的朝聖者槳帆船載有數百名船員，其中包括大約有兩百名划槳手。西元一四九四年，米蘭牧師彼得羅・卡索拉（Pietro Casola）與其他一百七十名朝聖者一起從威尼斯乘船前往耶路撒冷朝聖。這艘槳帆船由一位槳帆船的船長（Sopracomito）指揮，而船員和乘客則由這位強大而重要的船長來照顧。

　　按照當代的說法，船上的日常生活是嚴峻的。每艘船都必

須在船上養一隻貓，以幫助控制害蟲在甲板上繁殖和亂竄的情況。如果因為沒有貓而導致貨物被老鼠損壞，可以控告運輸公司。西元一四七六年從威尼斯到耶路撒冷的德國朝聖者漢斯·馮·梅根塔爾（Hans von Mergenthal）描述了船上的老鼠如何在夜間在人的身上跑來跑去。威廉·韋曾於西元一四五八年和西元一四六二年從威尼斯前往雅法，他建議先認識一下這艘船的船長，以避免待在船上「悶熱且臭氣熏天」的下層空間。富有的乘客可以租用艏樓（也就是前甲板，船舶上方的高架甲板）的艙位。在這裡可以與大多數的其他乘客隔離開來，有更新鮮的空氣，帶來相對有尊嚴的體驗。建議猶太旅客擁有自己的船艙，以避免船員的騷擾。

沒錢的乘客只能住在甲板下，而最窮的乘客則是住在水線以下靠近壓載艙的艙底。這是一個黑暗、骯髒的空間，與貨物、水手和無數的爬行動物共享，一個充滿食物臭味和嘔吐物的空間，待在這裡會滿身大汗且失眠，與來自世界各地的旅伴們擠在一起，呻吟著，打著嗝，落魄地擠在一塊兒。

船體本身必須製造精良，維護良好，並且由熟練的舵手來駕駛。懶惰或粗心的船長甚至可能導致設備最完善的船舶擱淺。如果掉進海裡，很少有人能夠游得回來。在每個港口，乘客從大船轉移到小艇或是補給船以便上岸時，都是一個非常危險的時刻，尤其是在微風之外的情況下。如果一艘船在槳帆船和補給船之間失足，那麼落海那個人肯定會在海浪中滅頂。佛羅倫薩人西蒙娜·西戈利（Simone Sigoli）在回顧西元一三八四年前

　　旅行者的智慧：在一連串的波浪中，第九道浪總是最強的。第九道浪可能會把一艘船打翻。這股致命浪潮的力量只能藉由祈禱來打破。

往耶路撒冷的旅程時，似乎總結了中世紀對海上旅行的態度：「如果你不渴望艱難、麻煩、磨難和死亡的風險，那你就不應該旅行。」

　　西元一三九五年，義大利朝聖者尼古拉・德・馬托尼（Nicola de Martoni）發現，在東地中海翻船的恐怖經歷讓他的頭髮和鬍鬚瞬間變白。西元一四〇三年七月，卡斯蒂利亞（Castilian）外交官魯伊・岡薩雷斯・德・克拉維霍（Ruy González de Clavijo）發現他的卡瑞克帆船（carrack）在斯特龍博利（Stromboli）火山島附近陷入了一場可怕的風暴。風將船吹回原處，船帆「從船頭到船尾」都裂開了，因此卡瑞克帆船硬生生地被折斷了，所以只能用光禿禿的帆桿來承受暴風雨。船長來到乘客和船員面前，要求他們吟誦禱文，「懇求上帝的慈悲」。當卡瑞克帆船駛過風暴時，船的殘骸周圍出現了像蠟燭一樣閃爍的燈光。當暴風雨呼嘯時，這些燈光伴隨著聲音。克拉維霍說，這些異相是聖佩德羅・岡薩雷斯・特爾莫（St Pedro González Telmo，卒於西元一二四六年）顯靈的徵兆，他是飽經風暴的水手的救世主。克拉維霍所說的是早期對被稱為

聖艾爾摩之火（St Elmo's Fire）的天氣現象的描述，其特徵是大氣電場中會出現閃光和嗡鳴聲。聖人向受到驚嚇的水手提供援助被認為是一個好兆頭。可怕的風暴過後接著到來的是一段平靜的時刻。

儘管天氣難以預測，但暈船卻是旅人們完全可以預見的危險。大海引起的劇烈反應可能會將一個精力充沛的人擊倒。法國詩人紀堯姆・德・馬肖（Guillaume de Machaut，西元一三〇〇—七七年）描寫了賽普勒斯和耶路撒冷國王彼得一世（Peter I，卒於西元一三六九年）嚴重暈船的情況：「在海上時，他整天都平躺在被子下，就像一具屍體一樣。」「不吃、不喝、不睡覺。」中世紀的醫學手冊經常就如何應對暈船提供有用的建議。英國人吉爾伯特（Gilbert the Englishman，約西元一二三〇—六〇年）所著作的《醫學綱要》（Compendium of Medicine）非常受到讀者的喜愛，他提出了一種預防海上噁心的處方：人們應該禁食，或者吃苦澀的水果，如榅桲（quinces）、石榴和橘子。人們可以嘗試空腹喝茴香或是香葉芹濃縮液。吉爾伯特還建議海上旅行者坐直並牢牢地握住船的橫樑，還要避免環左顧右盼，只需隨著船的移動而移動頭部。最後，他建議吮吸一些甜食，或是吃些種子來讓自己打嗝。

瑪格麗・肯佩生動地描述了她在西元一四三〇年代初航行時暈船的情況。在格但斯克和施特拉爾松德（Stralsund）之間的波羅的海航行時，她因洶湧的海浪而感到痛苦和恐懼。但是上帝對她說話，並給了她一些明智且永恆的建議來安慰她。他

「在靈魂深處」告訴她，要低下頭，不要看海浪。

不久之後，從加萊橫渡英吉利海峽到達多佛（Dover）時，肯佩向上帝祈禱，希望上帝能在波濤洶湧的海上航行中保持她的尊嚴，並「賜予她恩典，讓她能夠抬頭挺胸，以免她在旅伴在場的情況下吐出骯髒的東西」。她的上帝保護了她，而船上的其他人則都患有嚴重的暈船症，「嘔吐得非常劇烈且污穢」，尤其是另一位之前輕視過肯佩的英國女人。暈船確實是一種痛苦的報復。

地中海是一片潮汐較小、水流大多時候都是溫和的海洋。穿越它的水手都異想天開地希望海面上能起風幫助他們航行。然而，除了暈船、猛烈的風暴、洶湧的海浪或是反常的潮汐之外，海上旅行者還害怕一件事：海面無風無浪一片死寂。死一般的平靜（威尼斯水手們稱之為 bonaccia）意味著旅行者無法再繼續前行。對於任何旅行者來說，最糟糕的事情也許就是被迫停下來。

在一片死寂之中，大海會停止波動，停止在愚蠢的寧靜中，平靜無波。船隻委靡不振的卡在大海中，穩定得令人不安。在沉寂的如此令人喘不過氣的大海中，即使是整隊的划槳手也無法推動船隻前行。灰塵似乎聚集在無用的、俗氣的船帆周圍和靜止的纜索上。此時的大海已經成為了船隻的錨。星象盤一動也不動，彷彿被卡住了。船員們懶洋洋地躺在甲板上，用風笛或是古箏演奏音樂，或者是玩起即興的九柱遊戲（ninepins），有時還會用船長的鹿角棋子玩三連棋和跳棋。無聊的真空正威

脅著我們。一動也不動。旅程癱瘓了。

西元一四五八年的冬天，義大利貴族羅伯托‧達‧桑塞維里諾（Roberto da Sanseverino）在海上陷入了長達二十二天的死寂之中。他的船卡在伯羅奔尼撒半島（Peloponnese）的薩皮恩扎島（Sapientza Island）附近，導致他返回威尼斯的時間嚴重延誤。長期以來，穿越海洋就意味著穿越自己的單調乏味。

菲利克斯‧法布里對海上旅行沒有什麼正面的評價，他寫道，對於海上旅行者來說，一段死寂的海平面比真正的海難更令人痛苦。他描述了在風平浪靜的情況下，整條船和船上的一切似乎都腐爛了：酒變得無法飲用，風乾的燻肉長滿了蛆蟲，還有無數的蒼蠅、蚊子、跳蚤、蝨子、蠕蟲、小老鼠和大老鼠突然都跑出來了。船上的人變得脾氣暴躁、懶惰、愛睏，甚至更加地蓬頭垢面。憂鬱、憤怒和嫉妒的情緒在船上的乘客中四處蔓延開來。

水手們唯一能做的事情就是等待，或是用纜繩將錨固定在船上，然後丟到水裡，再將其從沉重的平靜中拖出，以此嘗試著用小錨移動船隻。

在海上死亡也很常見。西元一四四六年，英國船隻齒輪安妮號（Cog Anne）在希臘南部邁索尼（Methoni）附近的礁岩上失事。船上載有大約一百六十名朝聖者，還有一袋袋用於出口的羊毛。該船從布里斯托（Bristol）的金羅德港（Kingroad）出發，途經直布羅陀海峽（Gibraltar strait）和塞維利亞海峽（Seville strait）。在十二月的一個漆黑的夜晚，齒輪安妮號被撞進了海

中的礁岩裡。三十七名船員和乘客因此溺水身亡；邁索尼主教為他們舉行了他認為是光榮的基督教葬禮，並為他們奉獻了一段演講以紀念他們。

從西元一五一八年九月到西元一五一八年十月，在短短兩週多的時間裡，載著從法國的城市杜埃（Douai）來的雅克‧勒賽格（Jacques Le Saige）從賽普勒斯開往羅德島的航行中就感染了疾病。至少有七名乘客死亡，還有其他的乘客被認為生病過重而無法繼續航行，被留置在羅德島，由醫院騎士團（Knights Hospitaller）照顧。

菲利克斯‧法布里尖酸刻薄地說，由於旅途中的艱苦給旅行者帶來了損失，從雅法到威尼斯的回程中，他的船變得像一家醫院。

人們對這樣的死亡有一種矛盾的心理，因為在朝聖途中死去被認為會帶來特殊的祝福。如果朝聖是一種旅行煉獄，一種靈魂的淨化，那麼在耶路撒冷附近死亡就是通往天堂的快速通道。中世紀傳教士的一個流行故事講述了從耶路撒冷返回的一船朝聖者如何沉沒的故事。朝聖者的屍體被沖上岸，上面都畫著十字架，彷彿他們的旅途殉難得到了永遠的祝福。有一些旅行者為航海遠行祈禱，並為處於危險中的海上乘客制定了特殊的禮拜儀式。人們點燃蠟燭，向義大利巴里的聖尼可拉斯（St Nicholas）、馬賽（Marseilles）的抹大拉（Magdalene）或是孔波斯特拉（Compostela）的聖詹姆斯（St James）等航海聖人祈禱。其他人則舉著徒步旅行者的守護神聖克里斯多福的肖像。

新的、通常是暫時的祭壇會出現在海岸線上，遭遇船難的水手們能在那裡得救，他們的蠟燭在黑暗的大海上閃爍個不停。這些引導船隻的領航員安全抵達並祝福乘客的旅程。在沿海小鎮普拉（Pula），聖母瑪利亞的聖像受到遊客的崇拜，而據說有一天，在瘟疫爆發期間，它出現在一棵無花果樹內。聖母瑪利亞的名字瑪利亞似乎是對複數的海洋（maria）的一種祝福。

面對這條危險的航道，從威尼斯出發的槳帆船向東南方向穿過亞得里亞海（Adriatic Sea），穿過平靜的水域，沿著一條可預測的路線通往伊斯特拉（Istrian）和達爾馬提亞（Dalmatian）海岸。他們經過了許多港口，並且在其中的許多港口停留。雕刻在石頭上的威尼斯翼獅不斷地向沿海的旅客致意，這是一種熟悉的標誌，也是良好秩序的保證，儘管這些沿海城鎮的空氣中往往瀰漫著並不完全有益健康的松脂、野蒜和糞便的味道。在每個停靠站，人們都會來迎接這艘船，出售當地特產，並鼓勵遊客參觀鎮上的聖地。

康拉德・格魯南貝格是一位具有代表性的旅行者，他對於從威尼斯到亞得里亞海的海上航行非常了解。格魯南貝格受過良好的教育，也很有錢，曾擔任過康斯坦茨市造幣廠的負責人。六十多歲的時候，他從康斯坦茨出發前往耶路撒冷，在威尼斯乘坐一艘槳帆船（總共花費了三十八達克特〔ducats〕，一半當場支付，另一半在成功抵達聖地後支付）。他詳細且圖文並茂地描述了他在西元一四八六年四月到十一月的三十一週多的旅程中所看到的「奇怪、美麗和美妙的事物」。他將自己和他的

旅伴描述為「貪得無厭地學習外國和陌生的風俗習慣」；雖然他並不完全的能夠忍受這些風俗，但是他當然對他所遇到的民族多樣性感到興趣。

當他的船離開威尼斯時，格魯南貝格聽著旅人們互相間講述威尼斯及達爾馬提亞城鎮的故事。他的船在皮蘭（Pirano）載運牛、綿羊和山羊，然後繼續前往帕倫佐（Parenzo）、羅維戈（Rovigno）和波拉（Pola）。他流連於美麗的大城鎮薩拉（Sara，也就是札達爾），這裡是施拉弗尼亞（Schlaffonia／Slavonia）[1]的主要城市，堪稱東方威尼斯的縮影。有人告訴他，著名的聖西蒙（St Simeon）遺骸的遺跡安息在一座宏偉的教堂裡，教堂的塔樓就像蕾絲一樣。

大約在西元一二〇四年時，聖人的遺骸從君士坦丁堡被運到札達爾，自那時起，西蒙的墳墓就成了這座城市最大的吸引力。一個巨大的雪松木箱（西元一三七〇年代末製造），上面裝飾著精美的銀製牌匾，描繪了聖人的生活和奇蹟，包括西蒙懷抱嬰兒耶穌並將他獻給耶路撒冷聖殿的那一刻。浮雕還展示了更當時的場景：暴風雨中的一艘船將西蒙的遺物帶到札達爾，巨浪威脅著將船隻淹沒，絕望的水手將成捆的貨物扔進海裡；照片中，驚恐的乘客擠在船的中央。這個場景將參觀西蒙神殿的遊客的經歷與崇拜聯繫起來。西蒙的木乃伊屍體被放置在箱子裡展示給朝聖者，身體奇蹟般地沒有腐爛。墳墓上方懸掛著

1　譯註：不是斯洛維尼亞，slovenia。

一顆非洲鴕鳥蛋，作為好運的象徵，並代表地球。

在札達爾還發現了聖喬治（St George，頭骨）、施洗者聖約翰（手指）、聖克里索戈努斯（St Chrysogonus，沾滿血蹟的襯衣）和瑪莉抹大拉（頭骨）的身體部位，以及一塊骯髒的海綿殘骸，基督在加爾瓦略山上被獻上膽汁。

但是格魯南貝格也對那裡所崇拜的偶像著迷。他描述了一根由整塊石頭鑿成的高柱，頂部有一隻獅身鷹首的翼獸。有人告訴他，獅鷲多年來一直受到人們的崇拜，它創造了奇蹟，並向鎮民發表了談話。當人們皈依基督教時，他們在上面貼了一塊帶有十字架的牌匾。十字架一碰到它，柱子就從上到下裂開，於是雕像的邪靈從柱子上逃走了。

這個引人入勝的故事顯示出格魯南貝格對他所遇到的非基督教環境和有趣的歷史的好奇心。當他描述「恥辱之柱」時，他正在思考札達爾的異教歷史，這裡曾經是羅馬廣場的一部分，在中世紀被用作公共懲罰的場所。它的頂部確實有一種獅鷲，一種有翼的野獸，是威尼斯聖馬可翼獅的異教先驅。這是一種警示，告誡人們沒有永久的帝國。格魯南貝格對這支柱子的興趣含蓄地揭示了札達爾聲稱的聖人屍體與該市前基督教偶像之間的比較。旅行使他思考聖物和魔法的魅力、祈禱和咒語、聖像和偶像之間的區別。

格魯南貝格在達爾馬提亞的旅行閱讀起來就像是對現代假期的描述：美麗的建築、奇怪而有趣的教堂以及與迷人、多姿多采的當地人的邂逅。威尼斯總督們用美味的菜餚和糕點歡迎

他。在札達爾，他目睹了當地的一場婚禮，欣賞新娘鑲有寶石的金色王冠以及婦女們所有的絲帶和裝飾品。燕麥、芒小麥和大麥被撒在這對已婚夫婦身上，象徵著新娘和她的孩子們將享受未來豐盛愉悅的生活。格魯南貝格進入教堂，觀看斯拉夫禮俗方式的婚禮，注意到牧師們用奇怪的手勢比劃，男人們上前親吻十字架，女人們親吻聖母瑪利亞的畫像，以及每個人在整個過程中都拿著一支燃燒的蠟燭。他還觀察到「非常漂亮」的女性；匈牙利人、斯拉夫人、土耳其人、希臘人和義大利人的當地習俗也在此出現，格魯南貝格懷著敬畏之心觀察到服飾的多樣性和語言的多樣性。他所待的船上，只要天氣好時，就彷彿有一種派對巡遊的氣氛；六月二十三日聖約翰節前夕，船上會有特別的娛樂活動。水手們在船上放了五十盞燈籠，向空中鳴槍並吹奏喇叭，鼓手則敲響了鼓。樂帆船上的槳手們在甲板上彼此唱歌、跳舞。除了對土耳其人即將入侵感到越來越焦慮之外，一切似乎都進展得非常順利，根據格魯南貝格的說法，土耳其人嚴重虐待他們的馬匹，要求基督徒進貢以維持和平，並壓迫像是札達爾和杜布羅夫尼克（Dubrovnik）等城鎮的居民，讓他們時時刻刻無不擔心被圍困。

當船向東南行駛時，熟悉與陌生的海岸線變得越來越具有挑戰性。乘客們在荒涼的海灘上看到了殘破的古柱的遺跡和奇怪的寺廟，在悲傷的樹林和荒涼的石尖塔中看到了殘破的村莊。比市場大不了多少、幾乎無人居住的手指狀島嶼在他們的眼前掠過。來自威尼斯的旅人們不確定從前是誰住在這些地方：這

些人是古代的聖人，還是異教徒？沒有人知曉。

在達爾馬提亞以南，經過科孚島之後，旅行者們經過了他們稱之為羅馬尼亞（Romania）的地區，即南巴爾幹（southern Balkans）地區。在港口一側，乘客們可能會看到土耳其地區，例如西元一四六〇年被鄂圖曼帝國（Ottomans）占領的古菌區（Archaea，位於希臘伯羅奔尼撒地區），那裡的清真寺點綴著天際線，新的堡壘正在修建，可以看到戴著面紗的女士靠近海岸行走。在右舷那一側，旅人們可能會看到垂直的教堂，這些教堂在西西里島或是西班牙不會顯得格格不入，而鐘樓則讓人聯想起義大利的城鎮。

旅人們無不期待著到達威尼斯的小鎮莫東，這是一個有圍牆的港口，據說正好位於威尼斯和雅法的正中間。莫東以其朗尼酒（rumney wine，其字面上的意思是羅馬尼亞的葡萄酒，即巴爾幹地區的葡萄酒）而聞名，幾個世紀以來，這種酒一直提供給地中海的旅人們飲用。

在莫東的中部，空氣在堅硬的陸地上又熱又乾，淺黃褐色的山坡上陷入了焦躁的寂靜。莫東由沙石所構成，周圍環繞著城牆和溝渠，坐落在岩石海角上，東側有一個淺水港。莫東港口的西側，風車慵懶地轉動著，那裡停靠著幾艘大船。令人害怕的黑色岩石排列在城牆的底部，彷彿是為了阻止不受歡迎的入侵者試圖登陸。整個城鎮看上去堅不可摧：堅固、質樸、遺世獨立。主堡壘有一對半圓形的窗戶，就像兩隻沉默的眼睛凝視著大海，窗戶後面坐著武裝的守望者，時刻保持著警戒。

　　西元一二○四年，該鎮與摩里亞島（Morea）一起成為威尼斯帝國的一部分，並不斷加固防禦工事。這是十字軍的駐軍所在地。隨後，威尼斯人將莫東發展成為一個主要的貿易港口：橄欖油、小麥、蜂蜜、蠟、無花果、柑橘類水果、胭脂蟲、香料以及用鹽醃製的動物屍體透過其商人和水手的雙手，往返於亞歷山大港和黑海之間以及更遠的地方。來到莫東的遊客們還可以購買該地區著名的科林斯葡萄乾（raisins-of-Corinth 也就是黑醋栗〔currants〕）。[2] 在莫東，威尼斯的達官貴人們用加泰羅尼亞（Catalan）的瓷器吃飯，用中國的玻璃器皿喝酒，他們吃的飯菜所添加調味用的鹽、胡椒粉和藏紅花都來自世界上最好的香料產地。

　　莫東和附近的姐妹城市科羅尼（Koroni）被稱為威尼斯的東方之眼。這些城鎮在整個十五世紀後期都受到土耳其人的騷擾，並於西元一五○○年被土耳其人占領。現存的西元一一四七年至西元一五三三年間關於莫東的記載已超過八十五份，它們顯示出許多關於旅行者如何穿越充滿憂慮和爭議的東地中海沿岸地區的方式。

　　當每艘來自威尼斯的船隻抵達時，城牆外唯一能看到的人是港口裡的水手，他們穿著骯髒的白色衣服，被雇來用划艇將疲憊的旅客送上岸。這裡有貓咪和幾隻可愛的狗狗在港口裡閒

2　作者註：如法國的黃金葡萄乾（raisins de Corinthe）、德國的紅醋栗（Korinthe）、俄羅斯的葡萄（korinka）、西班牙的桑特醋栗小葡萄（pasa de corinto）、瑞典的科林托葡萄（korint）。

逛，其中有許多的貓的鼻子在一些不幸的情況下被吃掉了。一些被蒼蠅咬傷、馱滿貨物的騾子也拴在那裡。

樂帆船必須很巧妙地駛入莫東的港口。水位很淺，黑色的海草在水中搖曳著。這裡有一條碼頭堤道伸入大海，像是威尼斯人的手臂擁抱著駛向莫東的船隻。這條堤道是威尼斯港口的標誌，通向聖馬可海門（以威尼斯的守護神命名，當然，上面裝飾著象徵這座城市的翼獅）。穿著盔甲的城市防衛隊的士兵們拔劍致敬，高呼「聖馬可萬歲！」

在這扇大門後面，小鎮的建築和鐘樓密密麻麻地堆積在細長的地峽上。城鎮的牆壁和大門上標誌著威尼斯總督的徽章盾牌，其中有許多人來自威尼斯的顯赫家族：本博（Bembo）、卡納爾（Canal）、科納（Corner）、福斯科洛（Foscolo）、米亞尼（Miani）、莫羅西尼（Morosini）、維尼爾（Venier）。

城牆外的山上散落著一些小屋，橄欖樹、古老的藤蔓和結實纍纍的果樹布滿整個山頭呈現出美麗的景觀。一些高大的柏樹一動也不動地矗立著。再遠一些，則是一片樹木繁茂的山區，點綴著一些不為人知的村莊。

第一次上岸時，整個莫東鎮對於來訪的航海者來說似乎都是完美的。有一家德國客棧，或是也可稱為 funduq，遊客可以在那裡享用一頓熟悉的美食。康拉德‧格魯南貝格在這家客棧的葡萄藤樹蔭下用餐。那裡有專門為旅行者服務的麵包店，提供美味的乾式餅乾，他們可以把它們放在包包裡隨身攜帶。還有一個稱作武器廣場（the Square of Arms）的巨大的市場，船

上的人們可以在那裡擺攤出售物品並且購買當地的商品。人們可以用威尼斯達克特和托內塞利（torneselli，威尼斯帝國所使用的殖民地小硬幣）支付所有的東西。甚至還有精美的教堂和神殿，裡面有古代烈士聖亞他那修（St Athanasius）的遺物、聖科斯馬斯（Sts Cosmas）和達米安（Damian）的兩根手指以及稱作聖人利奧（St Leo）的整具遺體。

　　大多數的旅行者以前從未聽說過這位叫做利奧的聖人，但是事實證明他也和他們一樣是一名旅行者。利奧是一位虔誠的朝聖者和苦行僧，他如果不是威尼斯人的話就是卡拉布里亞人（取決於誰講述了他的故事）。他曾經是一個身無分文的乞丐，一個赤腳行走、只穿著一件單薄長袍的完美朝聖者。他死在去耶路撒冷的路上，或者可能是在從耶路撒冷回來的路上（取決於誰講述他的故事），當他看到遠處的莫東鎮，或者當他踏上碼頭時，他就去世了（取決於誰講述了他的故事）。有人說他的死發生在遙遠的過去，在十字軍東征的時期。但是令人費解的是，其他人似乎記得幾年前才見過他，他們談論他就像他是一位英年早逝的叔叔或是表哥一樣。

　　神聖的利奧死後，無論什麼時候，都會在土耳其人和非信徒中創造許多奇蹟。他起初是被埋葬在莫東的海灘上，然後被安葬在鎮上的大教堂裡。他在當地被尊奉為旅行者和朝聖者的守護神。對於莫東的遊客來說，他是位理想的、合宜的聖人。

　　威尼斯元老院（The Venetian Senate）就像在威尼斯一樣，統治和規範著莫東城牆內的生活。西元一三八九年，元老院宣

布莫東和科羅尼（Koroni）是「對行政區／主權（signoria 是威尼斯共和國的最高機構）來說非常有用的兩個地方，尤其重要的是要確保妥善維護在那裡的港口、軍火庫以及所儲存的貨物」。數百份詳細的現存紀錄顯示出莫東的威尼斯總督如何試圖去執行法律：警察於夜間在城鎮巡邏，對公職人員的賄賂和勒索有相當嚴格的規定，對附近納瓦里諾（Navarino）和宗奇奧（Zonchio，皮洛斯〔Pylos〕）那裡的較小的港口保持持續的警戒，對加泰羅尼亞和佛蘭德斯封鎖的擔憂，以及熱那亞（Genoese）和鄂圖曼帝國入侵的頻繁報導，還有雇傭的弓箭手保衛城鎮的合同（西元一四〇三年的月薪：十八達克特，而船上槳手的月薪為十二達克特），此外，關於麵粉和橄欖油等商品的許可、定價和關稅有嚴格的執法。威尼斯的獅子可以監視鎮民和遊客的每一筆交易和每一項犯罪行為。

中世紀莫東的存在，有很大的程度上是為了服務威尼斯槳帆船，但是在那裡的希臘人並沒有「成為」威尼斯人。許多參觀者驚訝地發現希臘語是通用語並且為受過教育的階層所使用。

西元一四五三年六月，巴塞爾的彼得‧羅特（Peter Rot）造訪了莫東，聽到了君士坦丁堡被土耳其人征服、基督教皇帝被謀殺的毀滅性消息。許多旅行者注意到土耳其人正在逼近莫東。西元一四五八年十一月，羅伯托‧達‧桑塞維里諾（Roberto da Sanseverino）發現這座城鎮幾乎沒有人煙，居民們若不是逃難離開了此地或許就是死於一場大瘟疫中。

西元一四六〇年八月,朝聖者漢斯‧伯恩哈德‧馮‧埃普廷根(Hans Bernhard von Eptingen)造訪了巴塞爾並在那裡停留了兩天,他很高興找到了在他的家鄉備受推崇的優質朗尼酒,但他對莫東三小時內聚集了十萬名土耳其人的報導感到震驚。事實上,那年晚些時候,土耳其人確實占領了莫東所屬的摩里亞大陸(Morea)。

在經歷了一個充滿希望的開端之後,中世紀時期大多數來到莫東的遊客一開始會不喜歡這座小鎮,然後是變成極度的厭惡。旅人們都紛紛表示,說這座城市的建築距離太近,建造成本低廉,而且這座城市的大教堂很破舊。展示聖物的牧師看起來更像是一個卑鄙的鞋匠,而不是一位受人尊敬的神職人員。一旦旅行者的眼睛適應了昏暗的光線,看清楚了周遭,就連他存放聖物的盒子看起來也是支離破碎的。神父們熱情地唱著禮拜儀式,但是語氣低沉且陌生,彷彿在宣告誰發生了不幸。灌木叢中的蚱蜢嘰嘰喳喳地叫個不停,簡直可笑極了。可供遊客入住的好住所不多,而可憐的修道士也不會接待客人到他們的修道院,所以大多數的旅人們晚上不得不回到船上休息,然而想尋求喘息、好好睡個覺時,卻被海浪的聲音給打斷了。除了美酒和水果之外,卻沒有甚麼好吃的食物。西元一四九四年,皮埃特羅‧卡索拉(Pietro Casola)沒有感到一絲絲的安慰。他只能弄到幾個雞蛋,而且連這些雞蛋也得自己煮。

安塞姆‧阿多內斯(Anselm Adornes)是一位來自布魯日的佛蘭德斯─熱那亞(Flemish-Genoese)商人和朝聖者,西元

一四七〇年十一月在莫東短暫停留時，他觀察到了一件特別引人注目的事件。有一名土耳其人在港口被刺穿處決，威尼斯人用長矛從他的身體下方一直往上刺到臉部。有人告訴阿多內斯說，這位土耳其人在兩年前曾駕著馬匹快速的騎往威尼斯人的槳帆船，當時他的馬氣喘吁吁且大汗淋漓。他從坐騎上跳了下來並大喊：「接受我作為基督徒吧！」當場，他宰殺了疲憊不堪的馬，大概是為了表明他決心留在莫東的誠意。從表面上來看，他作為一個完美的基督徒在此生活了兩年，然而他卻一直在秘密的收集著有關於威尼斯人的消息，並將這些資訊傳給土耳其人。當這件事情被發現後，他被關進了監獄。這些指控經過調查和證實，這位土耳其人最終被處決。

我們不知道土耳其人的說法，但是西方旅行者走得越遠，他們聽到的宗教背叛的故事就越多。事實上，叛徒的故事太多了，以至於很難分清是敵是友。莫東的地位岌岌可危，鄂圖曼土耳其人統治著僅幾公里之外的土地，這似乎導致許多旅行者對人類的多樣性感到反感、擔憂和非常厭惡。

對於十五世紀中葉的遊客來說，最值得注意的是莫東的猶太人和吉普賽（Gypsy，吉普賽人，以前稱作 Gyppe）社區，他們在城牆外的郊區擁有自己的社區。西元一四八二年三月，保羅・瓦爾特（Paul Walther）從德國南部的小鎮古格林根（Güglingen）前往莫東，他注意到莫東的人口混雜，包括有「希臘人、吉普賽人、摩爾人（Moors）、異教徒和基督徒」。

前往耶路撒冷的猶太朝聖者沃爾泰拉的梅舒拉姆於西元

一四八一年九月造訪了莫東，發現那裡有三百多戶猶太家庭，那是一個相當大的社區。他們從事手工業和相關的行業。基督徒遊客往往不太禮貌；西元一四九四年，彼得羅・卡索拉發現該鎮的猶太居民「很不乾淨」、「非常骯髒」，「充滿難聞的氣味」，「他們社區的樣貌讓我很不舒服，」他嗤之以鼻地寫道。西元一四九〇年代末，阿諾德・馮・哈夫（Arnold von Harff）參觀了猶太社區的冗長的街道，那裡的女人們製作絲綢製品和其他的縫紉用品等小百貨，他也隨手買了一些。

與此同時，至少從西元一四四〇年代起，莫東的吉普賽社區就是伯羅奔尼撒威尼斯殖民地重要的吉普賽人聚居點之一（這就是他們現在的名字「羅馬」〔Roma〕或「羅馬尼」〔Romani〕的起源：就像珍貴的朗尼酒一樣，他們來自羅馬尼亞、摩里亞島或是伯羅奔尼撒半島的省份）。他們特別居住在莫東以東的威尼斯小港口羅馬尼亞那不勒斯（Napoli di Romania，或稱為納夫普利翁〔Nafplio〕），但是在十五世紀後期時，他們在莫東建立了一個重要的（儘管是臨時湊合的）聚落。康拉德・格魯南貝格說那裡大約有三百個「用蘆葦和壤土建造的小屋」，裡面住著「吉普賽人，而在那裡他們也被稱為異教徒」。菲利普・德・瓦桑（Philippe de Voisins）於西元一四九〇年造訪了該鎮，發現該鎮居住著各式各樣的人，其中包括羅馬尼人。他說羅馬尼人很窮，生活條件十分惡劣。

吉恩・德・庫查莫伊斯（Jean de Cucharmois）也在西元一四九〇年造訪了莫東，他說「吉普賽人」的名字並非來自埃

及，而是來自一個名叫吉普特（Gipte）的村莊。德‧庫查莫伊斯正在重複著許多旅行者想知道的事情：「這些人從哪裡來？」莫東的羅馬尼人很可能對那些盯著他們看、然後揚帆離去的旅行者也有同樣的疑問。許多遊客評論說，羅馬尼人居住在城鎮下方的海灘上，那裡有一個臨時湊合的小屋聚落，與堅固的威尼斯城的石頭形成鮮明對比。阿諾德‧馮‧哈夫（Arnold von Harff）也重複說了這一個神話，稱他們來自距離莫東六十公里處的一個名為「Gyppe」或「Tzigania」的國家。他將他們形容是「貧窮、黝黑且赤身裸體的人」，他們是占領了「吉普」的土耳其的難民，後來成為夾雜在威尼斯人之中的遊民。

旅行者對沿途遇到的人無禮是可以接受的嗎？旅行寫作中充滿了對他人的惡意評價。在莫東，許多中世紀的旅行者清楚的表達出一種基督教的、歐洲人的批判主義，一種傲慢和堆積的仇恨，這將成為後來西方遊客的標誌。旅行者有保留不享受某個地方的權利，但是旅行者有什麼權利對敢於居住在那些地方的人感到失望呢？歐洲旅行者對莫東的猶太和羅馬尼居民的傲慢評論顯示出，在旅程的戲劇中，這些可憐的人就像是沒有劇本的臨時演員，就好像舞台布景的某部分脫落，露出了即興的存在。

西元一五〇六年七月，當理查德‧吉爾福德爵士（Sir Richard Guylforde）航行過伯羅奔尼撒半島前往耶路撒冷時，莫東已不再是一個威尼斯的基督教城鎮。西元一五〇〇年時，它已經被土耳其人征服。中世紀的防禦工事倖存了下來，但是城

鎮被完全夷為平地，現在是一片怪異的平原，周圍環繞著優雅的城垛（裝有槍眼的防禦牆）。由於害怕土耳其人，吉爾福德爵士的槳帆船並未在莫東停留。他知道鎮上有優質的葡萄酒，但他的船還是繼續前往克里特島（Crete）上的威尼斯的坎迪亞（Candia）。吉爾福德錯過了莫東，然而他的興趣很快就被附近的西里戈島（Cyrigo 又稱為西塞里亞島〔Citheria〕）所激起，那裡據說是維納斯（Venus）所誕生的地方之一。拜占庭聖地和繁華的威尼斯港口一個又一個的落入了土耳其人的手中。

　　沿著這些權力轉移的海岸，那裡有一個基督教世界的堅固堡壘：羅德島。

　　羅德島不是由威尼斯人所控制，而是由醫院騎士團（Knights Hospitaller）來控制的，醫院騎士團對該島擁有控制的主權，並組織成了軍事和政治的力量。他們是一群虔誠的人，致力於神聖的旅行：他們的存在是為了方便前往耶路撒冷的旅程，他們的名字來自於他們對耶路撒冷朝聖者收容所穆里斯坦（Muristan）的贊助和管理。西元一二九一年，醫院騎士團被馬穆魯克（Mamluks）驅逐出聖地。馬穆魯克是一支由穆斯林騎士所組成的軍團，在十三世紀征服了中東大部分的地區，並有效結束了聖地的十字軍東征。隨後，騎士團首先在賽普勒斯建立了重要的權力基礎，然後在羅德島建立了更加堅定的基礎。他們從羅德島建立了一個由小部隊、塔樓和要塞組成的小帝國，其中包括卡斯特洛里佐島（Kastellorizo）和位於哈利卡納蘇斯（Halicarnassus 又稱為博德魯姆〔Bodrum〕）的大陸堡壘。

　　醫院騎士團在羅德鎮建造了令人印象深刻的防禦工事，其中有華麗的騎士團團長的宮殿。騎士團的團長幾乎都是法國人，偶爾也有義大利人和阿拉貢人（Aragonese）的頭銜持有者。他們與巴巴里海盜作戰，並於西元一四四四年擊退了馬穆魯克的入侵。西元一四五三年鄂圖曼帝國占領君士坦丁堡後的幾十年裡，鄂圖曼帝國對愛琴海（Aegean）群島的入侵越來越有成效，西元一四八〇年羅德島遭受了鄂圖曼帝國的長期圍困，這在整個歐洲的基督教世界引起了巨大的恐慌。最終，鄂圖曼帝國於西元一五二三年征服了這些群島。

　　聖地十字軍東征失敗後，羅德島也許是歐洲的重要邊疆地區，一個由西方貴族統治和居住的地方，就像勃艮第人的莊園一樣，但是又可以看到土耳其的海岸。

　　過往的旅客是羅德島經濟的支柱，以及醫院騎士團治理維持的重要組成部分。歐洲的每個部分在該組織內都由某一種語言和某一個超國家團體來代表。每種語言在羅德島都有自己的特色：阿拉貢語、奧弗尼亞語（Auvergnat）、卡斯蒂利亞語（Castilian）和葡萄牙語、英語、法語、義大利語和德語。每間客棧（auberge）都像一家豪華的酒店和醫療中心，為外派的醫院騎士團及其客人服務。

　　十五世紀中葉，醫院騎士團在羅德鎮建造了一座華麗的新朝聖者醫院，供不那麼莊嚴的遊客使用。裡面有一個寬敞的醫務室，一個自然光線充足的通風空間，還有三十到四十張為身體不適的旅客所提供的帶有遮陽棚的床位，而且床位源源不絕。

拱廊後面建有小隔間，可以在那裡進行手術，病人可以在有一定隱私的情況下康復或是去世。而且每天都有彌撒。有許多來自歐洲各地的醫院騎士團的團員死在遠離家鄉的地方。他們的墳墓上裝飾著徽章和圖案，讓人回想起他們的起源。

富有洞察力的英國旅行家威廉・韋在西元一四五八年前往耶路撒冷的旅程中所講述的故事就顯示出羅德島令人擔憂的現狀。在羅德島，他得知了最近發生的一件事：有兩百五十名土耳其人從海上被帶到了島上被處決。由信奉基督教的男孩帶領著他們遊行穿越過城鎮，而這些男孩本身也曾經被土耳其人監禁過。隨後，土耳其人在暴力節日中遭受了各種極其殘酷的折磨。一些土耳其人被繩子綁在鼻孔上拖行，另一些人則雙手被反綁在背後。十八名土耳其囚犯被利器刺穿，木樁從肛門一直插入到他們的胸部。十個人被赤身裸體地拖過一塊鐵釘木板。其中有兩人接受了洗禮，然後被斬首。還有一個人被剝了皮，皮膚從身上血淋淋的被割下來。也有人從高塔上被扔下來，然後用他的陰莖吊起來。剩餘的其他人則被絞死（有的被勒頸，有的被勒腳），「他們的屍體放在城市的兩側，以便所有路人都可以看到」。威廉・韋似乎對這種暴力行為並不感到驚訝，並評論說，土耳其蘇丹當時正將三萬名「男人、女人和兒童」從摩里亞島遷移到最近被征服的君士坦丁堡。

在一個再平常不過的日子裡，當朝聖者的船隻從羅德島航行到賽普勒斯時，乘客們藉由說故事、佈道或是唱歌來打發時間。水手和乘客看到磚塊和牆壁淹沒在清澈海水的淺灘中。而

關於該地區的一個著名的故事是這樣的：

距離羅德島不遠，靠近海岸的地方，有一座古城的沉沒遺址，名叫卡塔利亞（Cathalia）、薩塔利亞（Satalia）、阿達利亞（Adalia）或是安塔利亞（Antalya），沒有人知道它確切的名字。據說這曾經是一座美妙的城市，充滿了華麗的建築和幸福的公民。它曾經是一個控制著周圍陸地和海洋的偉大帝國的中心。但是所有這片土地皆因為一位年輕人的愚蠢而失去了。

這個男人曾經深愛著一位美麗的女人，愛得如痴如狂。然而這位年輕的女子卻突然死於瘟疫。她可愛的屍體被安放在一座精雕細琢的大理石墳墓裡。

年輕人的心都碎了。他生病了，精神委靡，但仍然深愛著這個年輕女子。每天晚上，有時甚至是白天時，他都會因為想起她而醒來。某一天晚上，他來到她的墳墓前，打開墓門，然後爬進去與她的屍體發生性關係。

之後他就離開了。然後在接下來的幾週和幾個月裡，他開始忘記了她。

突然間，在九個月後的一個晚上，這位年輕人聽到了一個清晰如白晝的聲音：「去那個女人的墳墓，打開它，看看你創造了什麼！」「如果你不去，你將會受到嚴重的傷害！」

於是，年輕人回到了墳墓，當他走近時，他想起了上次來這裡時所做的事情，但是對他以前的情人卻沒有一絲絲的

渴望。他打開了墳墓。突然間，有一隻面目猙獰的龍頭噴了出來，發出了淒厲的慘叫聲，繞著城市上空盤旋飛翔，並衝向了大地。當牠飛入山裡面時，海中掀起了巨浪，整座城市都被淹沒了。洪水沖走了人們，並淹沒了建築物。我們想，這位年輕人應該死於洪水之中了。

從那時起，羅德島和賽普勒斯之間的海上通道就變得異常危險起來，因為沉沒的城市、奇怪的暗流和深不可測的深淵，這一切都是由這個罪惡的年輕人和他的可怕行為所造成的。

這個故事在整個歐洲廣為流傳，它斥責了那些因為無聊、放蕩或是不恭不敬而使得思想飄向不潔之地的旅行者。這個故事還提醒他們，地形可能會隨時上升和下降，整個城市可能會被淹沒，海岸線也可能會突然消失。可能會讓他們反思上帝向諾亞派遣的洪水，以淨化腐敗的地球，或是索多瑪（Sodom）與蛾摩拉（Gomorrah）這兩座萬惡的城市，這些城市因罪惡而被夷為平地，永遠成為了不毛之地。

有些人可能聽說過西元一三〇三年所發生的可怕的海嘯席捲了克里特島，並捲走了亞歷山大和阿卡（Acre）的建築物和人民。事情發生在一場連威尼斯都有震感的大地震之後。在伊拉克里歐（Heraklion）的市政廳、兵工廠、教堂和城堡全部都倒塌了。港口沉入大海，數百人被海浪無情地沖走。這樣的故事讓旅行者感到更加不安。他們穿越了一個多麼未知的世界！

在這世界上的水域和海浪的持續運動中隱藏著多麼深奧的秘密啊！

有一些朝聖者已經對他們的下一站賽普勒斯產生了不純潔的想法，賽普勒斯是美麗和性慾之神阿芙蘿黛蒂（Aphrodite）的誕生地。賽普勒斯是一座肥沃的島嶼，由法國呂西尼昂（Lusignan）王朝（自西元一四八九年起由威尼斯人統治）的諸位親王統治，在此他們終於如釋重負，踏上了乾燥的土地。在這裡，戴著王冠、趾高氣揚的呂西尼昂獅子取代了它在防禦城鎮的浮雕和門楣上的帶著翅膀的威尼斯表親。在內陸地區，尼克西亞（Lefkosia）是島上主要的教會和政府中心。利馬索爾（Limassol）、帕福斯（Paphos）、凱里尼亞（Kyrenia，又叫做Dieu-d'Amour）和拉納卡（Larnaca，又叫做Salino）都經常被稱為是停泊槳帆船的地方。法馬古斯塔（Famagusta）位於該島的東側，擁有最好的港口。在這些城鎮裡居住著拉丁基督徒，他們仰望羅馬的教皇，此外還有希臘人、亞美尼亞人、科普特人（Copts）和其他基督徒（迦勒底人〔Chaldeans〕、雅各布派〔Jacobites〕、馬龍派〔Maronites〕和梅爾基特派〔Melkites〕等多個教派），猶太信徒和一些穆斯林，他們都擁有自己的教堂寺廟和墳墓以及不同的語言，但是通常他們都會共享神聖的空間和儀式。

天氣好的時候，從聖地的海岸到賽普勒斯只需要一天的航程。在這個充滿奇蹟的神殿和聖人遺跡的島上，可以感受到是如此的接近《聖經》。朝聖者特別喜歡參觀位於薩拉米斯

—————————— Look out! ——————————

小心！

美人魚和半人半鳥的女海妖塞壬非常美麗且非常罕見。水手們
報告說他們非常危險。美人魚可能會出現在海浪中，拿著鏡子和
梳子，打扮自己，欣賞自己。塞壬可能會唱歌、彈奏豎琴或是吹
響號角，導致水手睡著、失去理智或是開始哭泣。水手們可能會
因想起古代的美人魚和塞壬而哭泣，她們引誘水手到岸邊與她們
通姦。如果水手拒絕，美人魚就會把他撕成碎片並且吃掉。

（Salamis）的聖凱瑟琳監獄（St Catherine's Prison，有時也稱為
「聖凱瑟琳墳墓」），他們相信此處在亞歷山大的聖女凱瑟琳
的一生占據了關鍵的地位（據說她的叔叔曾任賽普勒斯總督）。
牢房，抑或是墳墓，實際上是一座巨石紀念碑和墓室，甚至比
凱瑟琳還要古老數千年，但是中世紀時已在那裡建造了一座裝
飾著聖像的簡陋祭壇。如果他們不在這裡崇拜凱瑟琳，遊客們
也可以去尼科西亞（Nicosia），那裡有一座為紀念她而建造
的宏偉華麗的大教堂（亦即現在的海達爾帕夏清真寺〔Haydar
Pasha Mosque〕）崇拜凱瑟琳，這是聖人陵寢的另一個地點。
大批朝聖者來到這個地方，在這裡他們可以獲得一枚朝聖者徽
章，徽章上有凱瑟琳受難時的半個破損車輪圖像。不用太擔心
凱瑟琳多事而短暫的一生中的哪個歷史時刻值得被紀念，在這
裡崇拜這位聖人比一路前往她在西奈半島（Sinai）的主神殿要

容易得多。

　　對於中世紀遊客來說，另一個引人注目的景點是位於阿克羅蒂里（Akrotiri）大鹽湖旁邊的聖尼可拉斯貓修道院。根據當地的傳說，這座修道院始建於君士坦丁時代，當初是為了消滅該地區的毒蛇，所以在那裡飼養了一百隻貓。菲利克斯·法布里於西元一四八〇年造訪時發現這是一個迷人的傳統。白天，貓在修道院周圍的林地裡漫步，晚餐時，一位僧侶會敲響鐘聲。所有住在這裡的貓都會迫不及待的下來吃東西。對於法布里來說，貓代表善良的天使，被獵殺的蛇則代表邪惡的撒旦。

　　最受賽普勒斯遊客歡迎的聖地是位於拉納卡（Larnaca）和尼科西亞之間的斯塔夫羅沃尼（Stavrovouni）的聖十字山（Hill of the Holy Cross）。騎著雇來的馬匹和驢子，穿過一片鬱鬱蔥蔥的柑橘園和桑樹林，他們將會在山頂上發現一座古老的寺院。那裡的空氣稀薄而純淨，遊客們可以欣賞到整座島嶼南部的壯麗景色。

　　在修道院裡，遊客們看到了懺悔的囚犯（Good Thief）的十字架。據說這個十字架上掛著懺悔的騙子迪斯馬斯（Dysmas）的屍體，他與耶穌一起受苦，並請求耶穌在他們一起死去時記得他。此外，據說還有一根基督十字架上的釘子，由神聖的考古學家聖海倫娜（St Helena）親自帶到這裡，釘在迪斯馬斯的十字架上。

　　據說斯塔夫羅沃尼的十字架有時會懸停在空中，沒有任何支撐，由聖靈舉起。基輔（Kyiv）的丹尼爾（Daniil）是一位在

西元一一○六年時來訪的朝聖者，他說他親眼目睹了這件神奇的事情。對於那些前往耶路撒冷的人來說，修道院本身就是一個朝聖地，特別鼓勵身體不適的水手去參觀十字架，如果不是為了治療他們的疾病，就是為他們的靈魂做好死亡的準備。

西元一四二六年，馬穆魯克試圖占領該島，襲擊了該修道院，寺院結構遭到破壞。神奇的十字架被拆開；根據蘇丹大臣哈利勒（Khalil）的說法，馬穆魯克把它拿走，發現它似乎漂浮在空中，這要歸功於隱藏在裡面的「巧妙設計的彈簧」。

斯塔夫羅沃尼仍然是基督教朝聖者會去參訪的地方，但是到了十五世紀後期，那裡的十字架已經被金銀鑲嵌，不再漂浮。有時它會被掛在窗戶旁的繩子上，讓它來回搖晃，作為對它以前的空中奇蹟的記憶。十字架聖物由一名修道士看守，他是一名聖器管理員，由於他被兄弟拋棄，只能獨自一人守衛著這片神聖的柏木。菲利克斯・法布里於西元一四八○年造訪斯塔夫羅沃尼，他相信十字架仍然懸掛在沒有任何可見支撐的情況下，但是卻不想太仔細地檢查它，以免冒犯上帝。「我登上這座山是為了紀念十字架，」菲利克斯修士小心翼翼地寫道，「不是為了尋找奇蹟或是試探上帝。」

雖然賽普勒斯的風景充滿了聖潔，但港口城市法馬古斯塔肯定不是一個聖地。法馬古斯塔是中世紀旅遊的繁榮城鎮，西元一二九一年阿卡淪陷後，由十字軍難民改造而成一座村莊。該城市從西元一二九○年代起由呂西尼昂人統治，直到西元一三七二年才被熱那亞人占領，接著在西元一四八九年，威尼

斯人將其定為首都。呂西尼昂人在此修建了一座豪華的大教堂、一座主教宮殿、幾座教堂、三座修道院和一條購物街，並且開始修建雄偉的防禦工事。港口的廣場上擠滿了商人和朝聖者。法馬古斯塔迅速成為賽普勒斯的主要港口，其塵土飛揚的地方成為了享樂和罪惡的目的地。

德國牧師兼朝聖者蘇赫姆魯道夫（Ludolph of Suchem）於西元一三三七年左右到訪，他說法馬古斯塔是「所有城市中最富有的城市，其公民也是最富有的人」。這裡有一個非常深的港口，由於位於該島的東側，成為東部的主要的進出口貿易中心。來自印度的香草和來自黎凡特的華麗的毛織品和錦緞布料，以及土耳其和切爾克斯（Circassian）的奴隸透過這座城市進行交易。旅人們對於法馬古斯塔人奢華而充滿異國情調的服裝感到驚訝和敬畏：男人們穿著鑲有金色辮子和珍珠的長絲綢長袍，腳踩腳趾朝上翹的靴子，正是馬穆魯克帝國所見的那種；婦女們大多穿著黑色的、裝飾有褶皺的斗篷，而繡花斗篷遮住了她們大部分的臉龐。

這座城市擁有很多的小酒館，其中有許多是義大利僑民擁有的，為當地人、水手、朝聖者和海盜提供服務。當時的法律紀錄讓我們感受到中世紀的旅行者當時在法馬古斯塔的小酒館度過夜晚的氛圍。西元一四二八年的一個晚上，一位名叫安東尼奧·曼蘇爾（Antonio Mansour）的牧師從君士坦丁堡的熱那亞飛地佩拉（Pera）造訪這座城市。曼蘇爾和朋友們在一家小酒館裡飲酒吃飯。在酒館附近的一個角落裡，有一位名叫比薩

拉（Bisarra）的法馬古斯塔人和他自己的同伴，這兩群人開始一起聊天、喝酒、狂歡，吃著麵包和義大利麵，把希臘葡萄酒倒進喉嚨裡。曼蘇爾當時拿著麵包刀，卻一個「完全不小心」滑了手，刺傷了比薩拉的胸部，導致他受了致命的一刀。於是安東尼奧當場被捕，而當他表明自己是一名牧師後，他被移交給了法馬古斯塔的拉丁主教。而他也被關進了主教的囚房。隨後安東尼奧逃出監獄並設法乘船前往羅馬，在那裡他尋求赦免，並洗清了對他的所有指控。

還有一回，在法馬古斯塔的安東尼奧・科吉奧（Antonio Cogio）的一間小酒館裡，店主和佩拉的一位巴塞洛繆（Bartholomew）發生了一場鬥毆。在打鬥的過程中，科吉奧用一壺酒擊中了另一位從克里米亞來的客人阿扎爾・德・卡法（Azar de Caffa）的頭部。阿扎爾的頭骨被敲裂開，他不得不在床上躺了一個月，然後又錯過了十七天的工作；他還必須支付各種醫藥品的費用，並且正如他向當局投訴的那樣，他還必須支付額外的理髮費用。

這些遊客在酒館裡的爭吵讓我們了解到遠離家鄉可能會出現什麼問題，尤其是當涉及到葡萄酒時。

法馬古斯塔還因其性工作者而臭名昭著。蘇切姆（Suchem）的魯道夫（Ludolph）注意到了那些極其富有的妓女。他將此歸咎於賽普勒斯這個地方，他說賽普勒斯這塊土地透過與阿芙蘿黛蒂的關係激起了男人的慾望。同樣地，埃涅阿斯・西爾維烏斯・皮科洛米尼（Aeneas Sylvius Piccolomini，後來的教皇庇護

二世，卒於西元一四六三年）將法馬古斯塔的婦女描述為「極其放蕩」。他說，以維納斯的聖名，他們將自己的身體交給了來訪的水手。尼科西亞的大教堂和法馬古斯塔的威尼斯宮殿外甚至還有阿芙蘿黛蒂的墳墓紀念碑，彷彿情慾已成為崇拜的對象。隨著旅人們繼續向東前進，離家越來越遠，他們的思緒似乎越來越傾向於肉體的事物，受到異國令人驚心動魄的放縱肉慾的引導。旅行者有可能陷入國外的色情魔咒之中。

A poem about sea travel

一首關於海上旅行的詩

妮可‧盧夫爵士（Sir Nicole Louve，也稱為妮可‧洛威〔Nicolle Lowe〕）是一位來自洛林梅斯（Metz in Lorraine）的富有紳士。西元一四二八年的春天，他乘坐一艘威尼斯槳帆船前往聖地。當年他就完成了他的朝聖之旅並帶著旅途中獲得的兩隻鸚鵡回來。在十二月回國的期間，他寫了這首諷刺詩，講述了他在海上航行時所遭遇的駭人聽聞的經歷。

妮可‧盧夫爵士於西元一四二八年從聖墓歸來時在海上創作的一首民謠：

任何想要登上朝聖者之船的人，

必須要雙手都鼓起勇氣，

因為他們將會啜泣，

從他們離開家鄉港灣的那一刻起。

在船上，

沒得讓你挑食，

因為你總是要填飽肚子，

吃進比你想像的還要多的腐爛食物。

船上的甲板沒有陰涼處，

然後你被太陽烤焦了。

你吃的是爛掉的餅乾，

而這裡每個人都得喝難喝的粗酒。

在這裡，一切都是為了刺激你的食慾！

當我們坐在公共餐桌旁時，

我們明瞭它不到六英尺寬，

所有人都在那裡吐成一團！

我還必須告訴你：

你完全受風的擺布。

風才是船真正的主人，

你完全奈何不了它。

風可以隨心所欲地讓船停止，

或是讓它快速前進。

不要依賴船老大、指揮官或是划槳手：

他們也痛苦萬分！

風不需要小提琴手就能讓槳帆船翩翩起舞。

於是大家都露出了垂頭喪氣的表情，

搖晃著腦袋瓜子左搖右擺，

然後連膽汁和內臟都吐了出來。

當風決定要展現它的力量時，

你無能為力，

你只能向上帝祈禱，

祈求保護你免受危難。

而暴風雨則是另一回事：

異乎尋常，令人不悅，而且危險。

強風時必須靠近港口，

拋下船錨。

暴風雨可以持續很長的一段時間，

信不信由你！

當船上的食物開始耗盡時，

我們必須上岸徒步，到處尋找食物。

如果你想睡覺，

你會很難放鬆。

想要好好休息。

那就睡在大通鋪裡。

全都是放屁的臭味，

臭氣熏天。

由人的五臟六腑發散出來，

真的是太噁心了！

這裡跳蚤猖獗，

而且蟲子更是滿艙滿谷。

每隻蟲子都堅持叮咬那些正想休息一下、

想睡個好覺的人。

一言以蔽之，

總結這個話題，

沒有人強迫你去朝聖，

如果你不具備我在這裡所描述的優勢和特質：

你一定是被極大的熱情所激勵，

這將幫助你忍受所有的這些邪惡。

你也必須保持年輕的心態，

並且健忘，很快地忘記這些苦難。

或者，正如我上面所寫的一樣，

你必須在自己身上找到面對危險的力量，

面對大海的命運，

疲勞、難聞的氣味和瘟疫。

然而，當一切都說了並且做了之後，

如果你真的還想參觀聖墓，

並參觀聖地，

那就事不宜遲，快出發吧！

這首詩於西元一四二八年在海上創作完成，

在廚房上

三百名乘客團結一致，

但是他們之中沒有一個人能喝完一瓶廉價的法國葡萄酒！

CHAPTER ——————————————————— **6**

君士坦丁堡徒步之旅

佩拉	布科萊恩	聖索菲亞大教堂	競技場
Pera	Bucoleon	Hagia Sophia	Hippodrome

騎馬雕像	基督萬聖君王教堂	聖使徒教堂	布拉赫奈宮
Equestrian statue	Church of Christ Pantocrator	Church of the Holy Apostles	Blachernae Palace

　　掠奪和征服仍然是旅行的兩個持久的刺激因素。西元一二○四年，一支由威尼斯人所率領的西歐臨時軍隊向君士坦丁堡發起進攻。這次的襲擊現在被稱為「君士坦丁堡的洗劫（Sack of Constantinople）」，威尼斯人從希臘統治者手中奪取了君士坦丁堡的控制權。君士坦丁堡被其征服者描述為令人驚嘆和敬畏的城市。十字軍騎士兼編年史作家維爾哈杜安的傑佛瑞（Geoffrey of Villehardouin，約西元一一五○年至約西元一二一三年）寫道，那些從未見過君士坦丁堡的人會認真地注視著它，「因為他們從未想過世界上會有一座如此富裕的城市」。包圍它的高牆和堅固的塔樓、宮殿和教堂「數量之多，如果沒有親眼所見，沒有人會相信」。對於維爾哈杜安來說，

君士坦丁堡是一顆令人驚嘆的寶石，是一座最高級的城市。我們可以將西元一二〇四年的襲擊稱為十字軍東征，但它既關乎貿易和貿易特權，也關乎信仰，關乎的是誰將控制黑海、誰能帶給威尼斯人最大的利益，以及誰有權進出君士坦丁堡的市場。在整個中古世紀，人們造訪君士坦丁堡是因為他們想要征服它，或者如果即使失敗了，也只是因為他們想要分享它的巨大財富。

這座以前被稱為拜占庭的城市，已成為歐洲和亞洲之間的一座擁擠的大城市。君士坦丁堡是中世紀時期西部最大的城市，西元一三五〇年左右的人口數約為八萬人（由於戰爭、瘟疫、地震和移民，人口數量仍大幅的減少。六世紀時，該市人口最多的時候可能高達五十萬人）。君士坦丁堡坐落在三角洲半島上七座山丘上的廣闊城牆地區，對許多遊客來說，這裡是一個莊嚴的過去與不穩定的現在碰撞在一起的地方。佛羅倫斯旅行家克里斯多福羅‧布翁德爾蒙蒂（Cristoforo Buondelmonti）所繪製的西元一四二〇年代的君士坦丁堡地圖顯示出古典文物和裝飾圓柱坐落在搖搖欲墜的廢墟中，住宅遍布在巨大的大教堂和皇宮之間，半島周圍有簡陋的防禦工事和城牆、風車和眾多的港口。到了十四和十五世紀時，君士坦丁堡的人口以希臘基督徒為主，並且建立了阿爾巴尼亞人（Albanians）、阿馬爾菲人（Amalfitans）、亞美尼亞人（Armenians）、保加利亞人（Bulgars）、加泰羅尼亞人（Catalans）、熱那亞人（Genoese）、匈牙利人（Hungarian）、比薩人（Pisans）、拉古桑人（Ragusans）、土耳其人和威尼斯人的社區，以及大量

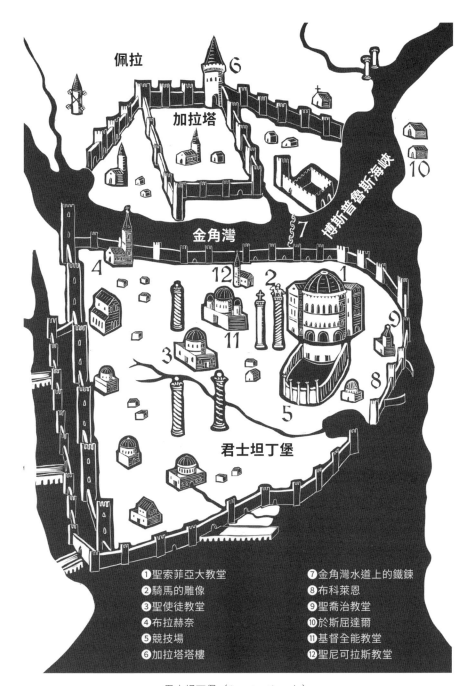

君士坦丁堡（Constantinople）

❶聖索菲亞大教堂 　❼金角灣水道上的鐵鍊
❷騎馬的雕像 　　　❽布科萊恩
❸聖使徒教堂 　　　❾聖喬治教堂
❹布拉赫奈 　　　　❿於斯屈達爾
❺競技場 　　　　　⓫基督全能教堂
❻加拉塔塔樓 　　　⓬聖尼可拉斯教堂

的猶太人口。這座城市與拉丁基督教世界和伊斯蘭教不斷地接觸和對話，是一個真正的國際大都市、世界城市、城市中的世界。

這座城市隨處可見盡是與海洋的關係，尤其是博斯普魯斯海峽（Bosporus）這條連接黑海和地中海的寬闊海峽。白天的時候，海景似乎將陽光反射至城市中微風吹拂的山丘，以及這裡的柏樹、雪松、橡樹和無花果樹上。到了晚上，大海變得一片漆黑，海邊城垛上蒼白的石頭被海浪吹來的風親吻著。

德國朝聖者蘇赫姆（Suchem）的魯道夫（Ludolph）在西元一三三○年代造訪了君士坦丁堡，當時這座城市已不再受威尼斯的控制，而是再次被拜占庭的希臘人統治。他說這裡有綿延數公里的城牆、三角形的主半島以及「由君士坦丁皇帝建造的各式各樣的裝飾品，並將其命名為君士坦丁堡」。他列出了這座城市令人印象深刻的教堂和大量廉價的麵包、肉和魚，以及居住在那裡的許多不同的民族，還有這座城市寒冷的天氣（十一月的君士坦丁堡通常比薩克森〔Saxony〕更冷）以及在那裡捕獲的大量的大菱鮃（歐洲比目魚）外銷至亞洲各地。

然而，儘管君士坦丁堡令人驚奇，魯道夫卻用已經消失的東西來定義它。他寫道：「讀者應該知道，希臘皇帝和希臘人民曾經統治過整個亞洲，無論是大亞洲或是小亞洲。」魯道夫所說的「大亞洲和小亞洲」指的是小亞細亞（安納托利亞半島〔the Anatolian peninsula〕）和大亞細亞（安納托利亞東部以外的土地，包括我們現在所說的中亞）。自此之後，君士坦丁堡

的權力大幅削弱，「因分裂而與羅馬教會分裂」並喪失其領土。儘管擁有宏偉的古蹟，中世紀後期的君士坦丁堡卻一再地被描述為一個被掠奪和不穩定的地方，成為其前身的一個孤立的陰影，充滿了一種帝國的憂鬱。

在接下來的幾頁中，我們將帶領你參觀君士坦丁堡的幾個主要景點，正如西元一四三○年代初期的一位遊客貝特朗東·德拉·布羅基埃（Bertrandon de la Broquière）所看到的那樣。他在描述這座城市時，一方面著眼於它過去的輝煌，另一方面著眼於它未來的征服。

貝特朗東來自於拉布羅奎爾（Labroquère）的一個貴族家庭，拉布羅奎爾是法國庇里牛斯山脈（Pyrenee）以北加龍河畔（River Garonne）的一個村莊。貝特朗東年輕時就在第戎（Dijon）的勃艮第宮廷任職。他擔任勃艮第公爵的切肉師，負責監督宴會上肉類食品的呈現。到了西元一四二五年時，貝特朗東從公爵「好人」菲利普三世（西元一三九六年至西元一四六七年）那裡獲得了一百六十法郎的豐厚年金。隨後他便成為公爵核心圈子的一員，並於西元一四二八年獲得勃艮第鎮和老城堡的領主。

貝特朗東成為菲利普公爵值得信賴的外交官間諜。西元一四三二年，他收到兩百英鎊，用於進行「一次特定的長途航行」。這是一次前往中東的偵察任務。貝特朗東被要求報告鄂圖曼土耳其人穩步吞併拜占庭基督教領土的情況。菲利普公爵懷有浪漫的野心，他想成為像古代王子一樣的俠義十字軍英雄，

將穆斯林逐出聖地，並擊退他們進一步侵犯基督教世界的企圖。他還想為多瑙河畔尼科波利斯（Nicopolis）要塞失敗的「尼科波利斯十字軍東征」（西元一三九六年）報仇。在這裡，他的父親菲利普二世「大膽者」和他的兄弟約翰「無畏的約翰」（Jean sans peur）曾與土耳其人作戰，但是沒有成功。

在完成十八個月的秘密任務後，菲利普公爵又向貝特朗東支付了八百英鎊。貝特朗東的旅程書面報告充滿了有關於他旅行的個人細節，顯示出他是一位敏銳且獨立的觀光客，依賴當地人和陌生人的幫助。他有時會以特使或是外交官的身份旅行，但是有時他也會喬裝打扮，參觀清真寺並隱姓埋名地旅行。總而言之，他作為勃艮第宮廷的代表受到了熱烈的歡迎（並且在他的晚年，他作為駐法國宮廷的勃艮第外交官享受著忙碌的職業生涯）。貝特朗東是一位田野調查的研究員以及事實的發現者，他的旅行是為了提供有關於東地中海狀況的第一手資料。

貝特朗東於西元一四三二年二月出發，沿著朝聖者的路線途經威尼斯、達爾馬提亞和賽普勒斯。在造訪耶路撒冷、聖地、西奈半島、大馬士革（Damascus）和敘利亞（Syria）後，貝特朗東前往君士坦丁堡。在這次旅程中，他結識了一位名叫穆罕默德（Mahomet）的埃及人，並受到他的保護。在整個書面報告中，貝特朗東向我們講述了很多關於他所遇到的新食物（「當沒有其他東西可吃時」，魚子醬是可以接受的）、衣服（在敘利亞，他買了「及膝的紅色靴子，這是敘利亞這個國家的習俗」）和語言（例如，有一次，一位來自卡法〔Caffa〕的友好

猶太男子用義大利語、韃靼語〔Tatar〕和土耳其語為他製作了一份單字表，內容是「我在路上可能需要會用到的一切，為我自己和我的馬」）。旅行是為了獲取知識，但是知識往往是出其不意，於外在的環境中令人意想不到的。

貝特朗東對君士坦丁堡的描述替我們為這座擁擠、衝突和命運攸關的城市提供了一次寶貴的導覽。我們的旅程不是從君士坦丁堡本身開始，而是在佩拉（Pera）郊區（現在的貝尤魯〔Beyoğlu〕），它的名字在希臘語中的意思是「超越」，以及它的城牆「大城鎮」加拉塔（Galata，卡拉科伊〔Karaköy〕）；佩拉和加拉塔這兩個名字經常在該地區互相交換使用。佩拉橫跨金角灣水道（Golden Horn），「一點也不寬，但很深」，位於君士坦丁堡歷史悠久的半島東北部。貝特朗東描述佩拉於西元一四三二年居住著熱那亞商人，他們與希臘和猶太同事一起統治著這座城鎮。他們都受一位行政長官的管轄，即「potestat」或「podesta」，他也是拜占庭皇帝宮廷中的熱那亞大使，由米蘭公爵任命，米蘭公爵也被稱為佩拉勳爵。

佩拉擁有自己的城牆和防禦設施。最引人注目的是，從西元一三四九年開始，一座圓形羅馬式磚結構的建築物加拉塔塔樓（Galata Tower）取代了早期的塔樓，對那些從海上抵達的人來說，它是西方人眼中熟悉的燈塔。這座塔樓是一座漂亮且精緻的圓錐形堡壘，布滿拱門，類似於呈交給菲利普公爵宮廷的彩繪手稿中所描繪的建築類型。貝特朗東發現佩拉的港口是「他所見過的最美麗的港口」，他還在那裡會見了米蘭公爵的大使，

並密謀對抗威尼斯人。佩拉是許多西方遊客的第一個停靠港，實際上這裡是歐洲旅行者和外籍人士發展的很好的殖民地。貝特朗東在此撞見了一位老朋友，一位名叫伯納德・卡默（Bernard Carmer）的加泰羅尼亞商人，他上一回見到他是在佛蘭德斯的小鎮布魯日（Bruges〔Brugge〕）。卡默認出了貝特朗東，並要求他離開佩拉，以便「和他一起留在君士坦丁堡的住處」並「悠閒地」參觀這座城市。貝特朗東接受了他的邀請，他無法抗拒與一位常住在此地的外國人一起觀光旅遊。

接下來，貝特朗東越過君士坦丁堡上的半島（以三尖盾的形狀）。接著佩拉再透過渡輪（沒有橋樑）橫跨五百米長的金角灣水道（金角灣的河口通常被一條巨大的鐵鍊封鎖，因此在君士坦丁堡的人可以控制航運）與城市相連。貝特朗東從佩拉估算了君士坦丁堡所橫跨的七座山丘。他指出，羅馬和安條克（Antioch）也建在這七座山上；和許多旅行者一樣，他尋找的是一座城市與其他城市的相似之處，而不是獨特之處。貝特朗東對這座城市的規模感到驚嘆，他斷言這座城市有六英里寬，

———— Advice ————

建議：進入君士坦丁堡就像進入一片大森林：沒有好的導遊是不可能四處走動的。如果你想吝嗇或是廉價地試圖在此四處走動，你將無法看到或是親吻任何一位聖人的遺體，除非你恰好碰到聖人的聖日（這一天人們可以看到並親吻聖物）。

周長則有十八英里。在他看來，它不像羅馬那麼大、那麼發達
（事實上，君士坦丁堡的人口大約是羅馬的兩倍）。

　　他首先描述了「La Blaquerne」，即布拉赫奈宮，一座位於
城牆北部的堅固宮殿。這是一座由豪華大廳組成的建築群，用
輕質的磚塊優雅地建造在連綿起伏的露台上，而此處的廢墟依
然可見。布拉赫奈宮是帝國權力的中心，是皇帝（當時的約翰
八世‧帕里奧洛戈斯〔John VIII Palaiologos〕）和皇后（特拉
比松的瑪麗亞〔Maria of Trebizond〕）度假和接待來訪政要的
地方。貝特朗東注意到保衛宮殿的護城河「相當的深」，但也
認為這是一個潛在的弱點，因為「正是在這裡，西元一二〇四
年時所發生的攻擊才取得了成功」。就像當時許多的遊客一樣，
當他欣賞這座城市時，他思考如何才能最容易地捕捉到它的美。

　　征服和失敗的記憶標誌著貝特朗東造訪的下一個地方，
即位於馬爾馬拉海（the Sea of Marmara）沿岸的布科萊恩
（Bucoleon）港。他沒有描述曾經矗立在這裡的布科萊恩皇
宮。因為那個時候，皇宮已經年久失修。相反地，他看到的一
個墓地激起了他的好奇心，這是第一次十字軍東征（西元一〇
九〇年代）時「離開耶路撒冷、聖地和阿卡的基督徒的屍骨小
山」。貝特朗東被告知，希臘人將許多的基督徒運送到這個地
方，「在其他人看不見的地方」，並將他們全部殺害。其他十
字軍戰士聽說此事後紛紛逃往黑海沿岸。因此，貝特朗東聲稱
該地區出現了切爾克斯人（Circassians）、阿瓦爾人（Avars）、
明格里安人（Mingrelians）和其他的基督教民族。然而他的敘

述在歷史上並不準確，因為高加索（Caucasian）基督教社區早
在西元一○九○年代就已經存在，事實上，這裡到處都是西元
一二六一年被希臘人趕出城市的威尼斯人的墳墓。然而，它揭
示出西方人對這座城市關於希臘統治者的普遍印象，以及貝特
朗東試圖將整個城市和十字軍東征的歷史連結起來的方式：亦
即按照他的說法，試圖理解該地區複雜的衝突歷史和多重身分。

接著貝特朗東首先前往君士坦丁堡眾多教堂中「最引人注
目、最重要的」一座。這是位於君士坦丁堡第一座山的山頂上
的聖索菲亞教堂（族長所在的母教堂），這裡剛好靠近城市的
三角形指向博斯普魯斯海峽（Bosporus）、通往佩拉和亞洲的
地方。

奉獻給聖索菲亞大教堂（神聖的智慧〔Holy Wisdom〕），
通常被人理解為奉獻給一位名叫索菲（Sophie）的聖人，而這
座巨大的圓形教堂總是讓遊客們驚嘆不已。這座教堂於西元
五三七年首次落成，儘管位於主要的斷層帶上方，但迄今仍然
屹立不搖，以其驚人的宏偉和巨大的圓頂而聞名。它建在拜占
庭城市主要港的口和商業區上方的一個凸起的高原上，給人一
種優雅的高度和堅固的持久感覺。它由一系列的拱形建築組成，
其圓頂不斷上升並且達到頂峰，是除了羅馬萬神殿之外世界上
最大的建築。貝特朗東也評論了教堂的白色大理石雕刻和多種
顏色的柱子。事實上，教堂內有圖案的那些大理石來自世界各
地，從法國庇里牛斯山脈到小亞細亞都有。大理石在帶有厚粉
紅色紋理的紅色面板和帶有深灰色三角形標記的淺灰色面板之

間交替，中間插入了帶有深紅色和灰白色漩渦的美麗門楣。

　　教堂內部裝飾有金色的馬賽克，以靈敏、栩栩如生的姿勢展示出基督、聖徒和拜占庭皇帝。南門的前廳中保存著一幅馬賽克畫像，畫中的查士丁尼皇帝（Emperor Justinian）恭敬地低下英俊的頭，將圓頂教堂的微型版本遞給聖母瑪利亞，而君士坦丁皇帝則遞給她這座巨大城牆城市的微型版本。在南側畫廊的圓頂下，一幅位於較後面的馬賽克畫展示出皇帝約翰・科穆寧二世（Emperor John Komnenos II，西元一一一八─四三年在位）向基督和聖母獻上一個錢袋。遊客們用從古斯拉夫格拉哥里語（Old Slavic Glagolitic）到挪威語（Norse）的多種語言在牆上畫滿了塗鴉，描繪了聖人、船隻、鳥類、天使和野獸，這些都是湧入這裡的人們多樣性所留下的永久的痕跡。

　　聖索菲亞大教堂在西元一二○四年的襲擊中遭到洗劫後，所擁有的聖物比以前少了很多，特別是它的聖矛已經開始傳到西方並受到複製，法國路易九世（Louis IX of France）在十三世紀中葉透過威尼斯的經紀人購得這支聖茅。儘管如此，貝特朗東被告知，教堂裡仍然有刺穿基督肋骨旁的矛尖，這是當時巴黎也受到崇敬的聖物（約翰・曼德維爾〔John Mandeville〕說他見過這兩樣東西，但是他並沒有多說些甚麼，如果有的話，他相信是更真實的）。聖索菲亞大教堂還聲稱擁有基督的長袍，以及另一塊給基督獻上苦膽的海綿（札達爾也聲稱擁有），以及耶穌受難故事中放在基督手中的蘆葦。貝特朗東設法看到了聖勞倫斯（St Laurence）被烤死的鐵架（盧西納〔Lucinav〕的

羅馬聖羅倫佐〔San Lorenzo〕大教堂也聲稱擁有這件文物）和一塊臉盆狀的石頭，亞伯拉罕（Abraham）用此為前來摧毀索多瑪和蛾摩拉的天使們提供食物（創世記一八：一一一五）。

在聖索菲亞大教堂，貝特朗東的好奇心促使他留下來觀看主教長所主持的神聖儀式。他顯然對當地的宗教習俗和瑪麗亞皇后（Maria Megale Komnene，西元一四○四一三九年）的美麗很感興趣。他觀看了一部短劇，講述了尼布甲尼撒（Nebuchadnezzar）和火爐中三個男孩的聖經故事《但以理書》（*Book of Daniel*，三：一一三○），其他參觀者也注意到了這一表演。然後他一整天不吃不喝地等待著皇后，因為他想近距離看她，看她上馬。當他終於看清她的全貌時，他發現她是「如此的美麗」，年輕、白皙，還是一位自信的女騎士。在貝特朗東看來，她的耳環尤其引人注目：它們由大型的金色扣件所製成，並裝飾有包括紅寶石在內的寶石。

接下來，貝特朗東在聖索菲亞大教堂前的競技場裡流連忘返，「這是一個巨大而漂亮的廣場，周圍環繞著像宮殿一樣的圍牆，古時候的人們在這裡進行比賽」。競技場建於三世紀，是一座長四百米的宏偉的競技場，在大型的橢圓形跑道周圍設有彎曲的拱廊觀看區。在整個中世紀，它仍然被用作為馬術運動場。塞爾柱（Seljuk）的醫生沙拉夫・扎曼・馬爾瓦齊（Sharaf al-Zaman al-Marwazi，卒於西元一一二五年）在十二世紀初訪問君士坦丁堡時，看到「狗騎在狐狸身上，然後獵豹騎在羚羊身上，還有獅子騎在公牛身上」，皇帝、皇后和人群一起圍觀

並享受盛宴。不久之後，猶太旅行家圖德拉的班傑明（Benjamin of Tudela，卒於西元一一七三年）將其描述為「屬於國王的娛樂場所」，每年聖誕節這裡都會舉行盛大的娛樂活動，還有雜技和雜要表演，以及與獅子、豹子、熊和野驢的動物搏鬥。「在其他任何地方都找不到這樣的娛樂活動，」班傑明驚奇地寫道。約翰·曼德維爾在西元一三五〇年代將競技場描述為「一個漂亮的比武場地」，設有「分層座位，人們可以坐在裡面觀看，而不會妨礙到其他人的視線」。競技場中的一堵擋土牆和孤零零的石凳至今仍然保留在那裡。

貝特朗東觀看了皇帝的弟弟、摩里亞島的暴君湯瑪斯·帕萊奧洛吉斯（Thomas Palaiologis，西元一四〇九—六五年）在競技場進行鍛鍊和運動。湯瑪斯和他的「二十或三十名騎士」在馬背上練習射箭，用弓箭比賽射穿拋在他們奔騰的馬匹前面的帽子。貝特朗東說，這種做法是從土耳其人那裡學來的。

在貝特朗東到訪期間，他在脊柱上至少看到了三座令人印象深刻的古代紀念碑，即沿著競技場中心延伸的矮牆。這些是埃及的狄奧多西（Theodosius）方尖碑（建於西元三九〇年），這是一根由三條相互纏繞的蛇所組成的古老青銅柱，大約在同一時間放置在那裡，還有康斯坦丁七世、波菲羅根尼圖斯（Constantine Porphyrogenitus，西元九一三—五九年）皇帝的巨大石灰岩柱，放置在十世紀體育場的南端。雖然貝特朗東沒有對這些不尋常的紀念碑發表評論，然而他可能會走過這片奇怪的公園，緬懷沒落的帝國和過往的強權。比貝特朗東早十年

來訪的莫斯科公國執事佐西馬（Zosima）重述了民間的傳說，即蛇柱中含有蛇毒，觸摸蛇柱可以治愈被蛇咬到的傷口。蛇頭於西元一七〇〇年左右被折斷，但是這根柱子仍然是一個奇怪而傳神達意、有說服力的護身符，見證了這座城市動盪的歷史。

貝特朗東隨後簡要的提到了「非常美麗的聖喬治教堂（St George）」，他說該教堂位於「面向土耳其」（也就是從市區內的亞洲的那一邊橫跨過來）的那邊。在此他還提到了一座位於曼加納（Mangana）的聖喬治（St George）教堂，這是聖索菲亞大教堂以東的一座重要教堂，建於十一世紀，規模宏大。它聲稱這座教堂擁有各種遺物，包括基督鬍鬚上的一些毛髮。然而教堂現在已經蕩然無存。

隨後，貝特朗東來到聖索菲亞大教堂和競技場之間的區域，他對於君士坦丁堡最著名的景點之一表示：「有一根非常高的方形石柱，上面刻有字母」。這座騎馬的雕像讓這座城市的遊客著迷，幾乎所有人都試圖解讀它的含義。它坐落在聖索菲亞大教堂外的阿戈拉（Agora）廣場上，周圍都是銷售食品和飲料、香水、徽章和紀念品的銷售人員。

旅行者常常不得不依賴二手的訊息來解釋周圍的環境，或是被迫接受導遊的描述而不質疑他們。據貝特朗東所知，柱頂上是君士坦丁皇帝（西元三〇六一三七年在位）令人「用金屬鑄造在一匹大馬上，用拳頭緊握著權杖……他的右臂張開，伸向土耳其，通往耶路撒冷的陸路」。貝特朗東被告知，這一舉動象徵著遠至耶路撒冷的所有領土都在他的控制之下。在這篇

解讀中，顯示出這座雕像是失落的帝國權威中一座非比尋常的紀念碑。

西元一二〇四年，從皮卡第（Picardy）來訪的十字軍騎士克拉里的羅伯特（Robert of Clari）對這座雕像的描述略有不同。他看到一根很粗的柱子，有成年人手臂的三倍粗，高五十圖伊（toises，約二十二‧二公尺）。柱頂有一石，約一‧五平方公尺，上面有皇帝騎在馬背上，均為銅鑄，遊客可見皇帝「將手伸向異教徒的土地」。皇帝的另一隻手拿著一個金蘋果，上面有一個十字架。這座雕像有一個傳說，即「撒拉遜人（Saracens）」永遠不會從皇帝那裡得到和平。希臘人確認這個人物是希拉克略（Heraclius）皇帝（在位期間為西元六一〇至西元六四一年）。馬的臀部、頭頂和周圍有十隻蒼鷺在此築巢。

羅伯特的「蒼鷺」（也有可能是鸛）增添了個人觀察時的美妙感覺。雕像上的信件在羅伯特閱讀後，他說信件上表明了撒拉遜人永遠不應該與拜占庭皇帝休戰，這項訊息的更新似乎有點不合時宜，看來是為了滿足十字軍的需求並引起大眾的注意。羅伯特還說，雕像的另一隻手拿著一個帶有十字架（全球統治的象徵）的黃金地球儀或是球狀物體。

儘管它具有重要的意義，但是參觀者似乎會以不同的方式解讀這座雕像，甚至看到了不同的東西。這就衍生了一個問題：遊客到底看到了什麼？是誰告訴他們所看到的？許多遊客和大多數的當地人都認為這座雕像其實是另一位皇帝查士丁尼（Justinian，西元五二七年至西元五六五年）的雕像。該雕像

實際上是為了描繪查士丁尼，但也可能是早期的皇帝狄奧多西
（Theodosius，西元三七九－九五年）的雕像拿來重複使用罷
了。來自佛羅倫斯的一位地圖製作者克里斯多福羅‧布翁德蒙
蒂（Cristoforo Buondelmonti）於西元一四二〇年造訪時指出，
這座雕像是查士丁尼「左手握著金蘋果，右手威脅著東方和土
耳其」。柱子的高度在參觀者的描述中差異很大，但是他們大
多數的人都看到了這座雕像，而就像許多的雕像一樣，將帝國
的權威與帝國的焦慮結合在一起：皇帝是一個令人敬畏的景象，
但是他的雕像的意義往往跨越對於皇權的幻想和對帝國崩潰的
擔憂。

　　貝特朗東驚嘆道：「考慮到雕像的大小和重量，我不知道
它是如何被放置在那裡的。」雕像高約三十公尺，僅僅頂部的
雕像的高度就有八公尺多；它是世界上最高的獨立圓柱之一，
也是西方最大的雕像之一。據一位十六世紀的參觀者在拆除後
偷偷測量的說法，馬背上皇帝的鼻子有二十三公分長。雕像上
的皇帝身著戰袍，頭上有一層羽毛（在雕像仍然矗立的時候，
大量的青銅羽毛有好幾次從雕像上掉落，引起了城市居民的恐
慌）。

　　西元一三一七年左右，球體上的十字架掉到了地上。然後，
到了西元一四二〇年代時，球體整個掉到了地上。每當雕像的
碎片掉落時，就被認為是在發表政治評論或是預言。約翰‧曼
德維爾寫道，該雕像「曾經手裡拿著一個蘋果（或地球儀），
但是蘋果已經從雕像的手中掉下來了」。「人們說」，這是「皇

帝失去了大部分帝國的象徵」。曼德維爾補充說，任何將蘋果放回雕像手中的嘗試都會失敗，而雕像的另一隻手則向西方舉起，「作為威脅罪人的象徵」。西元一四二〇年代初躲藏在君士坦丁堡的冒險家約翰・希爾特伯格（Johann Schiltberger）表示，金蘋果曾經顯示出皇帝對「基督徒和異教徒」擁有控制的權力，但是「現在他不再擁有這種權力，所以金蘋果已經消失了。」

　　幾乎所有到過君士坦丁堡的遊客都會發現這座騎馬雕像是這座城市帝國般的過去、現在和未來的、令人驚嘆的一個見證。對於遊客來說，這根柱子似乎充滿了活力，因為它具有改變的能力，以及它對於這座城市不穩定的未來的預測能力。

　　來到君士坦丁堡的遊客都會驚奇地注視著這座雕像：驚嘆於它的大小和意義。雖然早期的基督教歷史學家，如圖爾的葛瑞格（Gregory of Tours，卒於西元五九四年）和貝德（Bede，卒於西元七三五年）都曾提出過這樣的聖經的（像是諾亞的方舟〔Noah's Ark〕和所羅門聖殿〔the Temple of Solomon〕）和經典的（羅德島巨像〔the Colossus of Rhodes〕，羅馬國會大廈〔the Capitolium at Rome〕）地點清單，但是卻沒有一份中世紀的「世界奇觀」清單。君士坦丁堡的騎馬雕像達到了中世紀奇蹟的地位，是一個無法完全理解的、奇異的、特殊的事物，一個值得一看的景觀，一個令人欽佩和好奇的歷史物體。

　　貝特朗東也注意到我們之前在威尼斯聖馬可大教堂前遇到的「鍍金馬」的空基座。直到西元一二〇四年時，這些馬（貝

特朗東說是三匹，但實際上是四匹）還一直陳列在競技場旁的這裡。由於位於構造斷層線上，這座城市的景觀更加傷痕累累：這裡發生過幾次大地震，包括西元一三四六年時造成聖索菲亞大教堂圓頂破裂的地震。

貝特朗東隨後參觀了君士坦丁堡第四座山上的兩座近鄰且重要的教堂：基督萬聖君王教堂或是基督萬物統治者教堂（Church of Christ Pantocrator，基督全能教堂）和宏偉的聖使徒教堂（Church of the Holy Apostles 或是 the Church of St Apostola）。基督全能教堂由艾琳娜（Eirene）女皇於十二世紀時建造，是一座可以欣賞君士坦丁堡、佩拉和金角灣壯麗全景的修道院，內有一家大型醫院（至少有五十個床位）、一間圖書館和寫字間、一家藥房和一口治療井。這裡最吸引貝特朗東注意的是一件聖物，亦即聖母瑪利亞的眼淚。它的形狀是一塊石板，基督的屍體就放在上面。「這是一件非常神聖的事情，因為你可以看到聖母哭過的所有眼淚。」在貝特朗東看來，這些眼淚就像蠟一樣，但是仔細觀察後，更像是凝結的水。他向讀者保證「很多人都看到了這一點。」

貝特朗東所看到的遺物是「塗油之石（Stone of Unction）」。據說這塊石頭在十二世紀時被帶到君士坦丁堡，當時被描述為一塊紅色的大理石板，其表面具有聖母眼淚的獨特特徵。這是一件與耶路撒冷聖墓教堂門口的塗油石直接對應的遺物，貝特朗東在朝聖時曾到訪過該教堂，而這塊石頭已在原地放置了一百多年。中世紀的旅行者經常在不同的地方看到

同樣的東西，但是他們似乎並不介意。或許這些事物可能具有宗教上的意義，而不是顯示歷史的真實性，但是仍然同樣有意義。

貝特朗東隨後參觀了附近的聖使徒教堂，該教堂由君士坦丁建造，以作為他的陵墓。聖使徒教堂是威尼斯聖馬可大教堂的原型，西元一二〇四年克拉里的羅伯特（Robert of Clari）形容它比聖索菲亞大教堂還要華麗。貝特朗東在這裡看到了基督在本丟・彼拉多（Pontius Pilate）的命令下被綁在柱子上進行毆打的那支柱身。貝特朗東讚許地指出，這塊石頭與他在羅馬和耶路撒冷看到的類似文物是同一種石頭。他還看到了打開的木棺，裡面裝著聖徒尚未腐爛的屍體，此外，他也看到了君士坦丁和他的母親聖海倫娜的墳墓，墳墓立在二・五公尺高的柱子上，他還誤把聖使徒當成了基督全能者。

基督萬聖君王教堂作為澤伊雷克清真寺（Zeyrek Mosque）得以保存了下來，然而原本在這裡的塗油石卻沒有了。而聖使徒教堂則被全面摧毀，法提赫清真寺（Fatih Mosque）於西元一四六三年至西元一四七〇年間在原址上修建。

經過位於城市東北角的聖使徒教堂，貝特朗東隨後參觀了「布拉赫奈宮」（La Blaquerne）教堂（據說很小且屋頂很差），它是布拉赫奈宮建築群的一部分。在這裡，他注意到教堂奇妙的裝飾，「以各種可能的方式鋪砌、繪畫、鑲板和裝飾」。這是布拉赫奈宮的一座華麗的聖瑪麗教堂，主要由亞歷克西斯一世（Alexis I）於西元一一〇〇年左右重建，也是這座城市的守

A tip

提示：在君士坦丁堡有一個著名的聖母子聖像，稱為 Hodegetria
（意為指路的她），由聖路加（St Luke）親自繪製。這是一座
精美的大型裝飾聖像，由聖索菲亞大教堂附近的霍德貢修道院
（Convent of the Hodegon）所持有。每週二會展示出來。該聖像
被放置在蒙住眼睛的男人的肩膀上，聖像會推動並轉動他們，往
這裡或那邊，因為他們相信，透過她的聖像，聖母瑪利亞會真的
為他們指引明燈。

護神和捍衛者聖母瑪利亞的主要聖殿。這座教堂裡有一座聖母
像，上面覆蓋著面紗，大多在星期五的時候，面紗會奇蹟般地
慢慢升起，露出聖母的臉。然後在第二天，它會再次緩慢下降。
與大多數其他非希臘的訪客一樣，貝特朗東似乎沒有看到過這
個神蹟。西元一四三四年，貝特朗東到訪幾年後，這座教堂被
燒毀。這一次並不是透過暴力征服，而是由兒童意外引發的火
災。

參觀完所有這些希臘教堂後，貝特朗東注意到，拉丁商人
會搭乘渡輪前往佩拉，他們在那裡有自己的教堂，每天都在那
裡用拉丁語舉行彌撒。他所描述的似乎是巴西利克（Basilike）
食品市場上的聖尼可拉斯（St Nicholas）教堂，該市場靠近金角
灣海岸，位於君士坦丁堡的東北側，俯瞰著佩拉。聖尼可拉斯
教堂本質上是一座威尼斯人的教堂，裡面有聖尼可拉斯的聖像，

水手們來這裡祈禱以免於溺水，或是在海難中獲救時表示感謝。有人說，聖尼可拉斯的手臂從栩栩如生的畫中伸出，將金幣送給了信徒。

貝特朗東對這座城市的教堂感到厭倦。他寫道，「還有其他的教堂我沒有進去」，明白的表達出這位勤奮的觀光客已經顯露疲態，顯示出他已經看得夠多了、也說得夠多了。隨後他轉向世俗的事務和城裡不同的商人，主要是威尼斯人和土耳其人。

加泰羅尼亞商人帶著貝特朗東四處參觀。聖燭節（Candlemas Day，二月二日）時，他們帶他去皇宮參加一場「莊嚴的儀式」，牧師「衣著怪異」的高喊著口號。瑪麗亞皇后從樓上公寓的窗戶裡觀看。當約翰皇帝從加泰羅尼亞人那裡得知貝特朗東來自勃艮第宮廷時，他派出一名信使詢問奧爾良（Orleans）的聖母聖女貞德（Joan of Arc）被俘的消息（於西元一四三一年五月被處決，就在貝特朗東到達君士坦丁堡之前）。它清晰地描繪了時事新聞如何透過貝特朗東這樣的徒步旅行者從西方口耳相傳到東方。

幾天之後，加泰羅尼亞人帶領貝特朗東去觀看一位皇帝親戚的婚禮，他在那裡觀看了一場奇怪的比賽。廣場中央立了一根大柱子，上面附有一塊一公尺寬、一公尺半長的大木板。四十多位赤手空拳的騎兵一前一後地快速地奔馳而來，每個人手裡都拿著一根小棍子並使出各種招數。然後，經過大約半個小時的馬術表演後，有六十或是八十根棍子被拿了出來。騎馬

的新郎拿起一根棍子，以馬匹最快的速度衝鋒，就像比武一樣。他以完全傾斜的騎乘姿勢擊中了目標，所以他能夠折斷他的棍子（「沒有太大的衝擊」）。接著一些男人開始喊叫並演奏樂器，「以土耳其人的方式」打鼓。然後，每個人都拿起自己的棍子騎向目標，每個人都折斷了自己的棍子。新郎最後將兩根棍子綁在一起，然後「在沒有傷到自己的情況下」將它們折斷在靶子上以作為結束。貝特朗東說這一切真是精彩，顯然他很喜歡這項表演。皇帝和皇后一起在窗口上觀看，貝特朗東接著發現皇后是一位非常美麗的女人。一旦馬背上的比武結束後，「隊伍就散了，沒有人受傷，大家都回到了各自的住處。」

貝特朗東看到了一種奇怪的景象，一場伴隨著音樂的馬術表演，一場沒有暴力的比賽，一場沒有人受傷的婚禮慶典。這是用脆弱的「棍棒」代替致命刀劍戰鬥的一種娛樂活動。新郎在一場模擬比武中在皇帝眼中「證明」了自己。這場婚禮慶典似乎是君士坦丁堡男人們的一次排練，他們知道上場戰鬥是不可避免的。

目前尚不清楚貝特朗東在君士坦丁堡停留了多久，但是他在那裡停留了很長一段時間。他於西元一四三三年一月二十三日離開這座城市，隨後於旅途中在當時的首都阿德里安堡（Adrianople，埃迪爾內〔Edirne〕）會見了鄂圖曼的蘇丹（穆拉德二世〔Murad II〕，西元一四〇四年至西元一四五一年）。他說這次的會面讓他大開眼界並充滿了異國的情調，並對蘇丹為了獲得性的快感而隨意支配的三百名婦女和三十名男孩進行

了評論。據貝特朗東說，蘇丹可以喝大量（至少「六到七夸脫」）的葡萄酒。貝特朗東向勃艮第的菲利普報告說，他認為鄂圖曼人由於武器裝備落後，很容易被擊敗。

貝特朗東在有生之年就會被證明他的看法是錯的。穆拉德（Murad）的繼任者蘇丹穆罕默德二世（Sultan Mehmed II，征服者〔the Conqueror〕）於西元一四五三年為鄂圖曼帝國占領了君士坦丁堡。這座城市迅速的成為了一個廣闊的伊斯蘭帝國的繁榮首都，從根本上改變了東地中海在力量上的平衡以及通往東地中海的通道。貝特朗東所參觀的城市發生了翻天覆地的變化。隨著拜占庭君士坦丁堡的古蹟被重新利用或是剷除，他對這座城市的描述逐漸變成了一個殘破不堪的世界。

西元一三九二年，一些旅行者在埃及和聖地的費用

在聖地的旅行者必須為他們接受的所有服務付費。價格是由馬穆魯克（Mamluks）和方濟會修士（Franciscans）所訂定的，而且價格高昂。

以下是精選的一些聖地的景點和服務的價格：

離境時交給亞歷山大港口的警衛：每人一達克特（ducat）

給前往開羅之旅的導遊：每團六達克特

每頭駱駝將食物運送到尼羅河上的船隻（一天的路程）：二分之一達克特

沿尼羅河到開羅的船隻通行費：每團十二達克特，另加導遊的伙食費

蘇丹的旅行許可：每人二分之一達克特

阿拉伯沙漠之主的旅行許可：每人五格羅西（grossi）★

給駱駝的主人，願他盡力而為：每團三達克特

前往聖凱瑟琳的西奈半島（St Catherine's Sinai）的駱駝伕：每人六格羅西

搬運工將物品從加薩二英里處運入加薩：從任何地方都是三達克特

向加薩的蘇丹致敬：每人二分之一達克特

從加薩到耶路撒冷：每英里十六格羅西

前往約旦河（River Jordan）：每人三格羅西

★ 作者註：格羅西的價值變化很大。在十三世紀，以威尼斯貨幣計算的話，一枚達克特金幣的價值為十八格羅西。到一四四〇年時，根據威廉·布魯恩（William Brewyn）的說法，一達克特為二十八格羅西，而到一四九六年時，一達克特等於八十格羅西。粗略比較一下，一頭牛的成本約為二達克特（英國的十先令〔shillings〕），一匹好馬的成本約為四十四達克特（英國的兩百先令）。通貨膨脹較低，但是對遊客的收費可能會發生變化，且不會先行通知。

CHAPTER————————————————————————7

穿過聖地到巴比倫

雅法	阿卡	加薩	賽德納亞
Jaffa	Acre	Gaza	Saidnaya

西奈	馬特雷亞	開羅	吉薩
Sinai	Materea	Cairo	Giza

　　在中世紀的地中海，對於大多數往東的旅行者而言，他們的目的地是 terra sancta，也就是聖地，而不是一個國家，那是一片由聖經故事構建而成的記憶和情感的景觀。它可以從今天的埃及延伸到敘利亞和約旦，從黎巴嫩的拿弗他利（Naphtali）部落相關的土地到內蓋夫沙漠（Negev Desert）與猶大部落（Judah）相關的土地，範圍涵蓋西奈、耶路撒冷以及從西頓（Sidon）到加薩以及更遠的地中海沿岸。這片土地對於許多信仰者來說都是神聖的，他們經常共享並爭奪相同的空間。十字軍傾向於將該地區稱為「Outremer」，亦即海外的意思。十字軍東征失敗後，巴勒斯坦的「Filastin」指的是該地區馬穆魯克的一個分區，從西元一二六〇年到西元一五一六年，該地區主

要由大馬士革（Damascus）統治。後來的歐洲人經常使用「敘利亞（Syria）」一詞來指整個地區。根據旅行者和他們的動機，聖地許諾了勝利、利益或是靈魂的救贖。

曼德維爾的《奇蹟與遊記》（*Book of Marvels and Travels*）是歐洲最受歡迎的旅行指南，成為了解聖地最普遍的知識來源之一。它被翻譯成多種不同的語言，而且多年來一直被用作旅遊指南。儘管如此，或者也許是因為作者沒有寫過目擊者指南。相反地，他構建了一本旅行者故事的百科全書，其中包含了以前著作的大雜燴，有些是「歷史的」，有些則是「地理的」。曼德維爾以感性且熱情的敘述作為他書籍的開端以讚許聖地，那片「應許之地」。他說，這片土地「就像最優秀的女士一樣，它對所有其他的土地擁有主權，它受到我們主耶穌基督寶血的祝福並賦予神聖的靈魂」。他對這位女士的比喻是恰當的：就像中世紀宮廷浪漫故事中的一位女士一樣，聖地被過度地描繪，從遠處中以一種挫敗的熱情去喜愛，在精神上被占有的。但是事實上，在大多數的情況下並非如此。

根據曼德維爾的說法，耶穌選擇這片土地是為了「取肉和血」，並用「他受祝福的腳」行走以創造奇蹟，傳道和教誨，最後「再為我們承受許多的恥辱和嘲笑」。出於這些原因，他說，「每一個有能力的正派基督徒」都應該「強化自己，征服」那片土地，「那片世界上最好的、最有道德的、最有價值的土地」──由它位於世界中間的位置證明了這一點。

曼德維爾對聖地的讚揚，代表了中世紀的歐洲將前往聖地

的旅行視為人類生活的最高目標。去聖地就是為了獲得正義、
榮耀、喜樂、安慰和快樂，或者至少是這個想法。

在海上旅程的大部分時間裡，旅行者變得沮喪且被動，放
棄了他們的初衷，放棄了旅程中無法控制的見證和觀察。來自
歐洲各地的朝聖者依賴他們的肢體語言、手勢、即興創作的拉
丁語，以及混合了威尼斯語、熱那亞語、加泰羅尼亞語和普羅
旺斯語（Provençal）的通用語，用多種方言相互溝通，主要用
來作為商業和交易方面。儘管我們認為旅行可以幫助我們重新
看待這個世界，然而對於很多的旅行我們都有所誤解。

離開賽普勒斯後，乘客們急切地望向地平線，希望第一眼
看到聖地的海岸線。在海上，地平線無邊無際，隨著船的航行
而不斷的變化。「地平線（horizon）」一詞在十二世紀和十三
世紀時進入西歐語言，源自希臘語「horos」，意為邊界、劃分、
分離。[1]地平線，是一個界線而不是一條線，被認為是一條標
誌著旅行者的地球景觀和上方的天穹之間的分界線。然而，地
理知識的限制和旅行者視野的限制通常充滿了重要的意義和危
險。如果旅行是為了開闊個人的視野，那麼最好將其視為一次

1 作者註：在古英語中，使用的詞是「eaggemearc」，字面上的意思是「眼睛
限制」，是人類視覺所固定的邊緣，是眼睛框定的一個人的目的或是意圖。在
其他語言中，地平線這個詞暗示著對世界圈圈的控制，或是指向這個世界之外
的土地的手勢，或是美麗的讓人聯想起天空的海岸線（例如，挪威語「him-
melleite」〔天堂視線〕和「himmelsyn」〔天堂景色〕）。同樣富有詩意的是，
希伯來語 ofek，也就是地平線，最終源自於一個古代術語，意為「河流所流出
來的地方」（afek；出現了大海「afki yam」的溢流）《撒母耳記》（Samuel，
二：一六）。

通往邊緣的危險之旅，而不是無限可能的前景。

最終，令人驚訝的是，地平線突然被聖地海岸的塔樓和防禦工事的不規則垂直輪廓取代：雅法、阿卡、阿什凱隆（Ashkelon）、加薩和其他著名地點的城鎮，這些城市有一半是《聖經》中所記載的地方。當第一個發現陸地的人發出了一聲呼喊，船上的乘客和船員們在到達時的強烈熱情中聚集在一起祈禱。他們通常會帶著淚水和嘆息唱起聖詠《讚美頌》（*Te Deum Laudamus*），「上帝，我們讚美你」，這是一首表達公眾歡樂和精神肯定的讚美詩。

滾滾湧入雅法的大海，充滿了抵達的渴望，渴望被聖地擁抱。雅法被曼德維爾描述為「世界上最古老的城鎮」，因為據說它是在諾亞洪水之前建造的。這個港口似乎是從黎巴嫩透過海路運來大雪松木的入口點，這些木材用在耶路撒冷建造聖殿（《歷代誌下》〔Chronicles〕，二：一六），也是約拿（Jonah）在遇到鯨魚之前，尋找到船隻並支付船費的地方（約拿書〔Jonah〕，一：三一四）。大約從西元一三〇〇年起，十字軍撤退後，雅法成為歐洲船隻的主要港口（或者，朝聖者會取道亞歷山大和西奈半島）；馬穆魯克透過雅法港口的簡陋設施來管理所有前往聖地的遊客。但是雅法港很淺，是一個崎嶇不平、有時甚至很危險的下錨地點，天然的砂石岩礁形成了防波堤，海浪中散布著恐怖銳利的岩石，歐洲到訪的乘客只能在鎮腳下的沙灘旁下船。

在西元一四三〇年代旅行的卡斯蒂利亞貴族佩羅‧塔富爾

（Pero Tafur）對於乘坐威尼斯槳帆船抵達聖地的感受，有個具有代表性的總結。首先，在雅法，錫安山修道院的院長以及聖地的方濟各會的領袖「幾乎馬上」就知道了這艘船的抵達。然後，他會派「兩到三名修道士」去見「耶路撒冷總督」（一位馬穆魯克的行政官員、一位軍事上尉），給新來的修道士核發蘇丹的安全通行令。接著，朝聖者準備下船，並以書面形式向總督報出自己的名字，並保留另一份名單；這是為了阻止發生任何形式的「欺騙」，也就是防止有任何詭計和間諜活動。當旅行者下船時，「摩爾人」已經在一旁等待，「準備好給朝聖者在聖地期間騎乘的代步工具：一頭驢子」。租用動物的固定價格是二達克特，「而且這個價格不能增加或是減少。」總督和修士們與朝聖者一起前往附近的拉姆拉鎮（Ramla），「那是一個很棒的地方，距離雅法五里格（leagues，二十公里）」那裡有一家為朝聖者建立的旅館。旅館有男女分開的公寓，像佩羅這樣的朝聖者在聖地安全的住處度過了他們的第一個白天和夜晚。

值得注意的是，抵達的程序是多麼的有秩序和有組織，方濟各會──威尼斯政府與馬穆魯克蘇丹的官員們攜手合作（馬穆魯克從西元一二五〇年起就占領了耶路撒冷及其周邊地區）。他們首要的任務是防止有害的間諜活動並從旅行者身上榨取金錢。對遊客的官僚監控從威尼斯開始，於此地繼續進行，遊客的「書面姓名」會被登錄到馬穆魯克政府的高效機器中。

在雅法下船時，初來乍到者將看到十字軍被征服的定居點

和征服失敗後的廢墟。小鎮所在的陡峭山頂上矗立著曾經風光一時的聖彼得教堂的廢墟，這座教堂是在西元一〇九九年十字軍征服該鎮後不久建造的。這座教堂是獻給聖彼得的，因為據說他就是在這裡使大比大（Tabitha）從死裡復活，並在那裡與製革工人西門（Simon the Tanner）一起度過了許多天（《使徒行傳》〔Acts〕，九：三六—四三）。教堂聲稱擁有各種聖物，包括聖喬治的頭顱。但是其拱形天花板於一一九七年被毀，鎮民在此躲避入侵鎮壓他們的阿尤布（Ayyubid）軍隊。教堂於西元一二二〇年代得到修復，但是在西元一二六八年又被馬穆魯克人毀為廢墟，他們偷走了一些聖物並且燒毀了其他遺留的聖物。此後，教堂的廢墟俯瞰著港口，成為了十字軍失敗的標誌。沃爾泰拉（Volterra）的梅舒拉姆（Meshulam）於西元一四八一年造訪雅法，他將雅法描述為「一片廢墟」。破碎的教堂和廢棄的房屋坐落在海港上方，遠離了曾經的高聳塔樓和繁忙的小巷。

　　大多數的旅行者並不像佩羅・塔富爾那樣幸運地迅速離開雅法。西元一四八六年，康拉德・格魯南貝格描述了他抵達後，馬穆魯克人如何將他的船扣押在雅法港外停泊了十六天，在此期間，造成了一些乘客死亡。旅行者的食物匱乏，幾乎無法維持他們的生活，而這很可能就是造成他們死亡的原因：放了好幾個禮拜的餅乾、變質的雞蛋、未成熟的葡萄、過熟的蘋果、品質參差不齊的酸酒，以及不乾淨的水。馬穆魯克的官員們在雅法的塔樓上監視著這艘船，最終升起了紅旗以示和平，並向

船老大贈送了一隻大烏龜作為見面禮。只有這樣，格魯南貝格和他不幸的旅伴才得以上岸。

　　而其他的遊客則不得不在雅法海港旁荒涼的洞穴中等待著，或者，在貝特朗東‧德拉‧布羅基埃那樣，在「幾個覆蓋著蘆葦的帳篷」中等待，以躲避炎熱的陽光。對許多人來說，到達雅法簡直是可怕的，是墜入地獄而不是登上天堂的耶路撒冷。英國貴族理查德‧蓋爾福德（Richard Guyforde）的秘書托馬斯‧拉克在西元一五〇八年描述了他的團員們是如何「受到馬穆魯克人和撒拉遜人的對待，並按姓名和階級被囚禁在一個古老的洞穴中」。馬穆魯克的抄寫員寫下了他們的名字，然後被留在山洞裡，日日夜夜地「躺在光禿禿、發臭的地板上」，並且「受到摩爾人的可怕對待」。同樣地，康拉德‧格魯南貝格解釋了船裡的每位乘客（全是男性）下船時脖子上都掛著一個小袋子，裡面裝著麵包、一小瓶酒、一些水煮雞蛋、奶酪、一把梳子和刮鬍用品。大約有三百名馬穆魯克武裝人員（「異端基督徒」和「異教徒……不像摩爾人那麼黑」）聚集在他的隊伍周圍。耶路撒冷總督詢問每位乘客的姓名，然後用蘆葦鵝毛筆將其記入一本簿子中。格魯南貝格和他的同伴隨後被帶到兩個古老的洞穴中，裡面充滿了臭氣熏天的驢糞，然後他們在一把稻草上待了兩天，為此他們被收取了幾塊馬凱蒂（marchetti）的費用。白天，人們試圖向他的團員們出售東西：像是未煮熟的煎餅、珠子、念珠和「某種麵糊」。夜晚，格魯南貝格因使用外面的地洞茅坑而被強行收取了四馬凱蒂。格魯

南貝格隊伍中的一名騎士因拒絕付費使用茅坑而遭到毒打。第
二天他就傷重不治而身亡。

　　旅行者的外來特性透過他們的衣著、姿勢和態度在當地人
面前顯露無遺。事實上，旅行常常涉及到一個人的外來特性，
這似乎成為一個人性格的關鍵因素。旅行者和聖地的當地居民
之間的不信任是相互的。抵達雅法後，像格魯南貝格這樣的遊
客立刻在明亮的陽光、不舒服的環境和高溫下顯得格外引人注
目。每件事都向他們索取現金。錢幣似乎消失了，好像金錢沒
有價值一樣。在他們的聖地之旅中，旅行者承擔了一連串完全
超出他們控制範圍內的費用。在地人利用了他們的脆弱感強行
收取了安全通行費和「照顧」他們財產的費用。旅行者不安的

A marvel

奇觀：在聖地的北部，特爾阿爾卡（Tel Arqa）和拉法尼亞
（Raphanea）之間的某個地方有一條美妙的河流，稱為安息日河
（Sabbatory）或桑巴泰河（Sambation）。可見聖地是多麼的神聖。
人們說它有不同的屬性。有些人說，每週六的安息日（sabbath），
河水都會完全乾涸，而在一週內的其餘時間裡，河水會洶湧澎湃。
也有人說它只在週六流動，接下來的其他時間則會保持靜止，根
本不會流動（或是幾乎不流動）。也有人說，這是一個失落的猶
太部落的邊界，其泡沫翻騰的水域是一條只有在末日才能被穿越
的邊界。但是誰又知道呢？許多人已經出發去尋找安息日河。商
人和朝聖者經常聽到這些。但是卻很難找到。

感覺越來越明顯，這是一種回應他們必須屈服於這種處境並厭倦了震驚的感覺。

整個海岸線上到處都是破碎的祭壇和傷痕累累的城垛，就像雅法的那些一樣。通往拉姆拉（Ramla）和耶路撒冷的東行高速公路蜿蜒穿過沿海平原，塵土飛揚的道路充滿了戰爭、征戰和難民的記憶。但是在踏上這條路線之前，我們應該在聖地稍微漫步一下，因為它為中世紀的旅人們提供了一個充滿挑戰的仙境，但是卻又令人著迷的體驗。

雅法在西元一一八七年至西元一二六八年間多次易手，隨後被馬穆魯克蘇丹拜巴爾斯（Baybars，西元一二二三一七七年）征服。有鑑於這場動亂，法蘭克人（the Franks）在地中海沿岸、雅法以北僅一百多公里處的聖讓達卡港（port of St Jean d'Acre）大力發展新都。它很快地就成為中世紀時期中東最耀眼的城市之一。在十字軍時期，錫安山（Mount Zion）的伯查德（Buchard）在西元一二八〇年代撰寫了一本前往聖地的早期旅行指南，他說阿卡擁有「塔樓和最堅固的城牆」的防禦。伯查德說，阿卡的駐地防衛者，耶路撒冷國王、聖殿騎士團和醫院騎士團可以戰勝所有「撒拉遜人」，「如果上帝高興的話」。十三世紀末，這座城牆城市的人口很可能有六萬人左右。十字軍阿卡（Crusader Acre）是一項偉大的工程：修建了防禦工事、燈塔、醫院、下水道和蓄水池系統以及大約四十座教堂，其設計的目的既是為了歡迎旅行者來到聖地，也是為了確保拉丁西部在其中的立足點。十字軍將這座城市發展成為糖、橄欖油和

香料的進出口中心。十字軍阿卡廣泛使用各種阿拉伯語、義大利語和法語，給人留下了深刻的多元文化環境的印象。這裡有聖殿騎士團（Templars）和醫院騎士團，他們的大型建築工程至今仍得以保存，而老城區內還有熱那亞、德國、比薩（Pisan）、普羅旺斯（Provençal）和威尼斯特區，以及地中海沿岸旁、蒙穆薩德（Montmusard）北郊的英國和愛爾蘭地區。這裡有猶太人和穆斯林居民，還有亞美尼亞人（Armenians）、希臘人和撒瑪利亞人（Samaritans），並且與賽普勒斯經常保持來往。伊比利亞（Iberian）的穆斯林地理學家伊本・朱拜爾（Ibn Jubayr）於西元一一八三年到訪，並記錄下這裡是如何被允許建造一座小清真寺。猶太聖人摩西・邁蒙尼德（Moses Maimonides）於西元一一六五年時經過該港口，而著名的猶太學者摩西・納赫馬尼德（Moses Nahmanides）曾於西元一二六〇年代在此居住。甚至有記載顯示，從西元一一一一年起，猶太裔的亞歷山大人就在阿卡的十字軍擁有的小酒館裡喝啤酒。

　　與其他的港口一樣，十字軍阿卡本身就成為了一個令人嚮往的目的地。事實上，它的公民在歐洲常常被視為沉迷於奢侈的人。從陸上閘口開始的城市環形步行之旅是中世紀詩歌《阿卡的赦免》（The Pardons of Acre）的主題。它叮囑旅行者為了靈魂的福祉必須參觀這座城市：除了其他的好處外，他們還承諾，只要接近城鎮邊緣，就可以得到一千五百天的罪孽赦免，而參觀城裡最大的教堂：聖大教堂（Cathedral of the Holy Cross），可以得到一千一百三十五天的罪孽赦免。此外，每次

探訪施洗者聖約翰醫院（the Hospital of St John the Baptist）裡的病患則可以得到四十天的罪孽赦免。

西元一二八八年，醫院騎士團的首領知道在阿卡的上流生活即將結束。醫院騎士團將他們的戰團總指揮從該市遷往賽普勒斯的利馬索爾（Limassol）。西元一二九一年，阿卡被馬穆魯克以暴力征服。滿目瘡痍，阿卡成為一片被圍困而傷痕累累的廢墟。得勝的馬穆魯克對海港的興趣不大，他們系統性地放棄了十字軍沿海的城市，以防止有心者重新征服的企圖。西元一三三五年，維羅納的雅各布（Jacopo of Verona）造訪阿卡，發現它「已經支離破碎，只剩下蛇和野生動物的棲息地」。而其他的遊客則表示，停泊船隻的地點已經被馬穆魯克人破壞，他們在淺水中放了大塊的岩石，以防止未來被重新征服。

馬穆魯克生產和銷售西方非常需要的各種商品，例如香料、絲綢、寶石、玻璃和明礬（用作染料固定劑）等，因此馬穆魯克的文化經常受到世人的欽佩和羨慕。與此同時，大多數的西方遊客最多也只是不情願地前往馬穆魯克人所控制的聖地。許多遊客對他們很粗魯，對穆斯林控制聖經土地的想法感到震驚。

約翰內斯・波洛納（Johannes Poloner）是一位德國朝聖者，他於西元一四二二年（即阿卡被征服一百三十年後）訪問了聖地。在雅法，波洛納「沒有看到任何活著的人」，並寫道「當蘇丹聽說阿卡已經被法國和英國國王征服時（也就是法蘭克十字軍），沿海的許多城市都被摧毀了」。他補充說，「凱撒利亞（Caesarea）鎮被徹底摧毀。在雅法以南靠近阿什凱隆的海岸

附近，他看到了一座建於十二世紀中葉的十字軍堡壘的廢墟，目的是「制止阿什凱隆人的傲慢」，但是現在他看到阿什凱隆城已經被那片土地上的「撒拉遜人」完全征服了。波洛納說，再往北一些，在西頓（Sidon，十字軍的勢力範圍，西元一一一〇一西元一二六〇年），「至今的廢墟見證了它的偉大」他寫道。薩雷普塔（Sarepta，現今黎巴嫩〔Lebanon〕的薩拉凡德〔Sarafand〕）只有幾棟房屋，但是「它的廢墟顯示出它曾經是一座高貴的城市」。西元一一〇四年至西元一二八九年間，拜特龍（Batroun）曾是十字軍的領主，「這裡曾經是一座富裕的城市，但是現在已經被徹底摧毀」。簡而言之，波洛納的經歷就像許多前往後十字軍時代聖地的遊客的經歷一樣：十字軍東征的失敗和伊斯蘭教的勝利，無處不在的蝕刻在已建立（或已毀壞）的環境中，儘管非官方的神殿和教堂仍在繼續證明這片土地充滿了聖潔。整個海岸線都散發著暴力的氣息，只是暫時停止了。

前往聖地的遊客最常見的是向南而不是向北。約翰・曼德維爾描述說，從雅法和阿什凱隆沿著沿海公路行駛就會抵達加薩港，這裡「非常漂亮，人山人海，而且靠近海邊」；加薩是連接大馬士革（Damascus）、耶路撒冷和開羅的主要道路上的一個重要聚落。

加薩沒有城牆，但是在市中心擁有一座華麗的教堂。它是西元一一五〇年代後由十字軍定居者在加薩的穆斯林和基督教區之間建造的，可能是在一座古老的非利士（Philistine）寺廟

的遺址上，這個教堂也曾經是一座拜占庭教堂和一座清真寺。十字軍使用了各種古代建築（包括教堂和猶太教堂）的「spolia」（掠奪來的遺跡拆解後再利用）。他們的教堂是一座優雅的拱形結構，中殿聳立在看似失重的拱頂中。它的大理石大門上刻有樹葉，西面裝飾著玫瑰窗。教堂的交叉拱、扶壁、壁柱和橋墩，如果是在巴黎或是普羅旺斯的話，不會顯得格格不入。西元一一八七年，在占領加薩僅四十年之後，十字軍就被薩拉丁（Saladin，卒於西元一一九三年）的武力逐出加薩。薩拉丁是阿尤布王朝的創始人，也是穆斯林重新征服十字軍的領導人。教堂再次成為大清真寺（至今仍然存在）。

　　一些後來的遊客評論了加薩的荒涼，正如吉爾伯特・德・蘭努瓦（Gilbert de Lannoy）在西元一四二一年所寫的那樣，這裡布滿了「無人居住的房屋廢墟」。後來造訪加薩的遊客都知道這是一個可怕的地方，馬穆魯克人會囚禁不知情的遊客。菲利克斯・法布里描述了威尼斯的船長是如何在那裡受到監禁的威脅，他說船長阿諾德・馮・哈夫（Arnold von Harff）在那裡被鐵鐐束縛了整整三個星期。西元一四八三年，法布里和他的同伴們在拱形大理石土耳其浴室裡享受了一次美妙的熱水浴，當地的「沐浴大師」，「非常友善和禮貌地」為他們擦拭、清洗並將油膏塗抹在身上。

　　其他人擔心加薩周圍的沙漠強盜和沿海的海盜。沃爾泰拉的猶太裔義大利旅行家梅舒拉姆（Meshullam）於西元一四八一年七月到此一遊，描述了旅人們是如何隨同車隊護航一起過境

的。在加薩南部汗尤尼斯（Khan Yunis）的客棧，梅舒拉姆認為
加薩是一個「美麗而著名的地方」，尤其是這裡的水果很有名，
但是他在那裡沒有發現其他的遊客，因為前一天晚上有「六十
個人」被四艘來自羅德島的漁船給俘虜了。其他人都為了能安
全地抵達加薩而逃離了客棧。當他到達加薩時，梅舒拉姆發現
強盜仍然在附近，從旅客滿載的駱駝上偷竊商品。他被告知，
「除非我們有一支四五千人的商隊」，否則想要安全的離開加
薩會有困難。他估計，有七千名男子和一萬頭駱駝還在加薩等
待可以安全離開的時機，屆時這些人將會一路北上，走那條通
往大馬士革的路線。

　　同樣的，菲利克斯·法布里目睹了這座城市被封鎖，有大
批來自埃及的馬穆魯克士兵進入這座城市並威脅要掠奪市場。
法布里只能耐心等待，當加薩的市場重新開放時，他就會購買
大量的物資，以便在穿越西奈半島時裝備自己和他的同伴：幾
袋麵包、幾罐酒和水袋；整個廚房，包括三腳架、烤肉架和烤
架叉，以及三籠雞和「一隻站在雞籠上的大白公雞」。因為公
雞能夠在荒郊野外鳴叫來標記時間，此外，馬鞍上將掛上各種
籃子，還有很多袋的乾肉、奶酪、黃油、油、醋、玉米、洋蔥、
杏仁、鹽肉、藥品、蠟燭、鞋子和雞蛋等。

　　最終，這一巨大的托運物品引起了法布里與導遊的爭執，
他說大部分都是「多餘的」，這麼多的東西需要三頭額外的駱
駝載運才能穿越沙漠。此外，其中大部分的東西在法布里和他
的同伴在路上睡覺時被偷了。

　　西方對伊斯蘭教的理解仍然支離破碎。西元一一四一年，英國人羅伯特‧克頓（Robert of Ketton）首次將《古蘭經》（*The Quran*）翻譯成拉丁文，他是一名牧師和天文學家，後來成為西班牙潘普洛納市（Pamplona）的執事。羅伯特翻譯了幾本伊斯蘭教的著作來幫助穆斯林皈依基督教，他藉著宣傳伊斯蘭教的知識以反駁伊斯蘭教。在此同時，各種反伊斯蘭的謾罵在歐洲傳開，暴露了基督教世界對伊斯蘭教對抗的焦慮。我們可能會認為與聖地的接觸能夠更加地了解當代的伊斯蘭教，然而情況並非總是如此。

　　朝聖者康拉德‧格魯南貝格對伊斯蘭教的神學內容很感興趣，他利用西元一四八六年的旅程來了解更多有關於伊斯蘭教的內容。他和他的夥伴們向一些穆斯林詢問了「他們信仰的本質和一般習俗」，他在他的旅遊指南中詳細記錄了這些內容。穆斯林解釋了他們的主要先知（首先是穆罕默德〔Muhammad〕，還有摩西〔Moses〕、大衛和耶穌）以及上帝透過穆罕默德送給全人類的禮物，亦即《古蘭經》。格魯南貝格被告知，穆斯林必須每天祈禱五次，在他們的教堂（即清真寺）裡，沒有人敢「與鄰居聊天」或是「開玩笑」，因為這麼做的話，他們會受到嘲笑和罰款。

　　格魯南貝格報導說，穆斯林的聖日是星期五，他們在這一天聆聽祈禱，然後分發施捨。他們認真地洗澡，為祈禱做準備，並剃光身體的毛髮（男人的鬍鬚和女人的頭髮除外）。他們也會小心翼翼地剪手指甲和腳趾甲，作為一種清潔的方式。他們

會在排便和排氣後才去洗澡，仔細的清洗鼻孔和眼睛，並實行
禁食。他說，在漫長的齋戒（格魯南貝格版的齋月）結束時，
他們會互相擁抱並相互祝福「復活節快樂」（很顯然的，他正
在將自己的做法直接映射到伊斯蘭教！）。格魯南貝格對伊斯
蘭教的禁令特別感到興趣，尤其是對葡萄酒的禁令。他解釋說：
「這個地區的酒很烈」，「異教徒」立刻就喝醉了，並開始做
出「完全不理智的行為」。在他的例子中，他似乎沒有向穆斯
林詢問他們戒酒的神學基礎是什麼，因為他把戒酒歸咎於他品
嚐過的當地葡萄酒以及當地人的行為，他一再地表示他發現當
地人的行為很難預測。

格魯南貝格當然對伊斯蘭教的含義感到好奇。他說，在
聖地，一位講阿拉伯語的猶太教徒為他翻譯了宣禮塔／叫拜樓
（minaret）上召喚祈禱者的內容。然而他對伊斯蘭教的描述充
滿了西方的發明和誤解。例如，他寫道，穆斯林與土耳其人和
韃靼人一起前往「穆罕默德被埋葬的地方，或是他們所說的，
他們去他的屍體在鐵棺材裡飛來飛去的地方」（Al-amegga，
麥加〔Mecca〕）朝聖。儘管穆罕默德死在麥加，但是他實際
上被埋葬在馬迪納（Medina）。飛棺的故事源自西方文學，
作為基督教的反伊斯蘭轉譯有著悠久的歷史。這個故事可以追
溯到十二世紀，當時拉丁基督教透過十字軍東征、貿易和知
識翻譯與伊斯蘭教有著日益密切的接觸。故事源自於美因茲的
恩布里科（Embrico of Mainz）所著的《穆罕默德傳》（*Life of
Muhammad*，約西元一一〇〇年），許多基督教的文獻都記載

了穆罕默德的棺材「懸浮在空中」的故事（與早些時候斯塔夫羅沃尼〔Stavrovouni〕在賽普勒斯遇到的奇妙十字架不同），說此棺木會懸停在麥加陵墓的地板和天花板之間。根據恩布里科的說法，這是透過天花板上的磁鐵來實現的。飛來飛去的棺材似乎是旅行者想像中的不可思議的物體，是其他宗教可怕魔法的象徵，但是被認為是升天失敗的形象可能會讓人更容易理解。在這種方式下，空降的棺材作為崇拜對象的想法代表了一種反朝聖、邪惡的墳墓以及錯把麥加當作耶路撒冷的意思。

格魯南貝格重複了這些無知不實的誹謗，即「撒拉遜人、土耳其人和異教徒與動物以及彼此之間存在著不雅的關係」，而這種行為卻沒有受到懲罰，因為「人需要擺脫他的根源」。格魯南貝格自己承認，他將自己在聖地所學到的關於伊斯蘭教的知識與他返回德國後在自己的書中讀到的知識進行了比較，他所提供的許多附加資訊顯然不是來自於他與穆斯林的實際接觸，而是來自於基督教反穆斯林的文學，但是這種文學作品充斥著中世紀的編年史、神學和佈道用的小冊子。這是有關於親身經歷局限性的一個有用的案例研究，因為格魯南貝格顯然不信任或是不相信他在朝聖中所學到的東西，反而重新研究伊斯蘭教，看起來他更喜歡西方的「權威」和知識而不是經驗。

與許多伊斯蘭教的評論家一樣，格魯南貝格也描述了伊斯蘭教對於天堂的觀點，而其他人對有別於他們的世界的看法一直是那些猜想的來源。根據格魯南貝格的說法，伊斯蘭的天堂是一片「無邊無際」的土地，有最甜美的綠色草地和鮮花盛開

的田野，充滿牛奶和美酒的溪流，充滿魚的湖泊，下垂著沉重葡萄串的藤蔓，永無休止的收穫季節。他將這個天堂與其他著名的非基督教天堂進行了比較，例如希臘女神赫拉（Hera）的果園，赫斯珀里得斯（Hesperides）的花園，在那裡的「樹林裡有很多馴服的牛和容易捕捉的獵物，鳥兒嘗起來的味道鮮美，和其囀鳴聲一樣令人愉悅」。但是伊斯蘭的天堂甚至比這樣令人愉悅的花園還要好：因為在那裡，一個人的所有「淫蕩慾望」都可以從心甘情願的伴侶那得到滿足。在這個天堂裡，上帝派遣天使作為僕人，作為敏捷而細心的酒保，提供人們想要的一切。

令人驚訝的是，像格魯南貝格這樣的旅行者，他前往聖地朝聖是為了自己靈魂的利益，並深入思考了死後生命的其他定義。他對阿拉伯人極其粗魯，對「可恥和邪惡」的伊斯蘭信仰大多持批判態度，但是他也發現自己接受了比較宗教方面的教育。和其他的許多人一樣，他前往聖地尋求救贖，但是旅行以不可預知的方式敵開了他的心扉。此外，由於他旺盛的好奇心且容易分心，他發現自己正在研究其他的價值觀、其他的想法以及其他超越世界的事物。

遠離海岸，聖地的整個地區都擁有一系列官方、半官方和非官方的聖地，這些聖地隨著時間的推移不斷的變化。聖地還擁有各種令人印象深刻的城堡，其中有許多是十字軍占領時期所留下的遺產。

聖地北部地區最吸引足智多謀的旅行者的地方是大馬士革

東北部偏遠的賽德納亞（Saidnaya）修道院。這座修道院矗立在岩石的尖頂上，有一個漂亮的彩繪聖像，由一小群修女和僧侶照管。聖母瑪利亞的聖像會滲透出一種奇妙的甜油，一種可以治癒所有疾病的汗水。此外，聖像有時會化身，呈現出一種血肉之軀，彷彿活了過來，變得活靈活現。聖母瑪利亞的胸部和腹部變得如同活生生的人一樣，人們會觸摸變成肉身的聖像，並用自己的手指證實這點。朝聖者也會用小瓶子收集這神奇的甜油，並帶著它前往各地。人們說，即使是聖像的油也可能會變成肉並且流血，正如一位不虔誠的十字軍騎士拿刀刺向一小瓶神聖的、已化身成肉體的液體所證明的那樣。

旅客們更常參觀的目的地包括伯利恆（Bethlehem）、拿撒勒（Nazareth）、檢疫山／誘惑山（Mount Quarantine）和約旦河（River Jordan）。這些景點都是十字軍東征期間以及後十字軍時代的必訪行程。在耶路撒冷以南幾公里處的伯利恆，在伯利恆主誕教堂（Church of the Nativity）周圍聚集著有數十處的景點。根據一位不願透露姓名的英國人於西元一三四四年五月時前往那裡的旅行記錄，他說伯利恆主誕教堂是一座「非常美麗且巨大」的教堂，牆壁上有漂亮的馬賽克（他說，「在全世界，沒有比這更美麗的了」）。教堂內的石窟教堂標註著耶穌出生的馬槽（「牛和驢的圍欄」）的所在地，而這些事情在許多旅行者的記述中幾乎是事後才想到的。耶穌誕生「最初」的聖地，長期以來只是眾多令人印象深刻、令人眼花繚亂的地方之一，因為發明的傳統和新的空間反映出了當前的**趨勢和遊客**

的需求。

　　當西元一三四四年至西元一三四五年這位匿名的英國人離開伯利恆時，他遇到了一次衝突事件，這件事情既削弱又證實了他所經歷的神聖性。他和他的旅伴們在那裡喝了「足夠多的好酒」（伯利恆作為一個基督教城鎮，沒有像穆斯林城鎮的朝聖者所抱怨的那樣對葡萄酒有同樣的限制，也沒有生產劣質的葡萄酒），就在離開伯利恆沒幾公里後，這位英國人和他運作良好的隊伍突然遭到四名蘇丹士兵（他稱他們為「撒旦的侍從」）的圍攻，他們正在追捕違法的私酒。他們攔停了一位喝醉酒的英國女人（沒有按照慣例將酒與水混合）。然而由於旅行者經常到陌生的地方藉酒壯膽，在酒精的鼓舞下，她用朝聖者的手杖擊打了馬穆魯克士兵的一匹馬。士兵們怒不可遏進行了報復，他們用鋼鞭抽打她。然而，正如那位匿名的英國人所說的一樣，由於聖母瑪利亞的保護，他們的鞭子甚至無法觸及那個被泡過聖水的英國女人的裙襬。這位匿名的英國人寫道，馬穆魯克人「站著不動，像是被定在地上」，他引用了先知哈巴谷（Habakkuk）的話：「你將在憤怒中踐踏大地：在你的憤怒中，你將使列國震驚」（哈巴谷書，三：一二）。這個神蹟連帶隊的導遊都震驚不已。於是這群人得以繼續前行，並理解了這個事件進一步見證了上帝賦予他們跌跌撞撞地在這片土地上前行的權利。

　　向南，越過加薩，道路穿過西奈半島的沙漠。旅行者和他們的動物艱難地走過《出埃及記》（Exodus）中摩西和亞倫

（Aaron）帶領以色列人走過的滾燙的熱沙。遊客者們在此看到了一些遺址，然而只不過是沙子裡的棕櫚樹十字架或是成堆的石頭，這些都是這段神聖歷史中的親密時刻的印記。

來自德國美因茲市的牧師伯恩哈德・馮・布雷登巴赫（Bernhard von Breydenbach）於西元一四八三年時穿越了這片沙漠。布雷登巴赫是一位雄心勃勃、受過良好教育的人，以及一位虔誠的朝聖者和一位富有創新精神的出版商。他作為貴族約翰・馮・索爾姆斯（Johann von Solms，西元一四八二年）的導師和顧問前往聖地及其周邊地區旅行，他們的團隊中包括一位頗有成就的藝術家埃哈德・魯維奇（Erhard Reuwich，西元一四四五一一五〇五年）。他們共同的計畫是製作一種新型的旅遊指南，將有關該地區的資訊結合布雷登巴赫的觀察和經歷，以及魯維奇對他們遇到的人、事、物以插圖方式呈現，提供一種百科全書式的閱讀體驗。由此方式所產生的《前往聖地的旅程》（*Peregrinatio ad Terram Sanctam*）一書成為歐洲早期印刷書籍時代的暢銷書之一。

讓我們與布雷登巴赫和他的同伴一起穿越西奈沙漠，前往西奈山著名但與世隔絕的聖凱瑟琳修道院。這群人（其中還包括烏爾姆的菲利克斯・法布里）決定延長他們的旅行，在參觀耶路撒冷後增加了更勇敢的旅程。他們在當地嚮導的陪同下於八月二十七日離開伯利恆，途經希伯倫（Hebron）和加薩，然後向南穿越沙漠。九月十六日，他們終於看到了何烈山／耶和華山（Mount Horeb），當時人們認為這是西奈山的上部，摩西

就是在那裡接受了十誡。接著他們在存放聖凱瑟琳聖物的修道院待了十天，並於九月二十七日離開。

聖凱瑟琳修道院坐落在靠近山腳的厚牆後面。它最初是供奉聖母瑪利亞的，但是到了大約西元一三〇〇年左右，聖凱瑟琳的遺物已成為主要的景點。在十字軍時期，這裡是一個富有的機構，但是到布雷登巴赫到訪時，它已被孤立，其所有權也存在爭議。幾位希臘僧侶負責維護這座修道院，為到達那裡的各個教派的朝聖者提供服務。

有一些遊客在修道院的牆壁、門和家具上刻下了自己的名字，例如「斯溫伯恩」（Swinburn，亦即托馬斯・斯溫伯恩〔Thomas Swynburne〕，他於一三九二年與侍從托馬斯・布里格〔Thomas Brygg〕一起來此參觀，後來成為波爾多市長）、「威廉・馮・迪斯巴赫一四六六」（Wilhelm von Diesbach，記錄了伯恩市長的到訪）、「安塞爾姆・阿多內斯」（Anselm Adornes，一位布魯日商人，他於一四七〇年與兒子一起來訪，並留下了詳細的旅遊記述）、「蘭伯特・范德・瓦勒」（Lambert Vande Walle，阿多內斯的布魯日親戚），以及一三三二年到訪的「德特洛特」（Dertlot）。西奈半島的塗鴉記錄了數十名不同等級和階級的國際遊客，因為前往這些勇敢的地方旅行已成為奉獻和結交朋友的理想象徵。刻下自己的名字就意味著成為該遺址獨特神聖的一部分，並留下個人見證，證明這趟旅程是值得的。

那裡有朝聖者可以信賴且相當舒適的住所。克雷莫納的

安東尼（Antony of Cremona）是西元一三三〇年代的一位到訪者，他描述了用銅製成的威尼斯大鍋，僧侶們用它來烹煮食物一次可以供應給四百個人食用。但是，到了十五世紀後期時，像布雷登巴赫和法布里這樣的拉丁基督徒被排除在修道院主教堂的彌撒之外。他們大多只是快速的瀏覽了一下聖凱瑟琳的大理石墳墓，然後就被帶到了「法蘭克教堂（Chapel of the Franks）」，這是一個狹窄的房間，裡面裝飾著聖凱瑟琳的祭壇。布雷登巴赫一行人很幸運，男修道院院長向他們展示了聖人的遺物。當布雷登巴赫到訪時，這些遺物似乎是凱瑟琳的頭和手，保存完好並受到了當地穆斯林和基督教朝聖者的尊崇，儘管不再散發出早期遊客所觀察到的聖油。布雷登巴赫一行人的每位成員都得到了一小塊裡面裝有凱瑟琳遺物的棉布包裹。

法布里描述了他的聖凱瑟琳之旅是如何由喬治亞（Georgian）的驢伕帶領的，他們無所畏懼地帶領朝聖者從耶路撒冷前往埃及。他發現他們都是「英俊的男人，文明且彬彬有禮，但是舉止冷漠，不易爆發激情」，因此，他總結道，這些人「特別適合穿越荒野」，就像那些載著他和他的旅伴一起穿越塵土的友善的、可靠的驢子一樣。到達西奈半島後，法布里的喜悅蒙上了幾層陰影。首先，他的許多朝聖同伴們都病得很重。更緊迫的是，他對在修道院外紮營的飢餓的阿拉伯人感到不安。他認為他們是覬覦團隊所攜帶的大量行李前來偷竊的，也或許是為了向他勒索「不公不義的費用」。然而這些阿拉伯人對法布里和他的同伴並沒有做任何事，「無論這些人是好是

壞」，但是「他們在一旁駐紮等待讓他感到很痛苦」。一個人的旅行時常會讓恐懼縈繞心頭。

隨後又發生了問題，因為搶著搬運他的行李又發生了一場激烈的爭執，這讓法布里無法平靜地登上西奈山。

在辛苦的穿越沙漠和支出費用之後，法布里想要感受到達朝聖者目的地的超然喜悅。但是相互矛盾的敘述、實地的情況以及穿越「可怕而陡峭」的山脈的嚴酷考驗都在不斷地出現。法布里的義大利語導遊尼科德莫修士（Brother Nicodemo）為他講解了當地的風景，講述了那裡發生的傳說和奇蹟。無論他對這個地方的體驗有多好，法布里總是擔心修道院內及其周邊土地的「阿拉伯人的數量……不斷的增加」。他對與聖凱瑟琳的遺體交流以及追隨摩西的腳步充滿了興奮和喜悅，但是他最擔心的是修道院內僧侶的「惡習和嚴重錯誤」以及「阿拉伯人那些忘恩負義的狗」。阿拉伯人的出現讓他感到有壓迫感，每走一步都激起一種傲慢的恐懼。這種酸澀是法布里待在聖凱瑟琳修道院時的主要基調。

他的停留以不光彩的方式結束，因為他的隊伍中的某一個人被指控「用鐵器工具」砍掉了聖人棺材的一角。法布里的團隊發現棺材確實被破壞了（法布里本人早些時候曾描述過朝聖者在耶路撒冷聖墓教堂鑿開石頭碎片的那種「邪惡的好奇心」）。他們受到被移交給阿拉伯人的威脅。罪魁禍首偷偷地把那塊石頭放回原處。直到法布里和他的一行人支付了臨別的金錢「禮物」後，這件事才被遺忘。這是最後的恥辱，明確的

表明像西奈半島這樣的地方不屬於法布里。

　　向西穿越西奈半島後，地貌發生了變化，從山區沙漠變成了鬱鬱蔥蔥的尼羅河三角洲。布雷登巴赫記錄下這片肥沃的土地，這裡種植了橄欖、棕櫚和其他樹木。位於開羅西北約十四公里處的馬特雷亞（Materea）花園旅遊景點宣告了這片土地是如此的豐饒。

　　馬特雷亞花園最初是一座基督教聖地，那裡有一棵樹，後來被稱為「聖母樹」，曾向聖母瑪利亞鞠躬，並在聖家族逃往埃及期間為他們提供庇護（《馬太福音》，二）。後來的故事說，聖母瑪利亞用這裡的泉水沖洗了年輕的耶穌的衣服，這些泉水滋養了果園裡的土壤使其百花齊放、結實纍纍。到了中世紀時，這裡已經發展成為一座遊樂公園，有一口流淌著甘甜泉水的水井和一片著名的小香脂樹林。西元一三九二年，遊客需支付二格羅西的小額費用才能進入。這些樹木散發出一種非常珍貴的舒緩芳香樹脂，可用於醫藥和香水以及防腐劑（因此被稱為「防腐劑」）。馬特雷亞的香脂花園於是成為世界上生產最優質的香脂的地方，因為它們是從聖母瑪利亞本人休息過的土壤和她兒子的衣服接觸過的水中生長出來的。與玫瑰水混合過的香脂被出售給遊客，但是假冒的香脂充斥著市場，許多旅遊指南都警告遊客要小心不要買到用松節油（松脂）製成的假冒香脂。

　　在十五世紀時，花園似乎總是圍繞著一棵古老的無花果樹建造的，因為聖母曾經在無花果樹下休息而知名。布雷登巴赫寫道，在「對沙漠的巨大孤獨和乾旱感到恐懼」之後，他的團

隊「被這些花園的涼爽和燦爛的陽光所吸引」。他的團隊在那兒待了幾天好好的放鬆了一下。他的同伴之一，魯特琴演奏家（Lutenist）康拉德（Conrad），教導當地的導遊如何演奏魯特琴。這個花園就像是讓中世紀文化中兩個最著名的空間美夢成真：與世隔絕的花園（hortus conclusus，一個有圍牆的花園，本身就象徵著聖母）和愉悅之地（locus amoenus，兼具娛樂與陶冶性情的一個理想的「令人愉快的地方」）。和聖家族一樣，布雷登巴赫一行人在馬特雷亞歇息解渴，對於西奈半島充滿敵意的景觀突然變成了這個溫馨的歡樂花園驚嘆不已。

　　但是那裡還有一些更引人注目的東西，許多歐洲人都聽聞過但卻沒有見過，比方說是一棵被當地人稱為「天堂蘋果」或「摩西」（阿拉伯語為 mawz，意為香蕉或是芭蕉）的果樹。這棵樹有著巨大的葉子（樹高十五到十六英尺，大約是五公尺，布雷登巴赫說）。然而更引人注目的是一串串甜美的長方形水果。包括布雷登巴赫在內的許多人都說，當成熟的水果被切開時，每一片都顯示出一個十字架的圖像，具有十字架的所有特徵。彷彿聖潔已經滲透到了聖地的每一個生靈之中。如果一個人將自己的旅程視為一次朝聖，那麼神聖就可以出現在任何地方。這種奇怪的水果直到十六世紀才被稱為「香蕉」，源自西非的單字。這種水果據說會在一週內腐爛，使其多汁的美味更加珍貴。然而，對於像布雷登巴赫這樣的旅行者來說，十字架的印記暗示著基督教重新征服這些土地並非不可能，因為大自然中出現的種種跡象顯示，這裡一直是最神聖的土地。後來布

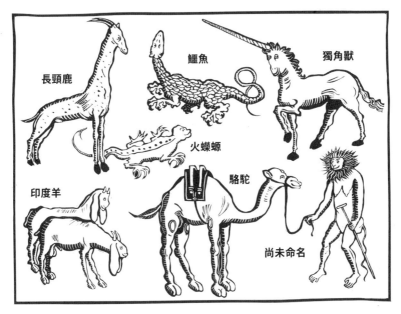

長頸鹿

鱷魚

獨角獸

火蜥蜴

印度羊

駱駝

尚未命名

————聖地的動物————

雷登巴赫寫了一本草藥指南，書名叫做《健康花園》（*Gart der Gesundheit*），內文描述了他的埃及之旅和聖地之行如何幫助他識別有用的植物，並看到它們正確的顏色和形狀，所以說宗教的旅行是自然的歷史，而反之也亦然。

在離開馬特雷亞之前，布雷登巴赫和他的團隊在聖母的水井舉行了莊嚴的彌撒。有些人多次潛入噴泉，希望在水中重新找回健康。但是現在是前往主要景點的時候了：宏偉的巴比倫城（Babylon）。這不是聖經中的巴比倫城（位於今天的伊拉克），而是偉大的馬穆魯克城市福斯塔特（Fustat），這座城市

後來被併入更大的開羅（Cairo）。

巴比倫（後來稱為「老開羅」）是圍繞尼羅河以東的羅馬城堡（通常稱為巴比倫堡〔Fort Babylon〕）發展起來的。福斯塔特隨後漸漸地發展起來，與老開羅相鄰，從七世紀開始就有阿拉伯人在此定居，而法提瑪王朝（Fatimids）於十一世紀和十二世紀時在東北部的開羅市（卡希拉〔Qahira〕）正式定居。西元一一七〇年代，薩拉丁在開羅福斯塔特和法提瑪王朝之間的山上建造了一座宏偉的城堡，在馬穆魯克時期，這座城市達到了頂峰——精緻的全新宮殿和市政建築拔地而起，這座城市的人口使其可能成為中國西部最大的城市（大約在西元一三〇〇年左右有大約五十萬人居住在那裡）。各種令人歎為觀止的尖塔、圓頂和山牆占據了天際線。這座城市為勇敢的旅行者提供了眾多吸引人的事物，比方說做生意的機遇、奇妙的神殿以及觀見馬穆魯克蘇丹的機會，而馬穆魯克的蘇丹也將首都設立在那裡。

西元一四八三年十月九日，布雷登巴赫進到了開羅。他對這座城市的規模感到震驚，他發現長長的街道上擠滿了整個世界。他寫道，他「不斷受到『異教徒』的騷擾、拉扯和噓聲」。但是他卻直接被引導到了一座宏偉的宮殿，裡面裝飾著華麗的帷幔和繪畫，他能夠在那裡好好的休息，似乎已經能夠像是在家裡一樣自在了。他在宮殿裡漫步，參觀了主人的許多財產：妻子和太監、戰利品和盔甲、馬鞍、馬匹、優雅的家具。第二天，他和他的旅伴們被他們的導遊帶到了他們在宮殿裡的房間，

導遊是一位猶太皈依者。他原先是位基督教徒，後來又變成了穆斯林。布雷登巴赫是在齋月中旬抵達的，他對這座城市在日落時的燈光和充滿喧鬧的宴會和舉辦豪華派對的方式感到驚訝不已。

　　布雷登巴赫在開羅遊歷期間遇到了許多不同信仰的人，然而並不總是和諧的。到達城市後的二十四小時內，一名戴著腳鐐的基督徒男子向他乞討錢財。這名男子因從亞歷山大的一名男子手中購買了兩個穆斯林兒童而被判入獄兩年。這名基督徒男子原本打算按照自己的信仰撫養他們，但這卻違反了伊斯蘭的教法。第二天，布雷登巴赫聽說有一名匈牙利男子表面上皈依了伊斯蘭教，但是「卻擁有一顆撒拉遜人的忠誠之心」。然後他看到了三名被俘的基督徒，他們戴著手銬，幾乎赤身裸體，哀嘆自己的厄運並請求施捨。根據傳聞，馬穆魯克人習慣於每天三次將囚犯送到街上乞討，而他親眼證實了這一點。

　　十月十三日，布雷登巴赫參觀了該市的市場；他的隊伍被分成三或四人一組，每組都有一名嚮導。他說，當他看到那裡的商品、人群和財富時，簡直不敢相信自己的眼睛。他購買了盔甲、絲綢和稀有的動物。但在奴隸市場上，他作為顧客和遊客的身份突然受到質疑。在這裡，他著迷且同情地看著孩子們被出售。隨後，一位商人轉向布雷登巴赫的嚮導，詢問與他同行的奴隸要花多少錢。布雷登巴赫突然從顧客變成了商品，從觀眾變成了被觀看者。他的嚮導微笑著，並在被每人出價十達克特金幣後，明確表示布雷登巴赫和他的同伴不在市場出售。

在布雷登巴赫的描述中，奴隸制在開羅及其周邊地區隨處可見。在尼羅河畔，他看到一大群被奴役的人在燒磚，這讓他想起了被迫為法老做苦工並被摩西解放的以色列人。布雷登巴赫帶著一種驚恐訝異的眼光看著這座城市。這座城市的人口對他來說似乎很了不起：他猜想它比整個義大利的人口還要多。他說，僅城堡所占據的空間就比整個烏爾姆市還要大，大約相當於紐倫堡的一半。他看到的各種動物也難以形容。他注意到開羅的房屋是用粘土和磚塊所建造的，外表雖不起眼，然而室內卻充滿了華麗的優雅。人們不斷地在街上騷擾他和他的團隊，但是他似乎足夠好奇，或是對他的團隊和導遊充滿信心，繼續著他的旅行。

布雷登巴赫最終於十月十六日受到蘇丹、世界上最有權勢的人之一的接見。布雷登巴赫對蘇丹的城堡感到敬畏，裡面有許多侍從和數量多得令人難以置信的「無法描述」的馬匹、馬廄和寬敞的公寓。但是這次受到蘇丹的接待與其說是覲見，不如說是一場盛宴。布雷登巴赫和他的團隊穿過一扇門，看到蘇丹坐在王座上，周圍盡是沉默的馬穆魯克衛兵，「態度非常尊敬」。布雷登巴赫沒有記錄下任何所說或是所做的事情，但是一小時之後，他的團隊被護送出去，並參觀了一個販賣駱駝、驢子和馬匹的大型市場。隨後，他們被宴請了午餐，接著前往裝飾有馬賽克和各種大理石的優雅浴室。他們在那裡看到了按摩的「奇妙的藝術」。

布雷登巴赫對開羅的詳盡描述介於聖地神聖的過去和馬穆

魯克大城市現在的商業政治之間。之前在開羅時，他曾因為不斷地看到世俗的奇觀而一直不知所措。在那裡，他正從一個完全以聖經起源為理解基礎的景觀中走出來，但仍然沉浸在其中的氛圍中。當下的誘惑變得越來越明顯，然而對個人身份認同的令人困惑的挑戰每天都在發生。

從馬穆魯克城堡的高處可以清楚地看到坐落在城外吉薩沙灘上的金色的石金字塔。事實上，中世紀開羅的居民都知道這座金字塔，在該市的幾個中世紀建築計畫的建設中，金字塔因其優雅的白色石灰石表面而受到襲擊。

無論是愛爾蘭修士西蒙・菲茨西蒙在西元一三三〇年代的記載，或是約翰・曼德維爾在西元一三五〇年代的寫作，兩位都提到了中世紀普遍持有的觀點，亦即金字塔是為聖經中的約瑟夫（Joseph）所建造的糧倉。他們相信約瑟夫在七個荒年裡儲存了穀物，就像法老（Pharaoh）的夢一樣（創世記第四十一章）。

在這個記述中，「極其巧妙地建造」的金字塔是聖經中被遺忘的結構，法老的夢想在刻在古磚上的不同的語言得到了巨大的體現。曼德維爾說，其中兩座金字塔「高得驚人、寬得驚人」，而且裡面都爬滿了蛇。他重申了金字塔是「古代偉人的墳墓，但是一般都被認為是約瑟夫的穀倉」。他想知道為什麼有人會為墳墓建造如此高聳的結構？西元一三七四年到訪的西蒙娜・西戈利（Simone Sigoli）寫道，金字塔是「可見的最大的建築之一」，並且「由又長又厚的石頭建造而成，形狀像鑽石」。

他補充道，「想像一下」，裡面可以放入「大量」的玉米。

正如整個聖地的情況一樣，聖經典故的隱喻被翻譯成高度文字化和物質化的遺址，或者在這種情況下剛好相反，只不過是一座有趣的紀念碑變成了法老的夢想。曼德維爾的認知在精神上的意義或是對聖經文本的詮釋為金字塔等模棱兩可的遺址賦予了更高的意義，並含蓄地聲稱該遺址是猶太基督教的（而不是古埃及或是十四世紀的馬穆魯克）。事實上，西蒙・菲茨西蒙煞費苦心地辯稱這些「不太可能」是墳墓，因為這會偏離它們的聖經起源。這是一種旅遊的好奇心，沒有異國情調。相反地，朝聖者對金字塔的態度是一種好奇的熟悉。

西戈利的旅伴喬治・古奇（Giorgio Gucci）對這些「巨型結構的糧倉」更加保持懷疑的態度。有人告訴他，它們是約瑟夫時代的「法老在大饑荒時期所製造的」，但是在他看來，它們更有可能是為了「永久的記憶而不是糧倉」。幾乎所有的旅遊業都存在著懷疑的空間：旅行者捫心自問，我真的看到了別人告訴我他們所看到的東西嗎？這趟旅程值得嗎？我看到的是真實的東西嗎？

伯恩哈德・馮・布雷登巴赫相信金字塔是異教徒的聖地和墳墓，而獅身人面像（貓腰部上的一張人臉）是「伊希斯女神（Isis）的偉大偶像」。在他的書隨附的木刻地圖上，金字塔看起來就像沙漠中的小尖峰，位於流向開羅的尼羅河旁邊。另一位德國朝聖者阿諾德・馮・哈夫（Arnold von Harff）於西元一四九七年來參觀金字塔。他將金字塔描述為「非常奇怪的建

築」，由非常大且厚重的石頭建造而成。他和他的團隊花了三個小時才爬到了金字塔的頂端，他們在那裡遠眺了鄉村的景致，最遠可看到亞歷山大港和地中海。他們在山頂休息，吃了隨身攜帶的食物，然後再次往下爬，卻遭到一些敵對的當地人向他們射箭。哈夫給出了金字塔的兩種可能的起源：「他們說」法老將它們建造為糧倉，但是又「有人說」它們是古埃及國王的墳墓，哈夫對缺乏入口感到困惑。

　　金字塔是旅遊目的地興起的一個引人注目的例子。他們在參觀者中激發了一種準考古和歷史的衝動。美麗、巨大、迷人的金字塔上的銘文都吸引了遊客的好奇目光，而不是虔誠的朝聖者（儘管，正如我們已經看到的，兩者之間的差距不大）。大多數在往返耶路撒冷或西奈半島途中參觀金字塔的基督徒遊客都對金字塔是約瑟夫的糧倉這一個想法抱持著謹慎的態度。藉由這種方式，金字塔暗示了後來旅遊業的世俗和人文的衝動，旅行者的見證實訪勝過了虔誠朝聖的心，這證明了旅遊業必須滿足旅客們對於好奇心的需求。

　　現在我們回到原來的路線，踏上通往耶路撒冷的道路，耶路撒冷是中世紀時期歐洲想像力中最具代表性的地方，然而實際上是被過度代表的地方。

如何穿越沙漠

沃爾泰拉的梅舒拉姆對於他的航行記述中的提示（西元一四八一年）：

1. 每個人必須攜帶兩袋牲畜，一袋是餅乾，另一袋是稻草和飼料。

2. 還應該攜帶水袋，因為在沙漠中找不到甘甜的水，只有微鹹的水。

3. 你還必須攜帶檸檬，以防止昆蟲叮咬。

4. 你應該與大型商隊出行，因為沙漠中經常有強盜出沒。

5. 一定要慢慢走，有兩個原因：第一，沙漠裡灰塵太多，馬會陷到膝蓋以下；第二，如果揚起塵土，進入人的嘴裡，喉嚨就會乾澀，會讓人渴死（而且如果他喝下熱的鹹水，他的麻煩就更大了）。

6. 不懂阿拉伯語的人應該穿得像土耳其人，這樣他就不會被誤認為是猶太或是法蘭克遊客（然後被俘虜並勒索贖金）。你必須像土耳其人和穆斯林一樣，頭上戴著白巾。

7. 隨身攜帶一塊長而尖的鐵塊，將其推入地底下以將您的馬或是驢子固定在上面，因為沒有其他東西可以固定牠們，甚至沒有任何灌木。

8. 按照習俗，不要餵驢子，也不要給牠們喝任何的東西，除非是在商隊裡當驢子們都在一起的時候。當地人說，讓其他馬匹或是小驢子看到牠的同類們在吃東西是一種很大的罪惡，因為這會傷害到那些沒有東西吃的動物，這是虐待動物。

CHAPTER —————————————————————— **8**

耶路撒冷徒步之旅

歡樂山	雅法門	穆里斯坦
Mount Joy	Jaffa Gate	Muristan

聖墓教堂	苦路	橄欖山	升天圓拱
Church of the Holy Sepulchre	Via Dolorosa	Mount of Olives	Dome of the Ascension

　　朝聖者從雅法到耶路撒冷的路線，亦即從海岸出發的馬里蒂瑪路（Via Maritima），是穿過大地的一縷塵埃。一段時間之後，沿海平原逐漸變成丘陵和山谷，然後變成山脈。道路兩旁排列著奇怪的樹木和乾枯的灌木叢，它們帶刺的圓錐花序勾住了朝聖者的衣服和腿。經過幾座廢棄的房屋，有些破爛的房間裡住著山羊。每位朝聖者團體都有兩名赤腳、手持弓箭的馬穆魯克護衛陪同。即使是最簡單的事情，朝聖者也必須依賴當地的翻譯，並對他們假裝禮貌。他們一起騎在疲憊的驢子和吐口水的駱駝上，用咯咯聲、警告聲和多種侮辱的語言來讓野獸繼續前進。每一件事情都需要花錢，無論是接受每一次祝福、每一次放縱、每一口淡酒……。在耶路撒冷，沒有一個人不從基

督的死亡中獲益，無論是在靈魂上還是在錢包上。

　　白天熱得驚人，地面都被烤熟了。空氣熱得讓人感覺像是在烤麵包箱內呼吸。朝聖者們口乾舌燥，炎熱的陽光照耀每個地方，旅人們無處可躲。就連光線也是炙熱的。然後到了晚上，天氣驟變，異常寒冷，突然像波美拉尼亞（Pomerania）的冬天一樣寒冷。

　　朝聖者經常會在夜間行進，並在白天躲避炎熱的天氣。如果他們真的睡覺的話，他們也會睡在最簡陋的住處、帳篷或是洞穴裡，有時只是睡在木板或塞著棉花的床墊上。據說這個地區有蠍子、鱷魚和龍。此外，還會有戴著頭巾的當地人（非基督徒）騎著不聽從指令的駱駝從他們身邊經過。當地的男孩嘲弄他們，朝聖者們不斷地擔心會有強盜、土匪和小偷。

　　對於中世紀的基督徒來說，上帝創造的每件事本質上都是好的，尤其是在聖地；但是對於許多的朝聖者來說卻很難記住這一點，因為他們正艱難地穿過似乎充滿敵意的地形。

　　歐洲遊客在耶路撒冷老城西北方約九公里處的歡樂山（現為納比桑維爾山〔Nabi Samwil〕）第一次見到耶路撒冷的景色。在這裡一座山石嶙峋的山頂，他們發現了聖經先知撒母耳（Samuel）的墳墓。墳墓坐落在一座小型的石頭建築內，這座建築物過去和現在都仍然是一座教堂、清真寺和猶太教堂。歷史和文化在此沉澱，神聖和征服層層疊加，堆積到一個緊張的共享頂峰。

　　墳墓和教堂、清真寺以及猶太教堂的周圍矗立著一個村莊，

裡面的居民是猶太人和穆斯林。來自世界各地的猶太教和穆斯林朝聖者與基督徒一起登上歡樂山的山頂，他們在那裡敬拜撒母耳。基督教朝聖者對耶路撒冷的壯麗景色更感興趣，耶路撒冷是他們旅程的最終目的地，在遠處閃閃發光。他們的嚮導鼓勵他們下馬並進行一項非正式的儀式：他們脫掉鞋子，轉向聖城，跪在地上，他們因看到耶路撒冷喜極而泣，而歡樂山這個名字也因此而來。從這裡開始，這片神聖的風景與《聖經》中《詩篇》（*Psalms*，四七：二）的話語，「偉大的是主，在我們上帝的城裡，在他的聖山上，當受極大的讚美」產生共鳴。

　　西元一一〇六年左右，十字軍征服耶路撒冷後不久，基輔（Kyiv）修道院的院長丹尼爾（Daniil）以朝聖者的身份來訪，他描述了整個隊伍如何在歡樂山下馬並將小十字架放在地上。然後他們向復活教堂（Church of the Resurrection），也就是聖墓鞠躬。「看到那片嚮往的土地，沒有人能忍住淚水」，丹尼爾寫道，「我們的上帝基督為了我們罪人而遭受了苦難」。從十字軍時期到十七世紀，有好幾十個關於遊客在歡樂山舉行類似儀式的記載。瑪格麗‧肯佩在西元一四一四年朝聖期間第一次看到耶路撒冷時，她被「喜悅和甜蜜」所征服，感動得差點一屁股跌坐在地上。兩名德國同伴必須用有香味的草藥來安慰她。他們認為她病得很重，而不是在情感或是精神上不堪負荷。對於像肯佩這樣的旅行者來說，他們長期以來一直憧憬著耶路撒冷，雖然這是第一次親臨到訪，然而在他們的腦海和心中早已神遊了無數多次。

　　同樣地，西元一四八〇年米蘭公爵的秘書桑托・布拉斯卡
（Santo Brasca）來訪時也跪在地上，為歡樂山的美麗景色而哭
泣。他淚流滿面地唱了一首讚美詩，讚美耶路撒冷這個受到祝
福的城市，此詩被稱為〈和平的願景〉（vision of peace）。接
著他做了一個簡短的祈禱，娓娓道出耶穌基督本人在那個城市
所遭受的虐待。

　　但是也許朝聖者們的哭泣不是出自於喜悅，而是因為他們
的艱辛旅程終於到達了目的地而感到寬慰。試想，他們經歷了
漫長、汗流浹背、充滿不確定性的旅程，一路上腸胃翻滾，耗
神費力，最後終於看到耶路撒冷時當然會喜極而泣，這有什麼
好奇怪的嗎？

　　從歡樂山上看去，耶路撒冷在旅行者的崇高的目光下顯得
很渺小。他們就像上帝一樣，俯瞰著目的地的活地圖，幾個小
時後他們將步行穿過這個地圖。中世紀時期的朝聖者欣賞耶路
撒冷歡樂景致的儀式與現代人搭乘飛機抵達有類似的體驗，因
為耶路撒冷的地貌成為了全景的一部分。有關於遠眺城市的美
麗景致，其中有一件事就是看不到城市的細節或是它的不完美
之處，比方說是骯髒的污垢、破舊的廢墟、亂竄的老鼠、互相
毆打的人們、放肆的孩子們用外語嘰嘰喳喳的吵個不停、街頭
市場上供應的可怕食物、陰暗街道上成堆的駱駝糞便、還有城
牆的外面擠滿了痲瘋病人。

　　遠景（vista）來自義大利語 visto，亦即所見之物，然而更
多的時候是指沒有看到；因為遠景可以讓眼睛在風景上滑動，

使瓦礫變得平滑，使現實的細節變得模糊。對於大多數第一次看到耶路撒冷的旅行者來說，當眼中含著淚水時尤其是如此。對於虔誠的旅行者來說，「視覺」所代表的意義比較像是感覺而不是看到。

踏上耶路撒冷的土地也就是踏上世界上最令人嚮往、最具代表性的地方。耶路撒冷既是世界的中心，也是世界的頂峰。這座城市有時被稱為地球的肚臍眼，它的肚臍代表著萬物起源的地方、中心的節點、世界之輪的輪轂、所有生命出發的交匯處。去耶路撒冷朝聖是一個人所能經歷的最珍貴的旅行，值得付出所有的金錢，甚至值得付出生命：模仿耶穌基督在耶路撒冷死去，被認為是最好的死亡方式。的確，有許多關於朝聖者在到達耶路撒冷之前或是之後不久死亡的報導。朝聖者經常被埋葬在舊城外的阿塞爾達瑪（Aceldama），亦即舊城外的「血田（Field of Blood）」，猶大（Judas）曾在那裡上吊自殺，這一個傳統是因為《聖經》中提到該地是「陌生人的埋葬地」（《馬太福音》，二七：七）。西元一三四四至西元一三四五年來訪的一位匿名的英國人，也和許多的遊客一樣描述了那裡獨特的墓葬安排的場景，他說這種結構有「十個圓形開口，死者的屍體被扔到底部，壓在那些已經死去的人的身上」。西元一四八六年，揚·布蘭博肯爵士（Sir Jan Branborken）從德國北部的波美拉尼亞來訪，隨後在拉姆拉（Ramla）去世，另一位德國騎士迪特波爾特·馮·哈斯貝格（Dietpolt von Haspberg）也在附近死去，他們的屍體不得不花費巨額的費用以擔架從拉姆

拉運到耶路撒冷，埋葬在錫安山的方濟會修道院。西元一五〇
六年，理查‧蓋爾福德（Richard Guylforde）和他的旅伴、來自
約克郡吉斯伯勒（Guisborough in Yorkshire）的牧師約翰‧惠特
比（John Whitby）從英格蘭出發，在歡樂山附近雙雙罹患了「重
病」。他們必須「費盡周折並花費巨資」雇用駱駝，才能將他
們快速地送到耶路撒冷的安全地帶。然而一週之內他們就死了，
埋葬在錫安山。當蓋爾福德日漸衰弱，生命垂危時，他的職員
湯馬斯‧拉克正熱切地前往這座城市的聖地朝聖。

　　中世紀時期大多數前往耶路撒冷的歐洲遊客們對他們所實
際到訪的城市知之甚少，但是他們確實對它有深刻的集體記憶。
遊客們藉由故事、旅遊指南和辯論的文章來了解這座城市，亦
即透過地理（geography）的一種形式，這也是這個字的希臘語
起源的真正含義：geo + graphia，書寫世界。但是到了十四世紀
時，這種集體記憶已經整合到建築物本身的石頭中，因為耶路
撒冷的景觀圍繞著朝聖者的需求、慾望和聖經的記憶進行了重
新的配置，特別是為那些最熱血的訪客。

　　中世紀的耶路撒冷主要局限於約一平方公里的緊湊區
域，亦即「老城」。在馬穆魯克時期（西元一二五〇至西元
一五一七年），除了歐洲旅行者進入的西側外，耶路撒冷的其
他城牆都被毀了。他們經由西大門雅法門（Jaffa Gate，也稱為
大衛門〔David's Gate〕、朝聖者門〔Pilgrims' Gate〕、魚門〔Fish
Gate〕或商人門〔Merchants' Gate〕）進到市區。雅法門毗鄰著
大衛塔（Tower of David），這是一座馬穆魯克城堡，曾經是十

字軍堡壘（很久之前是希律王宮〔Herod's Palace〕），守衛著城市的西邊入口。大衛塔的蒼白石頭已經腐朽老化且飽經陽光的侵蝕，但是仍然俊俏，它就像一位退休的哨兵一樣矗立著，看守著城門和一旁流動的人潮。

耶路撒冷總是在變化，但是老城的布局卻一成不變，獨立於擁有它的信仰和帝國。它的主要街道仍然沿著羅馬城市的軸線。東側主要是被稱為聖殿山（Temple Mount）的一塊凸起的平坦區域，曾經是猶太聖殿的所在地，在中世紀時期是圓頂清真寺（Dome of the Rock）的所在地（亞伯拉罕〔Abraham〕在摩利亞山〔Mount Moriah〕的山頂上獻祭以撒〔Isaac〕的地方）。在十字軍占領耶路撒冷期間，圓頂清真寺是一座修道院，被稱為我主的聖殿（Temple of Our Lord）。附近的阿克薩清真寺（Al-Aqsa Mosque）也在聖殿山上，是聖殿騎士團的總部。十字軍東征後，從西元一二四四年開始，基督徒被徹底排除在整個聖殿山之外，聖殿山的建築也重新用於伊斯蘭教崇拜。西元一三五〇年，魯道夫・馮・蘇赫姆（Ludolph von Suchem）重複了許多西方遊客顯然被告知的事情，那就是進入聖殿山的基督徒只有兩個選擇，「死亡或是放棄信仰」。朝聖者們將自己置身於一個危險而又令人興奮的異國接觸地帶。

這座城市的東北角是一條擁擠且容易使人迷路的街道，與苦路（Via Crucis/Via Dolorosa）有關，耶穌從客西馬尼園（Gethsemane）的背叛到加略山（Calvary）被釘死在十字架上的受難都是走這條路。這些小巷穿過市場、清真寺和伊斯蘭的

宗教學校（madrassas），在聖殿山附近會經過市區內的主要茅坑。

城市的西側以教堂為主，包括聖墓教堂（Church of the Holy Sepulchre）、亞美尼亞聖詹姆斯大教堂（Armenian Cathedral of St James）以及大衛塔（David's Tower）。在西南部的附近，就在已毀壞的十一世紀城牆之外，有一座錫安山。這是聖地方濟各會和所有西方基督徒的總部。錫安山和聖殿山之間是猶太人定居點的中心，這裡住著當地和歐洲的猶太人，他們通常住在從穆斯林那裡租來的房子裡。城市裡的所有這些部分都由錯綜複雜的小巷和通道連接起來。

伯恩哈德・馮・布雷登巴赫（Bernhard von Breydenbach）於西元一四八三年造訪耶路撒冷，當時規定不得騎馬進城，應該以步行的方式進入。許多朝聖者在進入這座城市之前就脫掉了鞋子，以便謙卑地、真正地、跟隨著耶穌的腳步進入耶路撒冷。布雷登巴赫說，在踏入這座城市的那一刻起，一個人的所有罪孽都得到了完全的寬恕，一種全然的大赦。這是世界上最具精神價值的地方之一。當一個人的雙腳接觸到石頭時，他就在城市的肌理中深植、扎根。

如果說中世紀的旅行者在第一次進入耶路撒冷時就找到了精神的食糧，那一定是無論他們所處的環境如何，情況都會如此，而不是因為他們所處的環境使然。英國人威廉・韋在西元一四五八年進入這座城市時所記錄的第一件事是男孩們向他扔石頭。西元一四八〇年，來自德國烏爾姆市的菲利克斯・法布

里描述了當地人如何聚集在一起嘲笑他和他的同伴。來自義大利沃爾泰拉（Volterra）的梅舒拉姆於西元一四八一年來訪，從他到達耶路撒冷的那一刻起直到他離開耶路撒冷的「廢墟」這段時間，他一直處於「瀕臨死亡」的狀態。西元一四九四年，彼得羅・卡索拉（Pietro Casola）從義大利來訪，他的第一印象是他「幾乎快被熱死和渴死了」。當他在城裡走來走去時，他注意到那些醜陋的房子，長長的拱形街市（the suq），這裡販賣各種非常便宜的食物，而女人的臉蒙著黑色的面紗，還有那些穿著考究的帥哥，穿著白色或是絲質的套裝，就像被子蓋在身上一樣。

法布里還指出，東方的基督徒「出於迷信」可恥的坐在前教堂破舊的拱頂裡玩骰子之類的遊戲。幾乎所有遊客都提到了這座城市的混亂：廢墟中的教堂、破碎的祭壇、以及令人震驚的將十字軍紀念碑移交給伊斯蘭教徒。街道上散落著成堆蒼白的石灰石磚石墻塊。也許基督徒的耶路撒冷的最美好的時光是在十字軍占領的最初幾年，也就是西元一〇九九年之後。興奮與傲慢交織在一起，未來的任務是建造一個完整、統一、煥然一新的新耶路撒冷。十字軍也和許多的其他人一樣，認為這座城市將永遠屬於他們。

耶路撒冷是一座充滿未完成建設的城市。到了十五世紀，即薩拉丁（Saladin）從十字軍手中奪取這座城市的兩百年後，它已成為十字軍東征失敗的鮮活的紀念碑。貝特朗東・德拉布羅基埃於西元一四三二年造訪耶路撒冷，他將耶路撒冷描述為

「一座美麗的大城市,看起來似乎已經歷過更好的歲月了」。然而,正是這種疏離感,一種失望的驚奇,讓這座城市不像朝聖者們相信他們本以為會找到的那座「耶路撒冷」,這是一個與他們原來的世界完全不同的地方。他們現在已經踏足了耶穌基督生與死的城市;他們不能沒有任何改變就回家。

朝聖者從雅法門出發,在方濟各會導遊的帶領下,首先前往西方遊客的主要住宿地穆里斯坦醫院(Muristan Hospital),或是直接前往聖墓教堂。穿過街市的狹窄小巷,步行幾分鐘即可到達這兩個地方。穆里斯坦(它的名字來自波斯語,意為旅客住宿處)介於西方的醫院和東方的商隊旅館之間,是一個巨大的大廳,旁邊附有一些較小的房間。它是由醫院騎士團在十字軍時代建造的,但是到了十五世紀後期,它幾乎成了廢墟,只是朝聖者可以提供的一個地址以及一個他們可以蜷縮在地板上睡覺的地方。

從各方面來看,穆里斯坦都是一個令人厭惡的住宿地點。似乎那裡幾乎沒有任何設施,然而牆壁和屋頂幾乎完好無損。宿舍後面緊鄰的街市上的食品店,既吵又臭。遊客必須從聚集在入口處的當地小販那裡購買食物和水。客人可以在地板上、地毯上或是草席床墊上睡覺。菲利克斯・法布里估計,大約有四百名朝聖者住在那裡,環境是「既骯髒又破爛」。其他遊客則對當地人的骯髒、惡臭和持續不斷的噪音很有意見。在支付了一小筆入場費後(根據英國朝聖者湯馬斯・布賴格〔Thomas Brygg〕的說法,西元一三九二年時是半個達克特〕,朝聖者想

要在穆里斯坦停留多久都可以，或是他們能夠忍受的時間。緊鄰穆里斯坦的一堵牆是紮維亞特達爾賈（Zawiyyat-Darja），這是一座小清真寺，也是為來化緣的托缽僧所設的收容所，托缽僧是蘇菲派（Sufi）神秘主義者的教派，發誓要擺脫貧困。這無異是生動地向基督教朝聖者展示出他們並不是唯一前往耶路撒冷尋求聖潔的人。

　　有一些朝聖者似乎只在穆里斯坦停留了幾天，另一些則長達六週。儘管前往耶路撒冷的基督徒遊客是為了模仿耶穌的苦難，但是在穆里斯坦住宿對某些人來說還是太遠了些。耶路撒冷的其他住宿選擇包括住在方濟會修道士位於錫安山的房子裡（僅限來訪的神職人員和貴族），或從當地猶太、穆斯林或東方基督教社區的成員那裡租一個房間。伯恩哈德・馮・布雷登巴赫住在當地口譯人員的小房子裡。西元一四六〇年，加布里埃萊・卡波迪利斯塔（Gabriele Capodilista）從米蘭來訪，看到了穆里斯坦的狀況，立即拒絕停留在那裡，而是選擇在城市的其他地方尋找私人住所。

　　大多數的遊客會花最少的時間尋找住宿地點，因為他們熱切的急欲直接前往聖墓教堂。西元一二八三年錫安山的布爾查德（Burchard）所寫的流行旅遊指南代表了大多數基督徒旅客的心聲，書中說聖墓教堂在耶路撒冷的所有聖地中占居「首位」。這座教堂是一座由小教堂和神殿所組成的雜亂建築群，最初由君士坦丁皇帝於四世紀時建造。十字軍於西元一〇九九年占領耶路撒冷時，發現它已嚴重受損，哈里發哈基姆（Caliph al-Hakim）於西元一〇〇九年下令將其摧毀並焚燒。後來十字軍逐漸重建並大幅地擴張，將各個遺址統一在他們的羽翼下。十字軍的教堂於西元一一四九年落成，至今仍然屹立不搖。教堂內有耶穌基督的墳墓和耶穌被釘在十字架上的加略山／各各他（Calvary/Golgotha）遺址，並壯麗的陳列出一整套其他的神殿和祭壇。它是一座神聖的博物館，展示的物品以雜亂無章而聞名，展示出古老和嶄新的傳統。

　　長期以來，不同的教派和團體一直在爭奪教會的聖地。十四世紀和十五世紀時也是如此。從西元一三五〇年代開始，參觀教堂的遊客會發現那裡有各式各樣的基督教團體，有亞美尼亞人、衣索比亞人（Ethiopians）、喬治亞人、希臘人、雅各布派人（Jacobites）、努比亞人（Nubians）和敘利亞馬爾凱特人（Syrian Malkites）照護管理的獨立祭壇。這些團體的一些牧師甚至有妻子和孩子，一起住在教堂轄區內的樓上屋頂和畫廊周圍。教堂的鑰匙由當地的一個穆斯林家庭持有。前往基督教世界最神聖的遺址的旅程也就是前往多元文化活力之地的旅程。從歐洲來的訪客很清楚地知道羅馬教皇的首要地位並沒有得到保證。這並不是一種和諧共處；例如，西元一五一〇年，喬治亞基督徒占領了拉丁加略山教堂並破壞了那裡的祭壇。

　　聖墓教堂是一座陰暗、喧鬧、充滿憂慮和充滿各種元素裝飾的建築。但是當你跨過門檻時，就會感覺到某種終點的東西，一種到達的感覺。走進教堂的微光，就像走進一座記憶宮殿的建築結構。如果說有一個地方會讓人感覺到似曾相識，那就是

─────────────── Must see ───────────────

必看：如果在復活節時參觀，可以在聖墓教堂舉行聖火儀式，
墓前懸掛的一盞燃燒的燈會奇蹟般地自行點燃。

─────────────────────────────────

聖墓教堂，在這裡，暗示的記憶和令人震驚的擬像與在那裡的
實際體驗融為一體。教堂裡到處都是祭壇、神殿和磚石碎片，
黑暗的拱門和破舊的石階散發出一種有文化氣質的小擺設的氛
圍。

　　有許多朝聖者的第一天或是第二天晚上都被鎖在教堂內守
夜。守夜，是一種宗教的警惕行為，是一種刻意的等待。在宗
教守夜活動中，人們聚精會神、熱切地注視著，以等待神蹟的
顯現。在聖墓教堂，這基本上是一場二十四小時的強制祈禱，
必須保持清醒並且禁食，是一種讓時間暫停，讓朝聖者暫時停
止旅行，轉而將所有的注意力集中到這個地方的一種方式。菲
利克斯·法布里將守夜活動描述為「最令人愉快」的監禁行為：
「基督徒被鎖在主的墳墓裡，被囚禁在其中，這是多麼甜蜜的
一件事情」！守夜活動包括由修士帶領的莊嚴隊伍環繞著教堂
遊行，每位朝聖者手中都會拿著一支燃燒的蠟燭。每個聖地都
會唱拉丁國歌、聖歌和讚美詩篇。

　　托馬斯·拉克於西元一五〇六年前往那裡，對於「數量如
此之多的走廊、地穴、拱頂、教堂和高低不一的隔室，感到驚

—————耶路撒冷聖墓教堂—————

訝，並且對教堂內的許多「秘密地方」驚嘆不已。付費進入內部後（西元一三九二年時為六又二分之一達克特），第一個聖地就在主門口內，過去是（現在也是）塗上油膏的石頭或是石板：一塊長方形的普通石灰石，約六公尺長，一公尺寬。據說，耶穌的屍體在受難後就被放置在那裡準備埋葬。就像許多的文物一樣，中世紀的歐洲也有該石板的多個版本和碎片，包括我們在君士坦丁堡已經遇到過的類似的石板。

菲利克斯・法布里於西元一四八〇年第一次前往教堂朝聖，他描述了他如何走了約十七步之後進入到教堂裡。他站在那裡，

目瞪口呆地看著教堂上面的窗戶和拱形屋頂。然後，一位名叫希爾德加德（Hildegarde）的德國朝聖者突然倒在菲利克斯腳邊哭泣，並開始親吻地板。希爾德加德告訴菲利克斯，他正站在耶穌被塗上油膏並裹上裹屍布的那塊石頭上。菲利克斯修士驚恐地後退了一步，責備自己「愚蠢的粗心」和不敬，他立刻跪倒在地上，誠心且卑微地懇求上帝的原諒。他混淆了敬畏和聖潔。他一直忙著向上凝視，沒有意識到自己的腳已經踩在了聖地上。前往耶路撒冷的朝聖者時常不得不做出這樣的調整。看似平凡的事情原來是神聖的。聖地可能看起來異常平凡，尤其是當一個人站在上面時。

據說耶穌被釘在十字架上並死去的地方加略山，或是稱為各各他的景色，與西方藝術中描繪的城牆外遠處的綠色山丘完全不同。事實上，它是一座小而矮的石灰岩峭壁，從教堂內部的庭院平面突出約五公尺。它的周圍不是一座而是兩座小教堂，其布局與今天發現的很相似：底層是較低的各各他教堂（也稱為亞當教堂〔Chapel of Adam〕），這是一座希臘和亞美尼亞風格的教堂。在教堂的上方，拉丁加略山裝飾著古老的十字軍時代的馬賽克，顯然始終處於年久失修的狀態。

奧吉爾·德·安格盧爾（Ogier d'Anglure）於西元一三九五年造訪該地，他說加略山是他們一行人拜訪的第一個地方。和許多的遊客一樣，他記錄了登上「聖山」的十八級台階，並注意到了這兩座教堂。他把注意力都集中在岩石上的圓形孔穴或是榫接處上，十字架就放置在其中。他還對裂開的岩石進行

了評論，這與聖經所記載之裂開的岩石一致（《馬太福音》，
二七：五一）。奧吉爾說，加略山裝飾的像是一座美麗的教堂，
「它的頂部全部覆蓋著大理石……呈拱形狀，無論是做工、繪
畫或是構想都非常的高貴和豐富；因此，它是一個最美麗和最
令人敬畏的地方」。奧吉爾一行人聚集在那裡，聽彌撒、懺悔
並領取聖餐。

　　教堂內的另一個關鍵地點是聖墓本身，它是一座像小房
子一樣的結構（小神殿〔aedicule〕），矗立在十一世紀圓形
大廳的中心下方。據說，耶穌在加略山死後，他的屍體就被安
放在這裡，當祂復活時，天使也從天堂而降，把墳墓裡的石頭
滾了回來（《馬太福音》，二八：二一七）。這是一個極其
神聖的地方，然而，或者應該說因此，聖墓的有些地方經常
被遊客摘下來作為紀念品。西元一一二五年，一位名叫赫德
維加（Herderviga）的修女將她的墓碑碎片帶回瑞士沙夫豪森
（Schaffhausen）修道院，在那裡它們成為了著名的聖物。鑿開
墳墓的習俗變得如此普遍，以至於穆斯林在十四世紀時期設立
了保護的屏障，管理者必須監視朝聖者，以檢查他們是否對他
們所參觀的地點做了進一步的破壞，並且把東西偷偷的帶走。
正如魯道夫‧馮‧蘇赫姆（Ludolph von Suchem）在西元一三五
○年記述的那樣，墳墓周圍擺放了一塊帶有三個孔洞的大理石
覆蓋物，這樣朝聖者就可以觸摸和親吻曾經容納耶穌屍體的那
塊「真正的石頭」。這座中世紀的墳墓於西元一五五五年被拆
除，而現在的墳墓是在當時拆除後重新建造的，因此我們無法

再看到中世紀遊客所看到的景象。幸運的是這座墳墓的圖畫得以倖存，歐洲各地也建造了許多個複製品。這些照片顯示出有一座小型的建築物，呈現「U」形的字母形狀，並帶有精緻的圓屋頂。在一端有一扇小門，上面有一兩扇小窗戶，而建築物的背面則是半圓形的。裡面有一座石刻墳墓，當然是空的，據說曾經安放過耶穌基督的屍體。這是一個又小又暗的房間，朝聖者喜歡一個接一個、摩肩擦踵的進入參觀。

總體來說，中世紀耶路撒冷的景觀藉由變得充滿了可見性來滿足遊客的需求；所謂可見的事物，通常是引用過去奇蹟的有形的地方和象徵，以創造出一個寓言般的城市。在聖墓教堂尤其如此，那裡充斥著密切的有關於基督生與死的事物但是卻可疑的傳統。遊客們可以在加略山附近看到一塊淺色的岩石，上面有紅色的紋理：他們被告知這種紅色是耶穌受難時所滴下的血跡。遊客們可以看到支撐著教堂的石柱不斷地滴著水；他們被告知，這些石頭不斷地為耶穌的死亡而哭泣。此外，遊客們不僅可以參觀教堂後面的「基督監獄」（據說這是耶穌在受難期間被關押的地方之一），而且他們還可以膜拜那些鍊子，他們被告知，他的雙手被綁在監獄旁邊的「捆鎖教堂（Chapels of the Bonds）」裡。這些都是中世紀時期的發明，而不是真正聖經裡的地點。它們對於成千上萬的遊客來說非常珍貴。有一些旅遊指南對它們嗤之以鼻；錫安山的布爾查德說，這些是「普通人」的信仰，但他仍注意到了這些地方，以及它們所具有的神聖性。

　　無以計數的遊客以一種永恆的旅遊方式來紀念他們對聖墓教堂的參觀：在石頭上留下抓痕，一種塗鴉的方式。在通往聖海倫娜教堂的樓梯上，牆上有數千個十字架，這些十字架似乎是朝聖者自費花錢雕刻在那裡的，無言但是傳神達意的記錄了他們的實際到訪。雕刻在石頭上留下的灰塵可能會被朝聖者帶回家作為紀念品。菲利克斯・法布里在西元一四八〇年代寫道，任何從聖地帶回來的「石頭碎片」，或是任何接觸過聖地的物品，應該受到「極大的尊崇」並且「置於教堂的主要文物之中」。這些聖物並不全然是主觀的（還有什麼比用十字架來彰顯更通用的呢？），但是它們卻是恆久的印記。

　　聖墓教堂也是超自然奇觀和奇蹟的發生地。在這裡，在這世界的中心，據說太陽不會投下陰影。在這裡，每年的復活節，在聖火儀式中，墳墓前的那一盞燈都會在神聖的週六奇蹟般地自動點亮，這是聖靈存在的象徵，也是耶穌如何從死裡復活的迴響。這裡有一根柱子上有蠍子叮咬的痕跡，據說這些昆蟲是耶穌受難時被放在祂的身體上的。

　　來到耶路撒冷的西方遊客絕不能自由地在這座城市閒逛。他們受到馬穆魯克東道主的持續監控，而且外出時必須由方濟各會的修道士帶領。有越來越多的遊客選擇了一條禮拜儀式的路線，亦即「ordo peregrinationis」，旅程的順序，這是一種聖地的行程。隨著時間的推移，這裡已成為十字架和苦路之旅的站點。

　　聖墓教堂基本上保留了十四世紀時候的樣子，它是苦路

「新」傳統的高潮。這條「悲傷之路」，是一條穿過基督最後苦難的道路，其間有苦路駐地。事實上，最後幾個駐地是在教堂內部，而不是在苦路上。苦路遠非聖經中的路線，大致上是由中世紀時期的旅行者及他們的導遊所發明出來的穿越耶路撒冷的行程。這條路線有助於（並且將會繼續幫助）遊客透過理想化的、非常片面的視野來看待這座城市。

方濟各會修士會是每個西方基督教遊客在聖地體驗中不可或缺的一部分。阿西西的聖方濟各（St Francis of Assisi，卒於西元一二二六年）是方濟會中一位富有魅力的創始人，他在十三世紀初造訪了聖地，並向那裡的穆斯林傳教並改變他們的信仰促使其皈依。為此，最終方濟各直接會見了蘇丹。大多數人認為，蘇丹對聖方濟各印象深刻，但是還不足以讓他脫離伊斯蘭教。在隨後的幾個世紀中，方濟各會的角色變成了一家神聖的旅行社，與執政的馬穆魯克人合作經營。西元一三二〇年代，蘇丹授予方濟各會許多特權，使他們成為聖地的西方基督教世界的代表。他們的活動從試圖奪回聖地轉向讓歐洲旅行者參觀基督生與死的場景。他們向朝聖者出售小冊子，那是一本神聖的指南，有時被稱為「遊行（processionals）」，其中標示出耶路撒冷和聖地中所有神聖的地方，告知遊客們可以去那裡祈禱、聆聽詩篇和獲得赦免。藉由這種方式，神聖的風景本身就可以透過文字被閱讀和體驗。苦路（Via Dolorosa）立下了一個典範，讓人們透過記憶而不是體驗來遊覽這座城市。

苦路直到十五世紀後期才正式化，從老城外的東北角向北

穿過城市的市場（現在的穆斯林區）到達聖墓教堂。它由拉丁
語意義上的「駐地（stations）」所組成：一個站立的地方，一
個靜止的地方。苦路的駐地大部分都是街道上不起眼的地方：
它們都以小石碑來做標記，但是遊客用看不見的、記憶中的敘
事塞滿了這些地方。在每個駐地，訪客都會被邀請前往禱告，
並接受赦免：通常都是「全大赦（plenary indulgence）」，完
全免除煉獄中的罪惡或懲罰。第一個駐地現在標誌著耶穌被本
丟‧彼拉多（Pontius Pilate）定罪，但是在中世紀時期，駐地的
路線、數量和敘述都沒有被固定。隨後的幾個駐地沿著上坡路，
講述耶穌的試煉和貶黜。這些駐地無情地拉著朝聖的遊客穿過
這座城市，然後回到過去的場景，從耶路撒冷城市骯髒的壓力
中回到聖經的舞台布景。

　　事實上，大多數十字架的駐地都需要大膽的想像力和不合
時宜的創意，才能將遊客帶到任何地方。聖墓教堂以東約三百
公尺處的第六個駐地就是一個很好的例子。那裡是紀念耶穌被
迫揹著十字架前往加略山時，當地的婦女維羅妮卡（Veronica）
為祂擦拭臉上汗漬的地方。耶穌痛苦的臉被印在維羅妮卡的面
紗或稱為手帕上的真形象／耶穌聖像（vera icon）。

　　但是，在城市的環境中，第六個駐地卻顯得平淡無奇。街
道在這裡變窄且地面被抬升。在中世紀時期，這裡是商店、清
真寺和宗教學校的區域，就像今天一樣。該遺址以前曾經有一
座供奉外科醫生聖人科斯馬斯和達米安（Cosmas and Damian）
的十字軍教堂，然而人們通常只認為與十五世紀的維羅妮卡有

關連。岩石裡有一塊古老的石頭（但是沒有兩千年那麼久遠），上面用拉丁文刻著「第六個駐地，虔誠的維羅妮卡用面紗擦拭基督的臉」。它可能可以追溯到中世紀後期。對於大多數造訪這座城市的基督徒來說，他們不得不回想起歐洲，尤其是我們之前在羅馬聖彼得教堂遇到的維羅妮卡面紗的著名遺跡，這讓街道的場景充滿了意義。

苦路不一定是從哪個起點開始，應該說是通往哪裡，因為大多數的朝聖者沒有遵循既定的路線順序。橄欖山（Mount of Olives）的山腳下是客西馬尼花園（Garden of Gethsemane），耶穌就是在那裡被出賣的。橄欖山是老城東邊的一座乾燥的山丘。它發源於約沙法谷（Valley of Josaphat or Valley of Jehoshaphat），這是一條環繞耶路撒冷東部和南部的河床，它本身也是汲淪谷（Kidron Valley）的一部分，從耶路撒冷流向朱迪亞沙漠（Judean Desert）的乾旱塵土。約沙法谷將耶路撒冷城與其周邊地區分隔開來，當人們站在谷中時，橄欖山就顯得格外高大。山谷裡無人居住，也很可能不適合居住。但是眾所周知的《聖經》中有記載，這裡是萬民聚集接受審判的地方（《約珥書》〔Joel〕，三：一二）。

山谷中矗立著許多古老的墳墓，來源不明，是當地興起的各種宗教傳統所留下的，例如約沙法特（Tomb of Josaphat）本人的墳墓，現在稱為押沙龍墳墓（Tomb of Absalom）；撒迦利亞和西緬（Tomb of Zachariah and Simeon）的墳墓，現在稱為撒迦利亞墳墓（Tomb of Zachariah）；聖詹姆斯小墓（Tomb of St James the Less，現稱為赫茲爾之子墓〔Tomb of the Son of Hezir〕）；而中世紀最受重視的是聖母瑪利亞本人的墳墓，它位於岩石深處的一座黑暗的樓梯上，上面建有一座教堂。大多數來到中世紀晚期耶路撒冷的遊客在開始橄欖山之旅時都會駐足於此，好奇的觀看這些景點。

中世紀的橄欖山上確實有一些橄欖樹（事實上，中世紀的遊客對此有評論），而且有一些仍然矗立在那裡的橄欖樹本來就是中世紀時期就已經生長在那裡的。客西馬尼園的橄欖樹很可能是由十字軍所種植和栽培的，他們致力於恢復聖地的基督教景觀。

西元一四八〇年代，菲利克斯・法布里迷人地描述了他參觀「客西馬尼園的農場」並坐在那兒「橄欖樹下的樹蔭下」，而且還與旅伴們「愉快地享用早餐」。這座山上還散落著猶太人的墳墓，數百年來它一直是該市猶太社區的主要墓地（至今仍然如此）。

攀登橄欖山的山坡並不困難；朝聖者只需要步行大約十五到二十分鐘即可。但是這座山已經變成了一片充滿非正式的神殿和奇觀的地方：普魯士（Prussian）朝聖者約翰・波洛納（John Poloner）在西元一四二二年記述說，他曾經在山上看到過許多杜撰的地點，例如耶穌在痛苦中流下血液所滴濺到的石頭，以及那棵曾經架在汲淪河（River Kidron）當作橋樑的樹，後來製作成十字架的地方。在上山時，遊客在到達山頂的途中會經過十字軍的多米努斯・弗萊維（Dominus Flevit）教堂（據說耶穌

曾在那裡為耶路撒冷哭泣），許多朝聖者會在那裡停下來，繼續模仿耶穌哭泣，並再次俯瞰城市的遠景。

在橄欖山的山頂，朝聖者參訪了耶穌升天圓拱（Dome of the Ascension）。據說耶穌基督在這裡也結束了他的城市之旅，離開了地上的耶路撒冷前往天上的耶路撒冷。在基督教的傳統中，耶穌是旅行者的原型。祂經常在旅途中，從童年逃往埃及（《馬太福音》，二）、在沙漠中流浪四十天（《馬太福音》，四）、騎著驢子進入耶路撒冷（《馬太福音》，二一），接著以步行的方式走到以馬忤斯（Emmaus，《路加福音》〔Luke〕，二四），他在升天時走向上帝的最終旅程（《路加福音》，二四：五一；《約翰福音》〔John〕，三：一三），並勸告基督的追隨者在通往天上耶路撒冷的旅程中務必將自己視為「異鄉客和朝聖者」（《彼得前書》〔Peter〕，二：一一）。而在此，在橄欖山的山脊上，耶路撒冷所在的高原急劇下降到連綿起伏、柔軟但卻又無情的朱迪亞沙漠中（Judean Desert）。人們可以往西邊看到耶路撒冷，這是一次標誌性的景觀，城市的教堂和塔樓高聳於圓頂清真寺（Dome of the Rock）之上。但是人們也可以向東邊望去，看到沙漠的奇怪空虛，以及在遠處閃閃發光的地球最低點死海，以及死海（Dead Sea）之外的摩押山脈（Mountains of Moab，現在位於約旦〔Jordan〕）。因此，升天圓拱是結束耶路撒冷之旅的好地方，因為它是景觀中的一種關鍵或是支點。畢竟，如果基督教朝聖者參加模仿基督活動，這也是他們的出發點；旅行者們用步行來衡量他們的旅程，他

們登上了加略山的階梯，走過了苦路，在他們的心靈和思想中追隨著耶穌基督沾滿血蹟的腳印。在這裡，在升天圓拱，他們的基督邁出了最後一步。

橄欖山上的升天教堂於西元一一八七年被十字軍廢棄，到西元一二一二年被改建為清真寺。該建築是一座小型的圓頂聖殿，其歷史可以追溯到十字軍時代，但是由穆斯林使用十字軍時舊建築中所取出的石頭（spolia）重建（重新設計的磚石和雕塑）。顯而易見的，伊斯蘭教取代了基督教。

十四世紀曼德維爾的旅行指南告訴我們，耶穌「升天時就站在這裡，他左腳的印記似乎仍然烙印在岩石上」。所以，這裡就是耶穌升天前最後一次以肉身出現的地方；朝聖者可以看到一個神聖而又人性的腳印，一個人赤裸著腳的腳印。我們常常認為腳印是短暫的、會消失的，但是腳印總是提醒人們以前來過某個地方。或者，換句話說，腳印經常被當作某人曾經到過某個地方、先前的足跡和人類知識的證據。升天圓拱就是如此，這是一個充滿憂患的地方，位於東西方、基督教和穆斯林的交界處，位於所謂基督教歐洲的外部邊緣。

至少從七世紀開始，人們就在一座拜占庭式的（Byzantine）希臘教堂中崇拜圓頂上的神聖足跡。十一世紀的十字軍經常採用當地習俗（尤其是那些注重耶穌人性的習俗）來建造升天教堂。他們將神聖的足跡安置在一座大理石小塔中。足跡成為人們崇拜和朝聖的對象。就像耶穌的包皮在歐洲普遍地受到崇拜一樣，而腳印也是極其重要的遺跡，因為它提供了基督以肉身

成道以及祂復活後升天的實體證據。

隨後，足跡不斷增加，以石頭的形式沉積在歐洲各地的阿爾勒（Arles）、普瓦捷（Poitiers）和西敏（Westminster）的教堂中。亨利三世（Henry III）於西元一二四九年所展示的西敏足跡文物顯示出聖地的神聖地理如何透過複製品和原件、遺物和紀念品之間的無盡相互作用重新傳入西方。

十字軍的足跡遺物被帶到聖殿山的阿克薩清真寺（Al-Aqsa Mosque）。升天圓拱仍然是一座清真寺，但被非正式地重建為基督教的禮拜場所，大多數前往耶路撒冷的歐洲基督教遊客都會前來參觀。錫安山的布爾查德在西元一二八〇年代說，基督的腳印所在的地方有一塊石頭，人們可以觸摸得到它，「但是你卻看不到它」。奇怪的是，到了西元一三五〇年代，圓頂上出現了新的腳印。朝聖者報告說看到了各式各樣的腳印：有人說他們看到了基督的左腳，有人說看到了基督的右腳，有人說這是基督雙腳的印記。西元一三九五年，奧吉爾・德・安格盧爾（Ogier d'Anglure）來訪，在升天圓拱看到了一塊方形石頭，上面有基督的右腳印，而另一塊石頭則藏在柱子後面，顯示出左腳印。同樣，約翰・波洛納（John Poloner）在西元一四二二年看到一塊基督教石頭上印有左腳印（長度為「一個手掌和中指的兩個關節」），而虔誠的穆斯林則崇拜另一塊石頭。林肯的理查（Richard of Lincoln）在西元一四五〇年代旅行時描述了基督升天的「古老聖殿」，在那裡「人們可以看到石頭上的腳印」，他並補充說參觀必須支付二先令（shillings）。其他的朝

聖者提到了另一個神聖的腳印，據說是基督的右腳，位於伯大尼（Bethany）的一名痲瘋病人西門（Simon the Leper）的家裡（《馬太福音》，二六：六），非常靠近升天圓拱。然而其他的旅行者卻說，他們在金門（Golden Gate）附近的人行道的堅硬石頭上看到了耶穌在聖枝主日／棕枝主日（Palm Sunday）進入耶路撒冷時留下的驢子蹄印。朝聖者確實是在追隨聖經的腳步，儘管從考古學的角度來看是可疑的，這座城市的石頭上也留下了歷史的印記。在某個時間點，有一個新的足跡遺跡被放置在升天圓拱上，現在遊客們可以在清真寺中參觀這個遺跡（它是一塊看起來很柔軟的大理石板上的一個模糊的腳的形狀的凹槽）。

在這裡，在升天圓拱，不僅繁忙的城市開始讓位於非凡的沙漠，而且旅行也變得超出了宗教的需求。對於遊客來說，朝聖之旅到這裡就結束了。如果前往耶路撒冷的旅程是一個凡人可以為靈魂健康所做的最佳旅程，為什麼還要繼續向東前行呢？

在橄欖山的另一邊，堅定的基督教朝聖者可以選擇前往沙漠中更困難但是同樣珍貴的目的地：伯大尼和貝斯佩奇（Bethpage）的村莊；再遠一些，就是隔離山（Mount Quarantine），據說耶穌在那裡度過了四十個晝夜，並且受到魔鬼的誘惑。還有死海以及索多瑪和蛾摩拉燒焦的遺跡，以及約旦河和基督的洗禮地。但是有許多的朝聖者並不在意這些困難的嘗試。他們之中會有許多人在耶路撒冷購買紀念品；也許是

一段絲帶或是羊皮紙，顯示出基督的腳印或是他的墳墓的圖案，或者是一根像摩西那樣的木杖，或者是用橄欖木製成的念珠（在神聖的土壤中生長！）或是駱駝毛，或是色彩鮮豔的蠟製十字架。我們在倫敦遇見了德比的亨利（Henry of Derby）正在準備行李，他準備從雅法到拉姆拉，再到耶路撒冷。他們一行人購買了蠟燭，亨利在聖墓教堂奉獻了六達克特；然後他們似乎又掉頭了，顯然只在聖城待了很短的時間，就返回了賽普勒斯和羅德島。

馬穆魯克並不希望基督教遊客將信仰之旅變成發現之旅。西元一四二二年，佛蘭德斯的外交官吉勒貝爾·德·蘭努瓦（Guillebert de Lannoy）為英國國王亨利五世（Henry V）撰寫了埃及和敘利亞的記述，其中寫道，蘇丹不會允許任何基督徒從聖地經紅海（Red Sea）前往印度。很顯然地，蘇丹很擔心到處走動的基督徒與其他的統治者結盟，例如祭司長約翰（Prester John），無論他身在何處，蘇丹都要知道。

然而，對於一些旅行者來說，還有更大的誘惑、神奇的國度、奇幻的民族、奇特的人才和地方。人們可以將自己從朝聖者轉變成遊客，離開朝聖的僵化邏輯，去尋找更寬鬆、更自由、更陌生的東西。對於一些人來說，耶路撒冷之旅並不是旅行的終點，而是進一步激發他們的慾望，召喚他們對塵世的渴望，並更加地了解外面的世界。

請您再說一遍好嗎？給旅行者的一些常用語句

幾乎所有中世紀的旅行指南都包含一些有關外國字母或對旅行者有用的片語的資訊。它們表達出旅行者渴望讓自己被理解的期望，以及對被誤解的恐懼。它們還反映出（或是想像）旅行者與客棧主人之間最常見的互動類型。

警告：單字列表可能無法準確的代表其聲稱的語言！

西元一四六二年時為旅行者所提供的一些希臘語

早安 —— calomare

歡迎 —— calosertys

告訴我路 —— diximo strata

坐下！—— catase!

把那給我 —— Doys me tutt

走開 —— ame

拿來給我 —— fer me

你在說什麼？—— The leys?

我不明白你 —— Apopon kystys

願上帝與你同在 —— These metasana

小酒館在哪裡？—— Elle canawte?

美女，妳有好酒嗎？—— Geneca, esse colocrasse?

帥哥，你有好酒嗎？—— Antropos, esse colocrasse?

西元一四九六年時為旅行者所提供的一些阿爾巴尼亞語

boike —— 麵包

vene —— 葡萄酒

oie —— 水

mische —— 肉

taverne —— 小酒館

criste —— 上帝

dreck —— 惡魔

Laff ne kammijss！ —— 洗我的襯衫！

西元一四九八年時為旅行者提供的土耳其語數量

1 bir

2 equi

3 ug

4 doit

5 bex

6 alti

7 yedi

8 zaquiz

9 doguc

10 on

西元一四九六年時為旅行者所提供的一些阿拉伯語

Ckayesch —— 美麗的

Nem —— 睡覺

Nyco —— 結婚

marrat nyco? —— 女人，我應該要和妳一起睡覺嗎？

marca beba —— 非常歡迎你

Hebat olla —— 願神給我們帶來好風

A tzismo ede? —— 那個叫做什麼？

CHAPTER————————————————————————9

繞道至衣索比亞

阿格馬特＿＿＿＿＿＿＿里奧德爾奧羅＿＿＿＿＿＿＿馬爾薩＿＿＿＿＿＿巴拉拉
Aghmat　　　　　　Rio del Oro　　　　　　Malsa　　　　　Barara

　　聖地以南、埃及之外是幅員遼闊的衣索比亞，經由尼羅河
與地中海相連。由於沙漠、距離以及與伊斯蘭統治者的戰爭，
中世紀的衣索比亞王國在某種程度上與歐洲隔絕。從歷史上來
看，它是一個四面楚歌、時而擴張的基督教帝國，擁有重要的
穆斯林少數民族。該王國與非洲之角（Horn of Africa）的穆斯
林蘇丹國爭奪霸權，重點集中在中部的高原，從紅海的達赫拉
克群島（Dahlak archipelago）一直延伸到衣索比亞裂谷的沙拉
湖（Lake Shalla）。衣索比亞教會成立於四世紀，與科普特教
會（Coptic Church）聯合，在全國各地建造了精美的大廳大教
堂。其中包括拉利貝拉（Lalibela）獨特的十三世紀建築，這是
一座由十一座在活岩中鑿成的精緻教堂組成的「新耶路撒冷」。

該建築群包括自己在各各他和西奈山的教堂。拉利貝拉很可能是為了回應西元一一八七年穆斯林征服耶路撒冷而建立的，這使得前往那裡的旅程變得更加困難。隨著時間的推移，身為一位朝聖者前往拉利貝拉儼然成為了中世紀衣索比亞基督徒的義務。

衣索比亞基督徒在耶路撒冷、埃及和賽普勒斯都有社區，歐洲人最有可能在這些地方與他們接觸。

然而，在歐洲人看來，衣索比亞的邊界完全沒有界定，「衣索比亞」一詞可用於非洲的大部分地區。按照一種常見的定義，衣索比亞從阿特拉斯山脈（Atlas Mountains）延伸到埃及盡頭，從大西洋延伸到紅海。在歐洲人看來，非洲之所以引人注目，是因為它幅員遼闊，似乎有太多的東西無法記述。在威尼斯僧侶兼製圖師弗拉・莫羅（Fra Mauro）於一四五〇年繪製的著名地圖上，衣索比亞及其相關領土「阿比西尼亞（Abassia 或是 Abyssinia）」幾乎占據了非洲大陸的一半，似乎是從非洲南端一直延伸到西北邊緣。

西元一四八四年，馬丁・貝海姆受葡萄牙國王派遣前往「衣索比亞」進行「發現之旅」，他繞行西非航行，在今天的衣索比亞海岸附近發現了歐洲人以前不知道的「另一個世界」，位於今日的加彭和安哥拉（Gabon and Angola）附近。不到十年後，當他開始製作他的地球儀時，他轉而依靠托勒密和馬可波羅的著作來描述衣索比亞，展示了「阿巴西亞（Abassia）」的「皇帝」坐在他的王座上以及虔誠的臣民跪在他面前。據地球儀上

的文字描述，這位皇帝的人民是基督徒，「並從事黃金和象牙貿易」。

中世紀的衣索比亞長期以來一直被認為是奇妙（或怪物）人類的家園。荷馬（Homer）稱衣索比亞人為「最遙遠的人類」，居住在大洋彼岸的遙遠土地上。曼德維爾在其西元一三五〇年代的旅行指南中寫道，衣索比亞是一個「幅員遼闊的國家」，其南部所居住的「全是黑人」（Aithiopes 這個名字源自希臘語，意思是「燒焦的面容」）。就像許多中世紀的作家一樣，曼德維爾認為地理與生理學有著根本的關聯。根據膚色對衣索比亞人的定義顯示出一種看法，亦即他們位於世界熱帶地區的炎熱土地上。曼德維爾還說，衣索比亞是獨腳人（sciapods）的家園，這種人類只有一隻很大的腳，可以用驚人的速度跳躍。獨腳人用腳作為遮蔭，以遮擋衣索比亞悶熱的天空下鑽石般的陽光。還有人說，那裡住著一種叫做阿卡皮特（archapites）或阿塔巴蒂泰（artabatitae）的類人生物，他們只能用手、腳或四爪將自己在地上拖行，像野獸一樣四處遊蕩。

曼德維爾聲稱，衣索比亞有一口泉水，白天的水冷得令人難以忍受，晚上的水卻熱得燙死人。這裡的自然是顛倒的、古怪的、奇怪的，但是仍然可以辨認。衣索比亞的活水全部都是「渾濁的，而且有點鹹」，由於天氣酷熱，人們食慾不振，很容易就酒醉，甚至患有痢疾；「他們壽命不長」，曼德維爾總結道。地形、乾淨的水源、奇怪的風俗、變幻莫測的天氣：是旅人們長期關心的問題。

——— 衣索比亞的冷井和獨腳人（sciapod）———

　　衣索比亞在歐洲也被稱為「衣索比亞狼（Ethiopian wolf）」的故鄉，這種野獸有著五彩的鬃毛，可以「跳得如此之高，似乎有翅膀一樣」。衣索比亞因終年炎熱，據說是龍的誕生地。這裡也是窮凶極惡的鬣狗的家園，據說這種邪惡的野獸以死肉為食，可以模仿人類的聲音來引誘人類死亡。

　　然而，比較正面的是衣索比亞也熟悉歐洲的宗教文化，因為它是一個充滿基督教恩典和遺產的地方。示巴（Sheba）女王本人就來自那裡，她帶著一隊載滿香料、金子和寶石的豪華駱駝隊伍前往耶路撒冷會見所羅門王（King Solomon，《列王記上》〔1 Kings〕，一○：二）。中世紀關於迎接聖嬰基督的東

方三賢士的虛構故事將這三位智者中的一位定義為來自衣索比亞。黑色賢者（The Black Magus）隨後成為歐洲宗教藝術中的固定形象，通常被描繪為年輕的，且站在距離聖嬰最遠的位置，象徵著新興且遙遠的非洲大陸，但卻是基督教普世教會中不可或缺的一部分。除此之外，從十四世紀初開始，衣索比亞就被認為是傳說中的祭司長約翰國王（king Prester John，字面上的意思是「牧師約翰〔John the Priest〕」的王國），他是一位強大的（虛構的）基督教領主，人們希望他能夠幫助歐洲統治者對抗異教徒。弗拉‧莫羅（Fra Mauro）在他的地圖上說，當地的統治者祭司長約翰統治著一百二十個王國，他的巨大權力因為控制著無以計數的人民而受到高度重視。大多數參與製作衣索比亞代表的歐洲人都不在場；相反地，他們對這個地方的興趣是把它當作神話、謠言和傳說的寶庫，勾勒出一個奇妙的或具有道德啟發性的世界版本。然而，儘管衣索比亞非常陌生，到了十四世紀時，它已經成為歐洲宗教、外交和貿易代表團強烈渴望的目標。這個國家，無論它在哪裡，都已成為古老幻想與政治現實相遇的一種接縫，召喚出一片危險與虔誠、貧瘠與肥沃、鄰近與遙遠的不可思議的土地。

　　現在就讓我們繞道去衣索比亞，與一些少數成功到達那裡的（或是他們自己聲稱的）不尋常的中世紀旅行者一同寫下了他們的旅程。

　　西元一三四〇年代中期，一位中年方濟會修士離開了他在卡斯蒂利亞（Castile）王國的修道院。我們不知道他的名字，

Don't miss!

不要錯過！曬乾的煙燻金銀花（忍冬花）為在地的特產：當地人以此為生。然而，靠曬乾的煙燻金銀花為生的人不太可能活過四十歲。

也不知道更多關於他的事情，但是他後來寫了一本《知識之書》（*Book of Knowledge*），描述了一次非凡的旅程，敘述他走遍了「世界上所有的王國、國家和領地」。根據他的記述，他從西班牙出發，穿越法國、德國、丹麥、瑞典、挪威並繞過不列顛群島，開始了他的冒險之旅。

他旅程的第一個歐洲部分只是在腦海中進行的旅程：書中幾乎沒有提及當地的細節，而且主要是由西班牙語的地名所組成（「Artuz」代表丹麥的奧胡斯〔Aarhus〕，「Estocol」代表斯德哥爾摩〔Stockholm〕，「Guinsa」代表英國皇家城鎮溫莎〔Windsor〕）以及每個領地的旗幟和軍旗插圖（其本質上是歐洲的盾徽清單）。書中西班牙方濟各會的部分或是全部記述非常可能是從地圖和書籍中所收集的，而不是透過造訪這些地方收集的。

儘管如此，方濟各會修士離開歐洲前往非洲後，他的敘述變得更加的生動和詳細。造訪義大利和聖地之後，他穿越埃及，途經班加西（Benghazi）、蘇爾特（Sirte）、蘇塞（Sousse）和

休達（Ceuta）跨越非洲大陸北岸。他最終到達了「非常古老」的摩洛哥城市阿格馬特（Aghmat），這是一個重要的柏柏爾（Berber）貿易站，有時也是摩洛哥的阿爾摩拉維德柏柏爾穆斯林王國（Almoravid Berber Muslim kingdom）的首都。如今已荒廢的阿格馬特當時是一個繁榮的穆斯林和猶太城鎮，擁有漂亮的磚牆、一座鑄幣廠和一座大宮殿。它坐落在鬱鬱蔥蔥的奧里卡山谷（Ourika Valley），這是穿越阿特拉斯山脈紅土的關鍵通道。成群結隊的小臉獼猴於生長在山谷間生機勃勃空氣中的白蠟樹間跳躍。旅行者、商人們和聖賢們在狹窄的山徑上蹣跚而行，有時走在懸崖旁，有時步行在穿過火山巨石的寬闊小路上，或是在狹窄的岩壁之間蜿蜒前進，也有時會沿著流淌著閃亮清水的綠色河岸前行。

在阿格馬特，西班牙方濟各會修士得知了國王阿爾穆塔米德（al-Mu'tamid）的墳墓就在此地（西元一〇九一年，他的王國被阿爾摩拉維德王朝〔Almoravid dynasty〕滅亡後，阿爾穆塔米德國王從西班牙的塞維利亞市〔Seville〕被流放到非洲）。他途經阿特拉斯山脈（Atlas Mountains）及其危險的山口，並在摩洛哥的風景中追溯了柏柏爾阿爾莫哈德人（Berber Almohads）的歷史。他發現阿特拉斯地區的「糧食和水供應充足，但是非常寒冷」。他還發現該地區的居民是「非常善良正直的人」。然後，他乘坐著一艘小型雙桅帆船（panfilo）沿著摩洛哥南部陽光明媚的海岸航行，他說「這裡是一片沙漠，海岸上生活著殘忍的人們」。再往南些，在博哈多爾角（Cape Bojador），他

遇到了當地的猶太人和摩爾人（Moorish），並且看到了黃金用
駱駝帶到幾內亞（Guinea）國王那裡。這次旅程如此不尋常，
細節又如此精確，以至於人們很容易將其視為他真正經歷過的
一次旅程。

在造訪摩洛哥之後，西班牙方濟各會修士的旅行為我們
提供了一些有關於非洲西部大西洋島嶼的最早的記載，包括
加那利群島（Canaries）、馬德拉群島（Madeira）和亞速爾群
島（Azores）。當他造訪那裡時，這些島嶼通常不會出現在歐
洲的航運圖上，儘管這些島嶼早已為阿拉伯地理學家所熟知。
他乘坐木船航行到拉格拉西奧薩島（island of La Graciosa），
然後再前往蘭薩羅特島（Lanzarote）、洛斯洛博斯島（Isla
de los Lobos）、埃斯特羅克（Roque del Este）和特內里費島
（Tenerife）。他還知道其他數十個大西洋的島嶼，包括馬德拉
島（Madeira），儘管尚不清楚他是否造訪過這些島嶼。

西班牙方濟各會修士的書中的某些部分充滿了真實性，然
而他對隨後穿越非洲的旅程描述卻依賴於中世紀歐洲書籍中流
傳的有關於非洲大陸的寓言。他記述了塞內加爾（Senegal）地
區傳說中，里奧德爾奧羅（黃金河）裡如同貓咪大小般的螞蟻。
據說這些巨型螞蟻建造了蟻丘，並在蟻丘中發現了黃金。西班
牙方濟各會修士只不過是在重複一個關於奧雷勒島（island of
Orelle）的古老歐洲神話，在那裡，狗一般大小的螞蟻整天在一
個巨大的土堆上開採黃金。

在尼羅河附近的某個地方，方濟各會會見了來自熱那亞的

商人，他們長期以來與埃及的蘇丹簽訂了條約，在尼羅河的上下游間進行貿易。他還聲稱在這裡看到了象牙（「牙齒」）的交易，然後他進入了「非常高的山脈」中的「非常炎熱」的地區，這裡有時被稱為「月亮山」，有時被稱為「黃金山」。他似乎在描述神秘的孔山脈（Mountains of Kong），這是一條將非洲西海岸與內陸分隔開來的山脈。孔山脈據說位於白尼羅河（White Nile）源頭之外，曾出現在許多記載和許多地圖上（一直到十九世紀），但是從未被發現，只存在於地圖製作者和旅行作家的腦海中。無論如何，西班牙方濟各會進入了傳奇的領土，描述了人間天堂的位置，通常被描述為位於遙遠的南部，亦即非洲內陸的「下方」。在他稱為「格拉西奧納（Graçiona）」的聚落中，他描述了一個由「黑人……有聰明頭腦，以及有理解力和知識的人」組成的基督教帝國。他們喝的是從南極流出、從人間天堂湧出的「優質」淡水。而當地的皇帝是努比亞（Nubia）和衣索比亞的祭司長約翰（Preste Juan 或是 Prester John）的捍衛者。

西班牙方濟各會修士是最早在非洲找到祭司長約翰這位人物的作家之一。在他的敘述中，祭司長約翰是一位基督教皇帝，他的首都位於非洲一條名為幼發拉底河（Eufrates）的河岸上的一個叫做馬爾薩（Malsa）的城鎮。他寫道，祭司長約翰的裝置是一面帶有黑色十字的白旗，兩側各有一把金色權杖，象徵著他對鄰近的基督教皇帝「格拉西奧納（Graçiona）」和「馬格達索爾（Magdasor）」的統治。方濟各會並沒有描述首都馬爾薩

（Malsa），但中世紀祭司長約翰的圖像顯示出他坐在群山環繞的帳篷營地中、宏偉的雕刻王座上。在這裡，方濟各會修士似乎將西非曼丁卡語（Mandinka word）的曼薩（mansa）——「統治者」或君主——以及馬里（Mali）的伊斯蘭帝國與歐洲的基督教對祭司長約翰的衣索比亞的幻想混為一談或是混淆了。

在馬爾薩，西班牙方濟各會修士每天都會「看到和聽到」奇妙的事情。當地人和「智者」告訴他，附近的人間天堂由高聳的山脈組成，幾乎會碰觸到月球。他被告知，這些山脈被大海所包圍，《聖經》中天堂的四條河流（《創世記》〔Genesis〕中描述的底格里斯河〔Tigris〕、幼發拉底河〔Euphrates〕、基洪河〔Gihon〕和費遜河〔Phison〕）從大海中流淌出來，灌溉著整個努比亞和衣索比亞。有人告訴他，這些河流的水如此洶湧，以至於住在旁邊的人都聾了。也有人告訴他，在這些山裡面，生物不會腐爛或死亡。他還被告知，山脈的一側永遠是明亮的，而另一側則總是黑暗的，因為山脈正好位於「地平線」上，或者是赤道說法的一個版本。事實上，這些素材來自歐洲文本，但是仍然當作目擊的真相被重複敘述。

西班牙方濟各會修士對祭司長約翰的明顯信仰代表了中世紀後期歐洲對埃及以外的基督教帝國的普遍理解，該帝國覆蓋了實際的衣索比亞帝國。自十二世紀以來，祭司長約翰一直被認為是一位神秘但是強大的基督教統治者，還被認為是非洲魔法師的直系後裔，在東方某個地方，也許是敘利亞或是印度擁有一個帝國。在貝海姆的地球儀上，祭司長約翰至少出現在兩

個地方——東亞和非洲南半球——反映出人們對他是誰以及他所在位置的不確定性。大約從當時西班牙方濟各會的記載來看，有越來越多的歐洲人開始前往埃及以外的非洲旅行，歐洲人比較相信可以在衣索比亞找到他。有一些歐洲人說，祭司長約翰統治著一個組織嚴密、地域遼闊的國家，他的帝國擁有尼羅河的源頭，因此可以切斷阿拉伯世界最重要的河流。

從西元一四〇〇年左右開始，歐洲旅行者就熱衷於與祭司長約翰取得聯繫，與他結成聯盟，並透過他奇妙的帝國的寶藏和樂趣來充實自己。

西元一四三一年，貝特朗東‧德拉布羅基埃在君士坦丁堡郊區佩拉遇到了一位來自那不勒斯（Naples）、名叫彼得（Pietre）的男子。彼得是所羅門王朝（Solomonic dynasty，一個基督教王室，聲稱是所羅門國王和示巴女王的直系後裔）衣索比亞皇帝塔克拉‧瑪麗亞姆（Takla Maryam，西元一四四〇—四三年在位）在君士坦丁堡的拉丁代理人。彼得告訴貝特朗東，他已經在祭司長約翰的土地上結婚了，並鼓勵貝特朗東和他一起去那裡。貝特朗東對此表示懷疑，並就祭司長約翰和他的領地向彼得問了一大堆的問題。那不勒斯人告訴他，祭司長約翰的土地就在衣索比亞，需要十五天的尼羅河旅程，然後還需渡海，而祭司長約翰的人民已經準備好加入西方聯盟，對抗土耳其人。

彼得還有很多事情要講。首先，祭司長約翰是一位虔誠的基督徒，他服從羅馬教會，但是以希臘儀式慶祝彌撒。當他騎

馬出去時，十字架就掛在他面前。他控制著幅員遼闊的疆土，可以召集四百萬大軍。他的手下身材魁梧，皮膚「既不黑也不白，而是紅棕色的」。衣索比亞人民「善良而富有智慧」，並且經常與東方領主奇內馬欽（Chinemachin，也稱為大汗〔great khan〕）發生戰爭。衣索比亞還盛產黃金和生薑，而世界上最高的山脈就在那裡。這片土地上到處都是奇怪的野獸，獅子、大象、長頸鹿和一種叫做大猩猩的野獸（「像人一樣，除了有一條兩英尺半長、半黑半白的尾巴」）。有人說那裡還有九十公尺長的蛇，如大帆船的桅杆那麼粗。

除了船隻和造船工人之外，祭司長約翰什麼都不缺。因此，他派遣那不勒斯的彼得到君士坦丁堡尋找人為他建造船隻，以應付他與奇內馬欽持續的戰爭。貝特朗東就是這樣聽說了祭司長約翰的衣索比亞的。他對此表示懷疑：「我不知道他說的是真話還是假話。我只是記述，並不保證事情的真假。」旅行者經常聽到這樣令人匪夷所思的謠言。貝特朗東本人並沒有前往衣索比亞來查明這些消息是否屬實。

貝特朗東與彼得的遭遇代表了數百年來歐洲人如何描述一個既存在又不存在的衣索比亞，一個只適合道聽塗說而不能全然了解的非洲。歐洲人說他們參觀過一個地方，會見了一位君王和他的臣民，但是他們所敘述的大部分都是神話。

西元一四八〇年，伊莫拉（Imola）的巴蒂斯塔（Battista）出發前往衣索比亞，那是一次非比尋常的旅程。巴蒂斯塔是一個相當謙虛的人，來自波隆那（Bologna）附近的伊莫拉鎮。

他帶著信件、禮物和救濟品從耶路撒冷出發,並由一位名叫卡拉布里亞的約翰(John of Calabria)的方濟會修士陪同。耶路撒冷方濟各會修道院院長喬瓦尼·德·托馬切利斯(Giovanni de Thomacellis)帶領這兩個人與衣索比亞人接觸,以作為傳教嘗試的一部分,並擁抱拉丁世界的衣索比亞人(將「迷失的羊帶回羊群裡」)。巴蒂斯塔講述了西元一四八三年返回耶路撒冷後的旅程,並向另一位義大利修道士法蘭西斯科·蘇里亞諾(Francesco Suriano,卒於西元一五二九年)述說了他的所有經歷。蘇里亞諾隨後將這些記錄在他的《聖地論》(Treatise on the Holy Land)中。

巴蒂斯塔的記敘顯示了當地發生的情況如何突然擾亂了旅途。因為道路不安全(他沒有說明原因,但是我們可以假設是由於衝突或是盜匪所致),他被迫在尼羅河西岸的埃及小鎮納卡達(Naqada)待了三十天。當巴蒂斯塔終於到達港口城市薩瓦金(Suakin)及其由紅海的珊瑚所建造而成的豪華房屋時,他必須按照當地習俗向總督贈送各種禮物,於是他贈與了一張彩色掛毯、一些深色布料和五塊肥皂。當他到達「祭司長約翰的領地」,也就是衣索比亞時,他已經半死不活了。在遇到一種陌生的政治結構時,巴蒂斯塔注意到幾個城鎮是如何由一個群體居住但是處於另一個群體的宗主權之下的,並評論說「那個國家的所有領導人都稱自己為索爾丹(Soldans),即統治者。」一位名叫西昂西拉夫(Syonsirave)的阿比西尼亞(Abyssinian)總督為他提供了牛隻和羊群,並且在他的領土上提供了嚮導,

但是巴蒂斯塔被迫在西昂西拉夫管轄的每個城鎮上以最慷慨的方式花錢。他的駱駝筋疲力盡，最後不得不賣掉。隨後他選擇了一頭驢子，這樣可以更佳地應對剛開始降下的滂沱大雨。由於降雨造成洪水氾濫，他被滯留在尼羅河畔的另一個城鎮恰佩格（Chiapeg）。

天氣、衝突、政治等等這些地方性的問題時常以不可預知的方式擾亂了行程，當旅人們被迫穿越受災的地區、模糊的理解當下發生甚麼事情時，他們如同在夢幻般、不真實的狀態中徘徊。在旅途中，巴蒂斯塔被帶到一座教堂，他來會見的「國王」最近被埋葬在那裡（貝達・瑪麗亞姆一世皇帝〔Emperor Baeda Maryam I〕，卒於西元一四七八年）。巴蒂斯塔最終到達了「偉大的國王祭司長約翰的宮廷」，位在一個名叫巴拉拉（Barara）的小鎮上，巴拉拉是十五世紀衣索比亞的首都，坐落於一座高聳、涼爽、崎嶇的山頂上，那兒富含清澈的泉水。[1] 隨後，他在巴拉拉等待觀見君主，一位名叫埃斯肯德或是奎斯坦蒂諾斯二世（Eskender 或是稱為 Kwestantinos II，西元一四七一至西元一四九四年）的幼年皇帝。我們不知道這樣的接見是否會被允許，但是在這裡，在「祭司長約翰的宮庭」內，巴蒂斯塔找到了許多的歐洲人，其中有一些人已經在那裡待了二十五年以上，有威尼斯人、那不勒斯人、勃艮第人、加泰羅尼亞人。

1　作者註：該地點尚未被做最後的確認，但是位於今天的阿迪斯阿貝巴（Addis Ababa）地區。

巴蒂斯塔對其中一些人的家人很熟悉，其中包括移民到那裡的威尼斯畫家尼科洛‧布蘭卡萊奧內（Nicolò Brancaleone，約西元一四六〇年至西元一五二六年）。從某些方面來說，這是遠離家園外的第二個家，一個陌生而又熟悉的偏遠土地。在附近的一座教堂裡，巴蒂斯塔看到了一架「義大利風格」的大型華麗管風琴，這讓他著實大吃一驚。祭司長約翰宮廷內的歐洲人說，他們來到這片陌生的土地是為了尋找珠寶和珍貴的寶石，但是國王不允許他們離開。儘管如此，他們還是喜歡祭司長約翰宮廷中「禮貌和文明的往來方式」，以及國王根據他們的等級獎勵他們的方式。歐洲人告訴巴蒂斯塔，他們住在用蘆葦建造的房子裡，上面塗滿了泥土。祭司長約翰的國家充滿了黃金，但是缺乏穀物和酒。這裡大多數的人都是野蠻的，他們都是「粗魯的、沒有教養的」、「身上都長滿了蝨子」、「沒有精力或是懶惰但卻驕傲的弱者」，而且都是最狂熱的基督徒。巴蒂斯塔被告知了更多關於祭司長約翰王國的事情，但他熱心的書記蘇里亞諾並沒有把它寫下來，「因為擔心讓我的讀者感到厭煩」，而且因為他想回到他的主要主題精神問題。他已經表現出了足夠的好奇心，並將注意力轉向上帝。

伊莫拉的巴蒂斯塔是一名修道士，同時也是一名導遊和信使。西元一四八四年，他第二次被從耶路撒冷送往衣索比亞，並附上了他之前新任的保羅‧達‧卡內托（Paolo da Canneto）的一封信。這封信直接寫給埃斯肯德，敦促衣索比亞教會與羅馬教會聯合；他寫道：「不要拖延，因為拖延就會帶來危險。」

我們不知道這封信是否會送達衣索比亞皇帝手中，也不知道它是否會成功地幫助義大利修士與衣索比亞統治者取得聯繫。

　　幾乎所有去過衣索比亞或是說去過那裡的人都證實了祭司長約翰的存在。西元一三五〇年的西班牙方濟各會修士、西元一四三一年那不勒斯的彼特和西元一四八〇─八一年伊莫拉的巴蒂斯塔都相信他們拜訪過祭司長約翰的王國。對於中世紀的歐洲人來說，祭司長約翰無處不在，又似乎不存在，他的王國經常被稱為「印度」，即使已被證實是在衣索比亞，真是令人困惑。衣索比亞肯定是在某個地方，而不是不存在或是在任何地方，但是它在歐洲人的想像中仍然只是模糊的定義。祭司長約翰統治下的衣索比亞既偏遠又可到達，雖然路程遙遠但是又那麼迷人，是歐洲人夢想的地方。這是一個根據基督教和歐洲看待世界的方式而塑造的非洲。「祭司長約翰」成為衣索比亞皇帝的總稱：一種在沒有看到衣索比亞的情況下承認它的方式。歐洲旅行者造訪了信仰基督教的衣索比亞，並在其上放置了一層他們先前存在的對祭司長約翰的幻想。奇景和異國情調並存，給人的印象是衣索比亞是一個只是等待著外國人剝削的廣開門戶的基督教王國。

　　西元一四〇二年夏天，衣索比亞皇帝達維特（Dawit，卒於西元一四一三年）向威尼斯派遣了一支使團，其中包括四隻活豹、巨型珍珠和芳香樹脂等禮物。儘管如此，在威尼斯有關於大使館的文件中，達維特被稱為祭司長約翰（「Prestozane」或是「Prete Jane」）。被威尼斯人繼續稱其為「祭司長約翰」的

達維特皇帝的大使帶著一群威尼斯工匠和藝術家以及各種奢侈品返回衣索比亞。雖然衣索比亞宮廷確實接待了義大利和其他歐洲工匠和藝術家，然而歐洲與「祭司長約翰」結成基督教反伊斯蘭聯盟的嘗試似乎沒有取得什麼進展。

我們知道，實際上的衣索比亞王國並不是由祭司長約翰所統治的，衣索比亞的大使、僧侶和朝聖者是耶路撒冷、羅馬、威尼斯和其他地方的常客，衣索比亞人經常派遣大使團至歐洲，而有時候，他們又會反過來想像有某一位歐洲國王將會從敵人手中拯救他們的基督教王國。西元一四七九年，教皇西克斯圖斯四世（Pope Sixtus IV）在羅馬的聖斯特凡諾德利阿比西尼（Santo Stefano degli Abissini）建立了朝聖者的旅客收容所，這裡是梵蒂岡科普特人（Coptic）的避難所，距離聖彼得大教堂僅有幾步之遙。

中世紀時期的歐洲人對衣索比亞的看法是那時代的歐洲人對整個世界看法的一個縮影：地球是故事、幻想和半事實的滑稽組合，是一個由敘事幻想而不是由景觀事實所構成的地理。因此，現在讓我們回到常規的路線，從衣索比亞和耶路撒冷向東前往探索亞洲的奇景。

西元一三一四年為旅行者提供的醫療建議
摘自倫敦醫生加德斯登的約翰（John of Gaddesden）的《醫學玫瑰》（*The Rose of Medicine*）

出遊、出國、參戰、朝聖、求學、趕集、探親訪友、探病者，
應遵循如下規定：

- 適用於所有旅行者的一般指示，最好從放血或是禁食開始，
  以便讓身體受到乾淨的訓練，否則會有發燒、腫脹、腹瀉或
  是血管破裂出血的風險。
- 對於那些在春天出發的人來說，尤其要害怕發狂和憂鬱。
- 在溫暖的天氣裡，預防口渴和炎熱的最佳方法如下：服用玫
  瑰糖、紫羅蘭糖或是睡蓮糖漿，或是吃一些菊苣花和蜜餞，
  也可服用冰糖、羅望子、小蘗／伏牛花子或是酢漿草，並經
  常在旅途中吃些這些食品。
- 如果你喝多了，男人應該用鹽和醋清洗睪丸，女人應該清洗
  乳房，並吃些加糖的高麗菜葉、莖或汁液。
- 如果空氣炎熱或是有難聞的氣味，旅行者應該聞一點樟腦、
  玫瑰或是紫羅蘭，在非常熱的天氣裡，男性或是女性應該聞
  麝香或鼠尾草，或是假昇麻屬的植物，或是洋甘菊、月桂葉
  或馬鬱蘭。如果出現口臭或是體臭，應搗住鼻子；起床後吃
  一塊香酒烤麵包或是香酒烤栗子。
- 在炎熱的天氣裡長途跋涉後，必須用洋甘菊、茴香和蕁麻煮
  沸的水來洗腳。還應該喝一口苦艾酒，可以消除疲勞和倦怠。
- 旅行者應隨身攜帶一些艾草和一根聖潔莓／穗花牡荊（或羅
  漢果樹）；這意味著他不會在路上被絆倒，也不會在白天
  感到疲倦。早上出發之前，旅行者應該用龍蒿和馬西亞通

（marciaton）軟膏（由橄欖油、蜂蠟和月桂製成）抹身體。他應該吃烤肉和大蒜，配上葡萄酒或是香料酒。

- 窮人應該服用三粒乳香穀物和胡椒，或是六片薄荷葉，並聞聖潔莓和乳香來幫助流鼻涕或咳痰。

- 應始終用熱鹽水洗腳並擦乾，然後用山羊或公羊的脂肪擦拭，並且也應該對會陰部做同樣的事情，因為旅途中可能會發生擦傷。

- 冬季旅行的人應該穿著兩層布料製成的衣服，襯衫旁邊需墊有棉質，內襯可用狐狸毛、綿羊毛或是兔毛。旅人們的頭上應該戴一頂裡面襯有厚羊皮的帽子。他們還應該有一個下垂至肩膀的兜帽，或是頭頂裹上一條薄頭巾。應盡可能地保持雙腳溫暖乾燥，並且在睡覺前仔細的擦乾。

- 小心避免因腸胃脹氣和曬傷而引起的發燒。天冷時不要靠近火，而是在離火不遠處稍微摩擦一下四肢即可。

- 旅行時切勿以任何方式喝生水，因為它會導致發燒、膿腫和堵塞。

CHAPTER ——————————————————————— **10**

在絲綢之路上

雀鷹城堡	商隊驛站	大不里士
Sparrowhawk Castle	The caravanserai	Tabriz

山中老人	歌革和瑪各
The Old Man of the Mountain	Gog & Magog

　　作為一名奴隸、士兵、囚犯、朝聖者和雇傭兵，約翰・希爾特伯格（Johann Schiltberger）走遍了中東大部分的地區，穿越了炎熱的沙漠和尖塔林立的城市。然而他卻從未親眼目睹過一個他耳熟能詳的地方：雀鷹城堡（Sparrowhawk Castle）。

　　希爾特伯格於西元一三八〇年出生於巴伐利亞（Bavaria）的一個小鎮。十六歲時，他離開了出身名門的家庭，作為隨從跟著貴族萊因哈特・理查廷根（Leinhart Richartingen）對抗鄂圖曼土耳其人。他們很快地就捲入了一場暴力衝突，理查廷根被殺，希爾特伯格受傷並被俘虜。三十一年來，他先是在鄂圖曼蘇丹的軍隊中服役，後來又在帖木兒（Timurid）[1]蘇丹的

1　作者註：帖木兒（西元一三三六年至一四〇五年）、山魯克（Shan Rukh，西

軍隊中服役，有時是囚犯，有時是家臣。他們的帝國覆蓋了中亞的大部分地區，從西部的阿勒坡（Aleppo）到東部的赫拉特（Herat）、撒馬爾罕（Samarkand）和塔什干（Tashkent）。希爾特伯格後來在亞美尼亞和西伯利亞附近侍奉了一位名叫切克雷（Chekre）的韃靼（Tatar）王子。他最後終於在喬治亞的巴統（Batumi）港逃脫，橫渡黑海到達君士坦丁堡，並於西元一四二七年回到巴伐利亞，在那裡他寫下了自己的旅遊歷程，以及他在他所謂的「有趣而奇怪的冒險」中看到的許多事物。

希爾特伯格是一位務實、適應力強、好奇心強的年輕人，他利用流放囚禁的機會去見識世界。無論他被帶到哪裡，他都會開始注意那裡的奇景和奇蹟。在土耳其北部海岸港口城市薩姆松（Samsun）被圍困時，他看到無數的蛇類和毒蛇降臨在城市上，有些來自海上，有些來自森林。這些毒蛇沒有興趣傷害人甚至牲畜；但是蛇與蛇之間互相交戰了十一天。第十一天，海蛇被森林的蛇擊敗。八千條毒蛇的屍體被收集起來埋葬。這件事情被認為是一個神聖的預兆，蘇丹很快就會像掌控陸地一樣的掌控海洋。

希爾特伯格寫道，他在西里西亞（Cilicia）的一場塵土飛揚的戰鬥中親眼目睹了九千名處女被俘虜。他看到訓練有素的長牙大象在韃靼戰爭中以象鼻在部隊之間運送大砲。他看到整個

元一三七七年至一四四七年）和米蘭・沙阿（Miran Shah，西元一三六六年至一四〇八年）。

城鎮被夷為平地，周圍的房屋被夷為平地，但是居民還活著。在沙漠中，他遇到了一些村民，他們擁有無限量的香料，但是沒有牛，水也很少。他看到國王們用整個領土交換珠寶和黃金。他還遇到了一位喪偶的韃靼公主，帶有四千名隨從，她們都能像男人一樣騎戰馬、射弓箭。在伊斯法罕（Isfahan），那裡有優雅的橋樑、拱門和陰涼的區域，希爾特伯格目睹了一萬兩千名弓箭手的拇指被砍斷，以及一座用數千名戰敗居民被謀殺兒童的頭骨製成的塔（卡斯蒂利亞大使克拉維霍〔Clavijo〕也看到了一座類似的塔，由韃靼頭骨製成，位於德黑蘭〔Tehran〕東部的達姆甘〔Damghan〕）。

儘管希爾特伯格見過這種其他巴伐利亞人從未見過的東西，然而他還是渴望看到雀鷹城堡。人們說它距離特拉比松市（Trebizond）很近，或者可能是科里庫斯領主（Lords of Corycus）領土上靠近海岸的其他地方，或者可能是亞美尼亞及它的許多領域的更深處，而透露他們的秘密給旅行者的這些王國似乎是不情不願地。每個人都知道雀鷹城堡的故事。希爾特伯格甚至在年輕時就讀到過這件事，並在他的旅途中聽說過。

於是他聘雇了一位導遊帶他去那裡，導遊帶領他沿著隱密的小路穿過茂密的森林，再穿過被太陽烘烤過的形狀奇特的小山丘。最後他們終於到達了一座山的山頂，雀鷹城堡就在那裡（或者至少是導遊告訴他那就是雀鷹城堡）。

據說在雀鷹城堡裡住著一位公主，她是世界上最美麗的女人。人們形容她一半是神，一半是勾引男人的女子。她纖細苗

條的身材像雪貂一樣，有著最精緻的拱形眉毛和一張像蜂蜜酒一樣甜美的嘴唇。

人們講述了公主在這座宮殿裡獨自生活的情況，她只有一隻雀鷹作伴。雀鷹用牠黃色的爪子抓在裝飾著縞瑪瑙的胡桃木上棲息著。它明亮而警覺的眼睛似乎永遠睜開，一眨也不眨，不眠不休。雀鷹帶著知識和智慧靜靜地振動。每天牠都會從棲木上展翅猛撲下來一次，勤奮地捕獵害蟲、昆蟲和野生獵物，從而清理了女主人的城堡。

儘管這位公主舉止誘人，衣著也不端莊，但是據說她是處女和一名虔誠的基督徒。她一直保持著童貞，直到一位能夠三天三夜不眠不休地看守著她的英勇的騎士出現。如果他們能做到這一點，他們就可以向公主索取任何東西，只要是純潔的。

亞美尼亞的一位王子設法撐過了這不眠不休地守護。三天三夜過去了，他的身體搖搖欲墜，膀胱都快要爆炸了，膝蓋也抖得像牛奶布丁一樣。公主祝賀了他的成就，並問他想要什麼純潔的東西。

亞美尼亞王子說，他想要的最純潔的事情就是娶她為妻。但是當他說這句話的時候，他對公主的身體產生了強烈的渴望，並意識到自己的私處正在為她而興奮。

公主立刻明白了王子的要求背後的不純動機。她驅逐了他，對他大聲辱罵和羞辱，還詛咒了他的所有親屬。

所以雀鷹城堡的女主人依然保持著純淨和貞潔，暴露了來到這裡的人們的骯髒思想。就像她忠實的雀鷹一樣，透過揭露

那些在她的城堡上爬行的人內心的腐敗來淨化世界。

希爾特伯格跟隨著導遊至此，他抬頭凝視著城堡的城牆，那裡有板狀的石門和可怕的吊閘。他或許瞥見了遠方那座最漂亮的城堡，所有精緻的尖塔都帶有玫瑰色的石板屋頂，數十個整齊的煙囪，金色的尖頂和銅製的風向標，花絲豎框的窗戶，蔥花線繰形和柳葉刀以及高聳的拱形柱廊。但是也許那只是海市蜃樓。大門緊鎖，而且似乎那裡空無一人。沒有公主，沒有雀鷹：只是一趟徒勞無功的旅程。

當地的牧師說整件事都是魔鬼幹的好事，而不是上帝的傑作。於是他們就往回走了。拿了希爾特伯格錢的導遊答應帶他參觀城堡，但是他很快地就消失了。

遺憾的是，我們本來應該向東前行，卻偏離了路線從耶路撒冷向西北方向前進。我們一直被雀鷹、閨女和有男子氣概的騎士的故事困擾。這正是大家所說的發生在旅行者身上的情況：如果旅行者不保持警惕，他們就會偏離正軌，誤入歧途，最終迷失方向。變成一名迷失自我的旅行者幾乎和成為一個無聊的旅行者一樣的糟糕。

因此，由於雀鷹城堡不在通往任何地方的路線上，我們可以把它放在一旁置之不理，不要像希爾特伯格一樣跟著他亂走一通，相反地，我們要踏上加入絲路的正確旅程。

我們現在所說的絲綢之路（十九世紀的術語）並不是一條道路，而是東西方路線的集體名詞，藉由過陸路和海陸，橫跨歐亞大陸，從埃及到中國，從土耳其到印度。這些路線上不僅

交易絲綢，還有更多的物品，比方說是醫藥和烹飪香料、珠寶、飲料和動物。此外，毛皮、獸皮、寶石、染料、羊脂、肥皂、油、酒、硫磺、大米、明礬、糖、陶器、琥珀、汞、魚子醬和指甲花等，在絲路的貿易上都有大量的紀錄。絲路上的商品既可以東西向流動，也可以由西向東，例如英國和蘇格蘭的羊毛、法國的窗簾、義大利的玻璃和鋼鐵製品都曾賣到東方。透過傳教、奴隸買賣、性工作者和旅遊接待，絲路也是進行人類交流的媒介。

西元一三〇〇年左右，絲路覆蓋了廣闊的區域，已成為了一個組織良好、橫跨歐洲和亞洲的網路，並為商人們提供了義大利語和加泰羅尼亞語（Catalan）的旅行指南。其中一個典範是佛朗西斯科·巴爾杜奇·佩戈洛蒂（Francesco Balducci Pegolotti）的《貿易實踐》（*Practica della Mercatura*，約西元一三四〇年）。佩戈洛蒂（Pegolotti）是一位佛羅倫斯商人，他的手冊旨在幫助歐洲人（特別是來自佛羅倫斯等不斷發展的商業城市的歐洲人）在東方開展業務。《貿易實踐》是現代商務旅行手冊的直接先驅，重點聚焦在國際市場的敏捷性，而不是好奇心或是宗教。

佩戈洛蒂的生平年表很難準確地重建，但是他一生中的大部分時間都與佛羅倫斯金融業的巨擘巴爾迪（Bardi）和貿易公司有關。十四世紀初，他前往安特衛普（Antwerp），為那裡的佛羅倫斯人爭取特權，隨後在倫敦待了幾年，在那裡他成為巴爾迪英國辦公室的主任，並與教皇和英國的君主進行業

務往來。西元一三二一年，他從倫敦航行到當時位於加斯科尼（Gascony）的英國利布爾納（Libourne）港，並途經托斯卡尼（Tuscany），他擔任巴爾迪在法馬古斯塔（Famagusta）的代表在賽普勒斯待了大約五年。在這段期間，佩戈洛蒂斷斷續續地返回佛羅倫斯，他也在佛羅倫斯地方政府取得了一段成功的時期，但是似乎也在亞美尼亞待過一段時間，可能是居住在阿亞斯（Ayas）那裡（現在的尤穆爾塔勒克〔Yumurtalık〕），再次代表佛羅倫斯的商業利益。

絲路是圍繞重商主義（mercantilism）構建的，這一點反應在《貿易實踐》一書中。佩戈洛蒂在一定程度上關心安全和當地文化，但是他的指南大部分的內容都是關於度量衡、貨幣兌換和鑄幣、過境稅和通行費以及住宿，談及的多是新興的商務旅行的實用性。透過絲路，我們可以看到「商人」和「商務旅行者」的出現，而他們的旅行動機不是宗教或是旅行的慾望，而是利益。然而，絲路也是多元相遇、思想交流和邂逅新奇事物的舞台。在那裡，旅行者接觸到了其他人，接觸到了挑戰他們道德準則的情況，旅人們需要以新的方式來接觸更廣闊的世界。

特別的是佩戈洛蒂的指南是旅行者在穿越絲路多樣化和流動世界的旅程中所需要的關鍵語言的一個迷人的字彙表。例如，他給出了從佛蘭德斯語到亞美尼亞語等多種語言的單字列表，其中包括「習俗」和「市場」等單字，以及貨幣的翻譯值。他指導讀者如何提煉野外發現的黃金，並就如何避免在購買香料

和其他商品時被外國商人欺騙等方面提供了非常詳細的建議。

佩戈洛蒂不太可能一路抵達中國，儘管他的書指出了穿越亞洲的路線。他的書中幾乎完全沒有那種他去過哪些有趣的地方或是令他分心著迷的地方的感覺。他是一位勤奮而忠誠的商人，絲路對於他和他的商人讀者來說，是交易和利潤的舞台，而不是好奇心的舞台。他交易的商品種類繁多，包括波斯玫瑰水、索科特拉島（Socotran）的蘆薈、保加利亞（Bulgarian）的紅松鼠毛皮、蘇門答臘（Sumatran）的樟腦、韃靼的彩虹絲、埃及的亞麻、來自阿拉伯和印度的生薑、亞洲的大黃和印度的穗甘松。他每到一個地方都可嗅到銀兩的味道。

佩戈洛蒂的書顯示出人們對國外市場欺詐和不誠實行為的擔憂，但它也預設了極大的信任，尤其是在旅行安全的假設方面。他大幅的認為義大利商人有權在近東進行貿易和旅行，他關心的是提供哪些稅款應不應該繳納的完整細節。在黑海和伏爾加河（Volga）之間重要的威尼斯轉口港塔納（Tana），他清楚地說明了應該繳納的關稅：例如，金、銀和珍珠不需要繳納關稅，在蒙古也不需要繳納對貨物和人員流動所徵收的塔姆加（tamunga）稅，還有「comerchio」這種關稅或是銷售稅也無須繳納。葡萄酒、牛皮、馬鞍和馬皮則需繳納五％的關稅，但是熱那亞人和威尼斯人除外，他們只需繳納四％的關稅。徵收關稅是保護貿易和操縱價格的一種方式，但是它也是一種增加國庫收入的方式，這些稅收可以用來改善貿易商的設施。佩戈洛蒂很清楚，可以與海關官員「doganieri」達成「協議

———— Health and safety! ————

健康和安全！如果你認為自己患有漢生病，或是您認識漢生病患者，那麼你需要了解烏爾法（Urfa）的奇妙水井。這口井的水可以治漢生病人，只要他們遵循下列的處方：病人必須禁食五天，每天必須喝井水並在裡面洗澡。五天之後，他們應該停止用井水洗澡，但是仍然必須持續的喝井水至第十或第十二天。

（pacts）」，也就是特殊交易，而且通常有談判的空間。

與歐洲的旅行者一樣，那些在絲路上旅人們經常被要求出示自己的證明文件。義大利商人隨身攜帶著介紹信、匯票和安全通行證，並且依賴書面合約出遊。西元一三二一年，佩戈洛蒂離開英國時，收到了英國國王的一封安全通行信。他甚至還提供了關於刻在糖塊上的商人標記的插圖訊息，以保護財產和商品品質。

佩戈洛蒂收錄了絲路旅行中所有重要中間人的訊息：口譯員（calamancio）、裝卸貨物的起重機工（alzatori）、搬運工（bastagori）、仲介和經紀人（currattiere 和 sensali）、導遊（scarsellieri）、辦事員和書記員（scrivani）、馬車伕（vetturali）和警衛（tantaulli）。到十四世紀下半葉時，商務旅行得到了業界的支持，同時也受到絲綢之路的人員和空間的保護並從中受益。

同樣的，從十三世紀初開始，蒙古官員、導遊和商人都攜

帶金屬「護照」，也就是「paiza」，這是蒙古宮廷太師所授予的權威印章。印牌代表了蒙古的最高領袖、偉大的可汗或是可汗的法令，允許持有者自由出行，印牌上刻著無情的銘文，例如「不敬者有罪」或是「我是大汗的特使：如果你敢違抗我，你就會死。」

馬可・波羅在他的遺囑中提到了忽必烈可汗（西元一二六〇一九四年）贈送給他的此類印牌，以確保他在絲路上能夠自由的活動。馬可・波羅一直保留著這些印牌直到他去世，顯然是作為自由旅行特權的一種珍貴的實質戰利品。

絲綢之路上旅人們旅程的主要標點是由商隊驛站／旅館（有時以其土耳其的名稱「han」來稱呼）的機構所提供的。商隊旅館類似於我們之前提到過的 Hanse kontor，也就是威尼斯人的倉庫（Venetian fondaco）和耶路撒冷人的商城（Jerusalemite Muristan）。最早時是作為商隊住宿的地方[2]，提供給一群旅行者使用，其中可能包括生意人、朝聖者、學者、僕人、奴隸、流浪者和動物等。有些商隊驛站華麗、優雅、歷久彌新，但是其內部條件不一定奢華。通常每個商隊驛站在主要的路線上相距約一天的路程，儲存著大量的商品和補給品。十二世紀的歷史學家溫索夫的傑佛瑞（Geoffrey of Vinsauf）描述說裡面的物品包括有香料、絲綢、「昂貴的坐墊」、盔甲、藥品、西洋棋

2　作者註：「Caravanserai」源自波斯用語「saray」，原意為「宮殿、圍場」，供商隊使用。

和大麥等各種物品。

　　商隊驛站通常是堅固的或是有防禦性的，建築物有著厚實的牆壁，沒有窗戶或是很少，只有一個足夠高度的入口，可以讓滿載的動物通行，比方說是疲憊的駱駝、驢子和馬匹。進去驛站後，內有一個庭院或是中央大廳以作為一種樞紐，人們可在此社交和吃飯，動物也可在這裡睡覺和休息，還有設立小攤位向旅行者販賣物品。攤販所販售的物品不僅有香料和絲綢，還有旅人們所需的基本物資，像是馬蹄鐵、新衣服和鞋子、飲料容器等各種必需品。他們還出售旅程上所需的食物，例如瓜類蔬果、奶酪以及各種的水果。可能還有一口井水，如果你敢喝的話，每個人都可以從那裡取得一些淡水。還有信使、導遊和性工作者可供雇用。有一些商隊驛站沿著拱形走廊設有小型的獨立房間，可能設置在二樓，但是大多數的情況下，旅人們睡在地板上是很常見的事，就像耶路撒冷的商城一樣，睡在像牢房側防隔間一樣的、匆忙組裝的草席和床墊上。

　　佩戈洛蒂列出了每一個收取海關費用的商隊驛站（他稱之為 gavazera），商隊驛站可以被視為當地的政府辦公室、郵政網路和路邊休息區的先驅。商隊驛站在某種程度上也預示著國際連鎖旅館的出現，旅客可以預先知道住宿的品質而感到安心。但是中世紀的商隊驛站遠非豪華宮殿或是國際購物中心，而往往更像是華麗的穀倉。在它的走道和管理區域中，為動物的主人和牠們的人類僕人保留了空間，人們可以睡在床墊上，距離嘶啞的驢子叫聲和成熟的糞便不遠。事實上，揹負重物的

牲畜很可能被認為比許多人類客人更重要，因為動物是主要的
交通工具，也代表著一項重大的投資。在亞美尼亞的阿魯奇
（Aruch），美麗的商隊驛站圍繞著一個用於飼養動物的中央大
廳而建，磚石砌成的水槽用來存放乾草和水。所以促成旅程的
生物也因此就處於商隊驛站的中心。

在更好的商隊驛站中，人們可以在樓上的拱廊中找到住宿
的地方。在各個橋台和側室中，有時會有廁所、浴室、清真寺
和教堂，也許還有屠宰場或是洗衣房、醫生、獸醫、浴室服務
員、伊瑪目（imam 是伊斯蘭教的教長或是領袖）、搬運工的宿
舍，甚至還有一個小型駐軍，此外，儲藏室裡面還裝滿了蜂蜜、
油、蠟燭、蜂蜜酒、穀物，有時還會為女性旅客提供單獨的區
域。每個商隊驛站都有貓來防止老鼠侵擾糧倉。

從賽普勒斯到中國，絲路沿線到處都可以找到商隊驛站
的遺跡，尤其是在今天的土耳其、亞美尼亞、喬治亞、伊拉
克、伊朗和烏茲別克斯坦（Uzbekistan）。由當地王子或是主
教建立商隊驛站是很常見的，這是一種壯觀的商業和社會福利
的行為，能更加地吸引人們和他們的貿易到該地區，將他們
的領土與更遠的地方連接起來。奧爾別良商隊驛站（Orbelyan
caravanserai）建於西元一三三二年，位於亞美尼亞瓦爾德尼亞
茨山口（Vardenyats Pass）的高處，凝灰岩建造的門口裝飾著一
頭帶翅膀的野獸和一頭雕刻的公牛，上面有著亞美尼亞語、波
斯語和土耳其語混合的虔誠銘文，懇求路過的人們記住捐贈建
造它的人。銘文上寫著支持旅行可以履行聖經的訓令，給飢餓

的人食物，給口渴的人喝水，並歡迎陌生人的到來（《馬太福音》，二五：三五）。或者，正如聖保羅（St Paul）所警告的那樣，永遠不要忘記款待客人，因為有些人已經「不知不覺地招待了天使」（《希伯來書》〔Hebrews〕，一三：二）。人們永遠不知道下一支商隊中的到訪者可能會是誰。

佩戈洛蒂描述了尤穆爾塔勒克（Yumurtalık）和大不里士（Tabriz）之間穿越亞美尼亞的眾多商隊驛站，他的行程包括在他所謂的「Gavazera del Soldano」（蘇丹的商隊驛站）停留。這是奢華的圖日薩爾（Tuzhisar）的蘇丹哈訥（Sultanhan），位於從開塞利（Kayseri）到錫瓦斯（Sivas）的古老路線上。顧名思義，它是由塞爾柱（Seljuq）蘇丹凱庫巴德一世（Kayqubad I，卒於西元一二三七年）創建的幾座建築之一，外部裝飾有雕刻的幾何圖案和蜿蜒交織的星星，而表情豐富的獅子頭從水龍捲中皺起眉頭。一扇令人印象深刻的皇冠大門顯示出人們正在接受蘇丹的照料並且過得很舒適，精心設計的拱頂歡迎遊客進到天堂般的天篷內。

進去之後有好幾十個房間，還有噴泉。接著穿過開放的空間，參觀者進入了一個大庭院，那裡有一些地方部分被蓋起來，在精緻拱門周圍的石絲帶中裝飾著扭動的龍。入口對面有一座高架的波斯清真寺，上頭有一個裝飾精美的小型大廳矗立在拱門上。拱形的東翼和西翼用於儲存和裝載物品，還有一個設備齊全、分別有冷熱區域的浴室。

商隊驛站中的一切都是為了旅行和機動性而配置的。驛站

通常可以容納五十至兩百名客人。在它的短暫性中，它顯然不
是一個目的地，而是一個通往其他地方的中繼站。與許多為旅
行者提供服務的機構一樣，商隊驛站是一個不可預測的社交混
合空間，將當地習俗與來自歐洲和亞洲各地的人們結合在一起。
住在驛站裡並不昂貴；事實上，如果旅客沒有錢的話，通常可
以免費停留最多三天，所以旅客們來自四面八方，三教九流或
是王公貴族都有可能。

　　商業外交家喬薩法特・巴爾巴羅（Giosafat Barbaro）和安
布羅吉奧・孔塔里尼（Ambrogio Contarini）詳細描述了在中世

————蘇丹哈訥（Sultanhan）商隊驛站的亭式清真寺————

紀晚期在絲路上旅行的感受。巴爾巴羅和孔塔里尼都是威尼斯
駐阿克‧喬云魯（Aq Qoyunlu state，覆蓋了今天的伊朗和伊拉
克的大部分地區，統治者「烏蘇卡桑（Ussuncassan）」（Shah
Uzun Hassan，卒於西元一四七八年）的大使。巴爾巴羅曾多次
穿越波斯和高加索（Caucasus）地區，起初他是一名商人（從
西元一四三六年至大約西元一四五二年），後來擔任威尼斯駐
波斯大使（從西元一四七二年到一四七九年）。孔塔里尼於西
元一四七四年至一四七七年間遊歷了波斯和土耳其，作為大使
其任務的最終目標是使威尼斯國與波斯人結盟對抗土耳其人。
每個人都留下了他們旅程的詳細記錄。他們的著作揭露出穿越
絲路有著完善的基礎設施，但是也表明旅程的進展可能是緩慢、
艱鉅和危險的。

　　巴爾巴羅描述了他和他的團隊如何使用一種叫做「zena」
的雪橇（zena 來自俄羅斯薩尼語〔sani〕）從黑海港口塔納出
發，在冰凍的河流中前行。對他來說，韃靼人更喜歡在地面結
冰的冬天旅行，而不是在夏天被昆蟲叮咬，這對他來說很新奇。
巴爾巴羅與韃靼人的旅程包括了一大群的駱駝和牛，以及大量
的馬匹（他說他在波斯遇到的一支商隊有四千匹馬）。在他的
描述中顯示出絲路很繁忙：「每條路線都擠滿了人群和動物。」
他說，每位旅行者都帶著一輛兩輪車，車上鋪著蘆葦席；富裕
的旅行者有毛氈或是布料覆蓋在上面。有一些在車上的旅行者
會載著一個木箍做的「小房子」，這是一個蒙古包，上面覆蓋
著蘆葦、毛氈或是布料，「這樣當他們要住宿時，他們就可以

把這些房子拆下來住在裡面」。大篷車中的婦女們戴著馬毛面罩，「才能夠在晴朗的天氣裡抵禦烈日的炙烤」。有的婦女懷裡抱著嬰兒前行，左手抱著嬰兒，右手握著馬韁趕馬，「用小指上綁著的鞭子打他」。巴爾巴羅描述了沿途的偵察兵，他們比商隊先行四到二十天。他們隨身攜帶著裝滿乾糧的山羊皮瓶子，在裡面加一點水製成糊狀就可充飢，還會在途中邊玩邊射擊尋找獵物作為食物的補充，如果打不到獵物的話，就只能吃些他們能找得到的野菜和樹根。

當巴爾巴羅隨輜軺商隊旅行時，他們會住在商隊驛站和交易站的旅社（fondachi），或是寄宿處和便攜式的蒙古包裡。在亞茲德（Yazd），他造訪了交易站（fondaco），商人們會在那裡寄宿並且在小商店裡販賣絲綢和其他商品，每間商店的面積約為半平方公尺。對他來說，特別值得注意的是商品上的價格標籤紙張，因為紙張那時在歐洲仍然主要用在書籍等奢侈品上。

在旅途中，巴爾巴羅在以絲綢和粗斜紋棉布聞名的山頂小鎮馬爾丁（Mardin）那裡住進了當地領主的兄弟所創辦的旅行者客棧。人們可以在此得到食物，「如果他們看起來像是有地位的人，他們的腳下都會鋪上地毯。」巴爾巴羅對這種恣意揮霍的行為感到驚訝，因為光是一塊地毯似乎至少就要一百多達克特金幣那麼多錢。

有一天，他獨自一人坐在客棧裡，突然遇到一名裸體男子。這位當地的聖人從他的山羊皮小背包裡拿出一本小書，然後開始讀祈禱文。

他慢慢地靠近巴爾巴羅並問道：「你是誰？」

巴爾巴羅回答說：「我是個異鄉客。」

那人回答說：「對於這個世界來說，我也是異鄉客，我們都是。所以我離開了它，以便以這種方式行事，直到我的生命結束。」

他告訴巴爾巴羅要藐視這個世界，並且用「善意而滔滔不絕的話語」安慰他。巴爾巴羅稱這次神秘的對話是一次「奇怪的事件」，並將其記錄為一次難忘的邂逅。在商隊驛站和其他絲路住所中，當不同的世界聚集在一個短暫但是又親密的社區中時，這種神秘的邂逅就可能會發生。

在安塔利亞（Antalya），巴爾巴羅住在一家商隊驛站裡，這裡同時也是海關的辦公室（這並不罕見）。在這裡他試圖保持冷漠等待商隊離開，但是有一名男子向他索要五達克特作為關稅，因為他相信巴爾巴羅會一路前往耶路撒冷。巴爾巴羅試圖解釋說他不會去耶路撒冷，要求付款的人和另一名為巴爾巴羅作擔保的人之間爆發了肢體衝突。雙方不停的辱罵和拳打腳踢，向巴爾巴羅索要付款的人對他喊道：「你這個傻瓜，你永遠都是個傻瓜！」巴爾巴羅牽著馬匹逃離了商隊驛站。他繼續前往貝魯特（Beirut），然後前往賽普勒斯，最後返回威尼斯。整個不愉快的遭遇有一種不幸的誤解的氣氛，語言和文化上的混亂迅速升級，而旅人突然渴望去任何沒有人能夠發現他的地

方。

和巴爾巴羅一樣，孔塔里尼也投宿在商隊驛站等傳統的客棧。但是孔塔里尼是一個不如巴爾巴羅那麼吃苦耐勞、也不太能隨遇而安的旅行者，他也描述了他必須忍受各種各樣的住宿條件。在靠近日托米爾（Zhytomyr，亦即烏克蘭〔Ukraine〕）的某個地方，他找不到住處，被迫睡在一個危險的森林裡，那裡「到處都是心懷不滿的人」，而且沒有食物可以吃。在喬治亞，他同樣經常不得不睡在樹林裡。

在阿斯特拉罕（Astrakhan）的一家旅館，孔塔里尼的所有珠寶和商品都被沒收，並被勒索了一大筆錢。

而在庫姆（Qom）時，他曾試圖租下一間小房子住宿未果，只好被迫在帳篷裡度過了兩個晚上，忍受著嚴寒。還有一次在庫姆，孔塔里尼和他的一行人在商隊驛站裡生病並且發燒，而精神錯亂使他們說出「許多瘋狂的事情」並危及他們的安全。

孔塔里尼還經常抱怨他在絲路上吃的食物：阿斯特拉罕（Astrakhan）的鹹羊尾，裏海（Caspian Sea）旁的傑爾賓特（Derbent）用鴨蛋和一點黃油做的令人作嘔的歐姆蛋，好幾個地方的腐臭馬肉，在庫塔伊西（Kutaisi）的超難吃的晚餐，就麵包、大頭菜和一點點肉，還有韃靼營地裡的「臭母馬奶」。到韃靼的西方遊客經常將蒙古人（通常稱為韃靼人，尤其是在西部地區）描繪成貪婪的貪食者。孔塔里尼討厭他所遇到的強迫豪飲的情況，人們喝下奇怪的酒精飲料並將其強加給他們的客人。熱情好客似乎是對陌生人的招待和照顧，然而往往會演

變成惡意相向，將陌生人視為敵人。

　　當旅程快要結束到達傑爾賓特時，孔塔里尼衣衫襤褸：他的小羊皮內襯夾克都是破破爛爛的，外面穿著一件「非常糟糕的短披風」，頭上還戴著一頂小羊皮帽子。看到他一身衣衫襤褸的人都奇怪他還買得起肉。他的旅伴們告訴他，他看起來就像剛從債務人監獄裡被放出來。

　　孔塔里尼和巴爾巴羅的敘述都清楚地表明，被奴役的人和奴隸制度是從威尼斯到中國的絲路上無處不在的特徵[3]。在黑海港口波蒂（Poti，威尼斯人和熱那亞人稱為法索〔Fasso〕），孔塔里尼曾三次住在一位名叫瑪爾塔（Marta）的切爾克斯（Circassian）婦女的家裡，她被熱那亞的男人奴役。當瑪爾塔熱烈歡迎他時，他抱怨他的床上面「很糟糕的床單」是借來的，然後他就生病了，瑪爾塔用油和植物膏藥照顧他。皇帝的妹夫在塔納送給了他八名俄羅斯人奴隸，巴爾巴羅還用自己的一些商品作為回贈。然而他不知曉這些俄羅斯人後來的命運。隨後在威尼斯，當巴爾巴羅在雅朵（Rialto）買酒時，他看到了兩名被加泰羅尼亞人奴役的韃靼人。當他們在試圖逃跑時，他們

3　作者註：在許多語言中（例如英語、法語、德語、義大利語、葡萄牙語、西班牙語、瑞典語），中世紀和現代的「奴隸」一詞源自斯拉夫語。這個詞的起源於何時何地仍存在著爭議，但是它強化了中世紀奴隸制度的歷史背景。歐洲奴隸貿易的大部分人力資源來自於東歐和高加索（Caucasus）地區，尤其是切爾克斯人。布羅基埃（Broquière）在中東旅行時，對他所看到的奴隸制度感到困擾，包括在大馬士革（Damascus）販賣一名不到十五歲或是十六歲的年輕黑人女孩，而她幾乎赤身裸體地在街上被帶走。

被威尼斯葡萄酒商「帶走」。巴爾巴羅向臭名昭著的諾特先生
（Signori di Notte）抱怨，於是諾特釋放了這些人。巴爾巴羅收
留了他們兩個月，結果發現他們一起在塔納的時候所認識的人
有交集。一名獲釋者甚至聲稱，巴爾巴羅在一場火災中無意中
救了他的命。這些人回憶起他們的旅行，和他們旅程中命運的
突然逆轉，以及囚禁和自由的極端。巴爾巴羅最後把他們送回
家，讓他們乘船前往塔納。

在那時，奴隸制度正在該地區盛行，並受到與西方貿易的
支持。巴爾巴羅描述了一位名叫塔納的瑟莫（Thermo of Tana）
的方濟各會士如何用他捕鳥賺來的錢買了一個切爾克斯男孩，
給他起名叫佩特里什（Petriche），並讓他成為一名修道士。在
波蒂，孔塔里尼受到義大利人貝爾納迪諾（Bernardino）的警
告，要他不要回到塔納，因為他會被抓去奴役。在大不里士，
孔塔里尼遇到了兩名已成為穆斯林的被奴役的斯洛文尼亞人
（Slovenes），他們與孔塔里尼的僕人建立了深厚的友誼，並向
孔塔里尼本人提供了有關於國王（shah）的一舉一動的內幕訊
息。童奴、太監、皇室奴隸、性奴隸、統治者之間以人類作為
交換禮物和被奴役的戰俘，都是這一時期絲路敘事的特色；巴
爾巴羅估計，韃靼人的營地裡有一千五百名的「奴隸、牧民和
信使等」。旅行往往需要奴役來支撐，而旅行並不盡然是自由
的。

穿越絲路的旅程涉及遙遠的距離和惡劣的地形。生長著無
葉檉柳、金雀花和夾竹桃的乾涸的沙礫河床逐漸被蹄印點綴的

荒涼平原所取代，然後就是無盡的山脈和沙漠。但是絲路沿線
有許多著名的城鎮，其中最迷人的其中一處是位於現代伊朗的
大不里士（也稱為陶里斯〔Tauris〕）。這座城市位於阿拉達格
拉山脈（Aladaglar Mountains）的邊緣，因氧化而色彩繽紛的斜
坡與白雪皚皚的山峰交會，是中世紀一座快速發展的喬治亞和
亞塞拜然（Azeri）城市。它於西元一二九九年成為蒙古伊兒汗
王朝（Mongol Ilkhanate dynasty）的首都，後來又成為西方遊客
所說的「波斯」的首都。[4]大不里士非常富有，其建築、花園和
市集上的商品都令人驚嘆不已。

馬可·波羅的父親和叔叔一直是貿易夥伴，有部分的總
部設在大不里士，因為他們想要擴大商業業務的範圍。西元
一二七〇年代，馬可本人在前往中國的途中造訪問這座城市，
並於回程中在那裡度過了九個月。他發現這裡「周圍環繞著美
麗甜美的果園」，熱那亞人經常光顧這裡，他們來這裡「購買
來自外國的貨物」；來自印度和巴格達（Baghdad）、摩蘇爾
（Mosul）和霍爾木茲（Hormuz）的貨物。西元一三五〇年代，
曼德維爾將大不里士描述為亞美尼亞周邊眾多「迷人的」城市
中「最知名」的一個。

大不里士由馬哈茂德·合贊（Mahmud Ghazan，卒於西元
一三〇四年）重建，他是蒙古伊兒汗國的統治者，管轄範圍包

---

4 作者註：十四世紀和十五世紀的賈拉耶里德（Jalayirid）帝國、卡拉喬雲魯
　（Qara Qoyunlu）帝國和阿格喬雲魯（Ag Qoyunlu）帝國。

括現在的伊朗、伊拉克和敘利亞大部分地區。大不里士在城市出入口處設有優雅的澡堂、市場和商隊驛站，而且就緊鄰海關大樓旁。因此，這座城市環繞著接待來訪的商人進行了重新配置，並想方設法的以這種熱情款待的方式，用最高的效率去賺取訪客口袋裡的錢。

西班牙外交官魯伊‧岡薩雷斯‧德‧克拉維霍（Ruy González de Clavijo）是卡斯蒂利亞國王亨利三世駐蒙古征服者帖木兒（Timur，即坦伯倫〔Tamberlaine〕，西元一三三六―一四〇五年）大使館的成員。西元一四〇四年，克拉維霍（Clavijo）在撒馬爾罕的帖木兒宮廷裡度過了近三個月，並留下了關於他途經大不里士的旅程的長篇描述。進入大不里士後，他聽到了一個關於一群熱那亞商人的故事。他們購買了一座可以俯瞰城市的山丘，以便在那裡建造一座城堡和貿易站。但是一旦他們開始建造堡壘，當時的蘇丹賈拉伊爾（Jalayir）就食言了，並告訴他們歡迎他們購買和移除盡可能多的商品，但是不允許商人們建造或是購買自己的城堡。熱那亞商人前來向蘇丹請願，蘇丹下令將他們全部斬首。

克拉維霍似乎在旅行時有寫日記，他詳細描述了波斯的許多城市。他發現大不里士這座偉大的城市非常迷人且令人愉快。他對藉由灌溉渠道和管道供水的情況特別感到興趣。他指出，即使在夏天，公共湧泉和水槽也用冰塊冷卻（歷史上，該地區確實有壯觀的冰屋，分為上室和下室；他們在冬天收集冰塊，用稻草包裝好並保存在地下以供夏天使用）。商隊驛站沿著「開

放的空間且配置良好的平坦道路」而建。驛站裡面有獨立的公寓和帶有辦公室的商店。在市場中，「巨大的廣場上有著滿滿的商人和物品」並販賣精美的絲綢。他描述了婦女們到商店購買香水和藥膏的情況；這些婦女穿著「白床單」，臉上戴著黑色面具，因此完全不知道她們的身份。克拉維霍指出，這是一個有趣的習俗，但是沒有對此發表評論，也沒有將其與伊斯蘭教畫上等號。相反地，他被那裡「裝飾著美麗的藍色和金色瓷磚」的奢華的清真寺所震撼。

與此同時，他觀察到許多美麗的市政建築都處於破舊狀態，在征服大不里士的帖木兒皇帝米蘭沙阿（Miran Shah，西元一三六六－一四〇八年）的命令下被拆除（西元一四〇八年，就在克拉維霍到訪後不久，米蘭沙阿失去了這座城市，而他的頭也被刺穿在大不里士城牆前）。在大不里士停留了九天後，克拉維霍對這座城市產生了好感，並帶著帖木兒親自贈送的一群馬離開了。他被告知帖木兒所建立的這些可靠的中繼站和驛站系統之間相隔約一天或是半天的旅程，每個站點都有數十匹馬，為通往撒馬爾罕的公路服務。貿易和外交基礎設施克服了地理、政治和宗教障礙之間的空間。

數十年之後，喬薩法特·巴爾巴羅於西元一四七四年造訪「阿桑貝國王（King Assambei）」期間（又是烏蘇卡桑）住在大不里士的商隊驛站。在去那裡的路上，巴爾巴羅遭到了兩次襲擊：第一次是一些庫爾德人（Kurds）殺死了他的四名同伴並偷走了他們的馱騾（專門飼養用來揹負重物的動物）；第二次

是庫爾德人襲擊了他，於是他騎著馬逃走了。不久之後，一名
男子出現在霍伊（Khoy）和大不里士之間的路上，要求看巴爾
巴羅的介紹信。當他拒絕時，這名男子「打了他的臉」，導致
巴爾巴羅疼痛了大約四個月。但是在大不里士的王宮裡，巴爾
巴羅受到了君主的禮貌歡迎，這位君主透過口譯員承諾完全彌
補他的損失。

　　人們穿過一個有柵欄的花園來到「國王」的住所，這裡是
蘇丹的接待室，有著一片泥牆草地，裡面布滿了漂亮且精巧複
雜的裝置，其中包括一個總是充滿水的噴泉。「國王」坐在黃
金布料製成的坐墊上，彎刀放在身旁，整個小屋都鋪滿了地毯。
這裡也裝飾著精心製作的不同顏色的馬賽克。「國王」周圍都
是他的參謀、歌手和音樂家，他們演奏豎琴、魯特琴、雷貝克、
鐃鈸和風笛，發出「令人愉快」的聲音。他贈與巴爾巴羅一些
奢華的服裝：一件毛皮長袍、一件夾克、一條絲綢腰帶和一頂
棉紗頭飾。隨後，巴爾巴羅被帶往大不里士的主要市場觀看每
週舉行的比賽，野狼被帶進場內與人類搏鬥。稍後在大不里士
逗留的期間，他看到了各種珍奇異獸，有大型的貓科動物、大
象、長頸鹿和麝貓香。宮廷裡似乎充滿了東方的奇珍異物：紅
寶石、檀香、優雅的瓷器和碧玉器皿、珍珠、巧妙的浮雕、金
線刺繡的帳篷、裹著糖的烤餅和美味的糕餅甜點。巴爾巴羅在
大不里士的時光被定義為精緻、充滿樂趣和歡愉，讓人回想起
歐洲旅行寫作中貪婪地閱讀過的虛假的天堂。

　　幾年後，孔塔里尼在大不里士的經歷則完全不同，這顯示

出旅行者經常以截然不同的方式體驗同一個地方。他發現這是
一個危險而昂貴的城市。在商隊驛站裡，他受到了辱罵性的耳
語，並被稱為「狗」。人們說他來此是為了在穆斯林中製造分
裂。

東道主告訴孔塔里尼要隱蔽起來，躲在商隊驛站裡。當他
的隊伍感到飢餓並需要食物時，孔塔里尼的翻譯或是一位名叫
帕維亞的阿古斯蒂諾（Agustino of Pavia）的旅伴不得不偷偷溜
出去拿食物回來。孔塔里尼瞥見「許多市集」裡都擺滿了絲綢，
「而且幾乎有各式各樣的商品」。然而他被認了出來並受到虐
待，還被告知應該「碎屍萬段」。最終，他離開了大不里士商
隊驛站，因為它陷入了當地的衝突，只得在該市的亞美尼亞教
堂尋求庇護，在那裡他為他的團隊和他們的馬匹找到了住所。

儘管許多關於天堂的記述認為人類無法到達，但是對於人
間天堂的追求是大多數旅行者的心願。旅行寫作和幻想得齊頭
並進，因為旅行總是關於去到別的地方，或許在下一個轉角處
或是穿過下一個山口有一個新的世界。曼德維爾經常描述他沒
有去過的地方，而且那些地方並不存在，他簡潔地寫道：「我
無法真正確切地描述天堂，因為我沒有去過那裡，這讓我感到
悲傷」。當作家們描述天堂時，有時它是一個鬱鬱蔥蔥的花
園（伊甸園和伊斯蘭的傳統），有時是一座島嶼（如聖布倫丹
〔St Brendan〕的航行一樣），也許是一座旁邊有著大河奔流和
湧泉的高山峻嶺（如我們在衣索比亞的描述中所看到的）。據
說，在前往天堂的旅途中，很可能會在灌木叢或樹籬中遇到誘

惑，旅人們必須衷心期待「希望」和「毅力」會出現在路上，給予他們到達最終目的地的力量和勇氣。有一些人認為天堂位於世界的「底部」，亦即在衣索比亞之外，靠近南極洲的地方，而有另一些人則認為它位在東方，比中國（Cathay）更遠的地方。然而，從《聖經》作者到克里斯多福・哥倫布（Christopher Columbus），人們都很難就人間天堂的所在的位置達成一致。例如，在十二世紀和十三世紀歐洲廣為流傳的「貝阿圖斯（Beatus）」地圖上，天堂是黎巴嫩山（Mount Lebanon）附近的一個圍起來的區域，位於亞洲邊緣地圖的「頂部」（東部）。在大約西元一四三〇年圍繞德國南部或是波西米亞繪製的波吉亞（Borgia）世界地圖上，天堂是位於遠東北方（左上角）的一座美麗花園，位於中國之外。在喬瓦尼・萊爾多（Giovanni Leardo）西元一四四二年的威尼斯地圖上，天堂的土地（paradixo teresto）位於地圖的最上面，在印度的東邊，被描繪成一座壯觀的城市，而這座城市在外觀上與威尼斯本身並沒有什麼不同。

與人間天堂一樣生動地喚起的是它的反面：可能是一個誘惑粗心的旅行者的虛假天堂。

古希臘地理學家斯特拉波（Strabo，西元前六三年至西元二三年）在印度找到了一個失落或是虛假的天堂。他寫道，亞歷山大大帝曾聽說過這片不起眼的樂園，但那已經是過去式了。那裡有無止境的收成，冒著氣泡的湧泉、牛奶、蜂蜜、葡萄酒和橄欖油。「因為富裕和奢侈」，人們變得懶惰和不虔誠，因此天神宙斯把所有的快樂都掃走化為塵土，讓人們永遠不停地

辛苦的工作。那些提供短暫快樂的地方也注定會陷入貧困和衝突，而這通常給了旅人們一種慰藉：一個虛假的天堂可能是一個值得造訪的地方，但是卻沒有人想住在那裡。

從十三世紀開始，科凱恩（Cockaigne, Cuccagna）之地就最常被用來代表虛假的天堂。科凱恩位於遙遠的海岸上的某個地方。在這裡禁止工作，所有人都可以與自願的伴侶進行自由的性行為，蜿蜒的小溪流裡淌著青春永駐的美酒。這裡日不落，永遠是白晝，衣服上也不會有蝨子。豬自願獻身成為烤肉，美味的餡餅飛揚在空中。科凱恩漂亮的教堂上面的屋瓦是用小麥蛋糕做的，人們可以把甜美的磚石整塊拖走，不停的吃啊吃啊吃啊！那裡是一個富足的夢想之地。科凱恩只是詩歌中的一個地方，是西方想像的產物，它的故事經常在修道院的聽眾中流傳：科凱恩之地對於那些無法旅行的人和對於那些被限制在修道院裡的人來說，無異是一個綺麗的幻想。科凱恩嘲笑中世紀僧侶必須生活在簡單、嚴峻的地方，在這個世界中，人們始終被期望避免暴飲暴食和遠離奢侈的致命罪惡。科凱恩的幻想顛倒了這一切，認為在異國的某個地方可以盡情的放縱，甚至滿足所有的慾望：一個終極，但是罪惡的度假勝地。

絲路上到處都充滿著類似的虛假天堂。其中最著名的是哈桑‧伊本‧薩巴赫（Hassan Ibn Sabbah，卒於西元一一二四年）建造的遊樂花園，在有關於他的神話中，他被稱為「山中老人」，並領導著他的刺客教派（sect of Assassins）。從歷史上看，「刺客」是一個伊斯蘭教派（伊斯瑪儀派〔Ismaili〕的一個分

支），但是在隨後的幾個世紀中被幻想地描述為孤立的異端分子，其成員代表他們的半神領袖執行自殺任務。馬可‧波羅在穿越波斯前往印度時，是最早報導山中老人的歐洲人之一，他說「很多人」都跟他說過這個故事。馬可‧波羅補充了歷史上真實的細節，即「山中的部落長老」於西元一二六二年被蒙古帝國西南部的一位可汗旭烈兀（Hülegü，卒於西元一二六五年）推翻，他圍困了這個虛假的天堂整整三年。這個地方通常被認為是敘利亞或波斯的某個地方，現在則被認為是伊朗北部阿拉穆特（Alamut）的尼扎里‧伊斯瑪儀（Nizari Ismaili）堡壘（於西元一二五六年被蒙古軍隊摧毀）。該教派造成了哈里發（穆斯林國家的統治者統稱 caliph）、十字軍、埃米爾（穆斯林國家的王子或是指揮官統稱 emir）和阿塔貝格（中亞、南亞地區對於總督和藩王的統稱為 atabeg）的死亡，並至少兩次企圖刺殺薩拉丁（Saladin），但是刺客教派那裡也是一個高級的學習和通靈中心。

　　老人和他的高山虛假天堂呈現出自己想像中的可怕特徵，這些特徵被旅行者大肆的報導，並逐漸取代了阿拉穆特的歷史現實。對老人花園的描述揭示了天堂般的豐富和奢華的想法：世界是愚人的天堂。德國十字軍東征歷史學家呂貝克的阿諾德（Arnold of Lübeck，卒於西元一二一二年）將老人定位為「位於大馬士革、安條克（Antioch）和阿勒坡境內」。阿諾德寫道，老人這位王子在這裡建造了許多美麗的宮殿，周圍環繞著最高的城牆。「他的許多農民的兒子都是在這些宮殿裡長大的，他

們被教導各種語言，拉丁語、希臘語、羅曼語（Romance）、阿拉伯語等，」由王子的老師指導直到他們成年。然後他們完全被洗腦，相信他們必須服從這片土地的王子的每一句話和命令以作為回報，他們被許諾在天堂裡有一席之地。在阿諾德的講述中，虛假的天堂是一種山中的秘密軍事訓練營兼大學，是年輕人為老人的目的而努力的地方。

在老人的花園裡，年輕人會被施予毒品（通常是大麻，因此該教派得名「刺客」，即吃大麻的人）。這種毒品會讓他們陷入一種完全柔順的茫然昏迷狀態。此時，老人會確保年輕人的忠誠，並向每個男孩承諾，如果他同意死去，他將永遠進入這個天堂，並永遠擁有年輕的處女（並可盡情地與她們發生性關係，她們仍會保持處女狀態）。於是，每一個來此的年輕人都會發誓效忠老人，他們變得不再害怕死亡，因為美麗的天堂正在等待著他們。透過這個詭計，老人將年輕人送入對手的地盤。那些忠誠、奴性的年輕人，在老人的魔藥中變得遲鈍，現在他們不再害怕死亡，並期待死後在天堂裡享受無盡的性生活，他們會殺死老人的對手，掠奪他們的財富，然而在這個過程中常常會犧牲掉自己的性命。

西元一三五六年，曼德維爾在他的寫作中描繪了一座「華麗、堅固的山上城堡」，其中包含了「最美麗的花園」。這裡有最甜美的香草和最美麗的花朵，還有「精美的噴泉以及許多裝飾著金色和蔚藍色的宜人的大廳和房間」。曼德維爾還詳細描述了老人設計的「各種娛樂活動以及依靠發條機械唱歌和移

動的野獸和鳥類，就好像它們是活的一樣」，這既暗示出技術的獨創性，也暗示出假象的危險。

在曼德維爾對花園的描述中，有三個未滿十五歲的處女和三個同齡、有著紅潤臉頰的小伙子。他們都穿著金色的衣服，被介紹給遊客作為天使。他們坐在三個宜人的噴泉周圍，這些噴泉與地下管道相連，「這樣，每當山中老人許願時，第一個噴泉會噴出酒，第二個噴泉會噴出牛奶，另外一個噴泉會噴出蜂蜜」。他稱這個地方為天堂。

山中老人和他的虛假天堂的故事顯示出對文明的不信任，花園誘人的詭計背後潛藏著暴力。這個故事體現了旅行者對人間天堂及其虛假同等物的渴望。中世紀的旅行者在旅途中遇到的鬱鬱蔥蔥的果園、華麗的涼亭和吸引人的妓院中找到了現在或是以前的天堂。西元一四八一年，佛蘭德斯的朝聖者喬斯·凡·吉斯特勒（Joos van Ghistele）在穿越埃及時，瞥見了開羅附近的富商在避暑別墅和遊樂亭中盡情享樂。這些幸運的男人與美女一起享受宴會和狂歡派對。凡·吉斯特勒評論道，這就像人間和天上的天堂合而為一。作為一個路過的旅行者，他可以驚奇地凝視其中，以及為擺脫其欺騙性的魅力而感到鬆了一口氣。

山中老人的詭計並沒有一直得逞下去。在某個時間點，當所有其他的當地領主都知道了他的詭計之後，他們帶著弓箭手和大象軍團一起向他的城堡進軍，他們殺死了他並摧毀了他的虛假天堂。

　　後來的旅行者不確定山中老人的城堡到底在哪裡，但是沿著絲路前進，他們經常會經過一些遺跡和廢墟，這些令人著迷的瓦礫道出了曾經的輝煌和褪色的力量。這些殘磚破瓦讓有一些人不禁懷疑他們是否真的偶然發現了山中老人虛假天堂的最後遺跡。

　　在穿越絲路的過程中，喬薩法特・巴爾巴羅從一位土生土長的卡法人（Caffa）、名叫文森（Vincent）的多明尼加（Dominican）修士那裡了解到西元一四八六年時，當地人民被狂熱的穆斯林暴力屠殺的情況。遭受襲擊的地方之一是「歌革和瑪各（Gog & Magog）的國家」，位於裏海山脈附近的某個地方。文森告訴他，這是一個遵循希臘儀式並且遭受到暴力屠殺的基督徒組成的國家。巴爾巴羅似乎已經接受了這樣的一個事實，認為那裡有一個叫做「歌革和瑪各」的地方，一個被旅行者反覆提及的土地和民族，但是也沒有固定的坐標，甚至沒有固定的宗教信仰。

　　在聖經中，隱晦地提到了「歌革和瑪各」，既指一個人，又或許是指一個民族，一個部落，或是一個地方。《啟示錄》（Apocalypse）中寫道，經過一千年的平靜之後，撒旦將被釋放，「誘惑列國……在地球，歌革和瑪各的四個角落上」，將他們聚集在一起進行戰鬥（《啟示錄》〔Revelation〕，二〇：七—九）。然後歌革和瑪各將遍布「大地」，包圍「聖徒的營地」和「摯愛的城市」（耶路撒冷）。接著一場大火將從天而降吞噬他們。在此歌革和瑪各被理解為代表撒旦的力量，為征服基

督教世界做最後的努力，並且是千禧年思想的基石，也是一千
年之後即將到來的史詩般的戰鬥的基石。

　　到了中世紀，歌革和瑪各經歷了許多的**轉變**。作為一個地
方（通常是山脈）或是作為一個民族，歌革和瑪各被認為位於
絲路上的某個地方：若不是在高加索山脈，就是在中國「之外」。
有時候人們會說歌革和瑪各在裏海的傑爾賓特（Derbent）。
傑爾賓特的名字來自波斯語 dar-band，意思為「封閉的門」：
據說亞歷山大大帝將歌革和瑪各部落困在封閉的城門或城牆
後面，阻止他們將自己的計劃強加在世界上的其他地方。西元
一三五〇年，有一位西班牙的方濟各會士自稱造訪過衣索比亞，
還說他曾經居住在「瑪各城堡（castle of Magog）」，這是瑪各
河（River Magog）上方一座用磁鐵建造的奇妙堡壘。山谷對面
有一座對應的歌革城堡（castle of Gog），每座城堡可容納一萬
人。兩座城堡之間隔著一道鐵門，將入口堵住以防止韃靼人入
侵。

　　在一系列複雜而精細的轉變中，這些封閉的部落在西方的
想像中向東遷移，似乎反映出對亞洲各地部落群體入侵日益增
長的恐懼。在一些十四世紀的記載中，亞歷山大的裏海大門甚
至變成了中國的長城。來自摩洛哥（Morocco）西北部的丹吉
爾（Tangier），有一位不屈不撓的旅行家伊本・巴圖塔（Ibn
Battuta）寫道，歌革和瑪各的長城距離中國六十天的路程。他
說，「這片領土被遊蕩的異教徒部落占領，他們吃掉能抓到的
人，因此沒有人進入他們的國家或是試圖去那裡旅行。」他說

他只聽說過這件事情，而說這些話的人卻從來未曾去過那裡。

歌革和瑪各的人民所代表的形式各不相同，若非是一群據說被鎖在這些山裡面，說著希伯來語的猶太食人族（等待反對基督教的人釋放他們，並帶領他們進入基督教世界，就像聖經中所描述的那樣），就是韃靼人。有時候人們說他們是巨人，或是亂倫或濫情的人，或是會在井裡下毒以傳播瘟疫的人。一個密切相關的傳統發展開來，特別是在德國，有一個名為「紅色猶太人」的群體，他們居住在東方的一塊土地上，有一天會在啟示錄期間入侵歐洲，尋求壓倒基督教世界。

曼德維爾所著作的十四世紀旅行指南對歌革和瑪各進行了富有揭示性的描繪。根據他的說法，十個失落的聖經部落居住著猶太人，他們受到城牆、山脈和裏海的限制。他們選擇不經由裏海逃跑，因為他們不知道裏海會通往哪裡。根據曼德維爾的描述，他們說的是一種其他人不知道的秘密語言。因此，除了山裡面的封閉空間之外，「嚴格地來說，猶太人沒有自己的土地」。即便如此，他們也必須向亞美尼亞女王致敬。曼德維爾對歌革和瑪各的描述突顯出旅行者所面臨的一個關鍵問題：「土地」或是「民族」跟語言有關係嗎？擁有自己「能被社會接受的土地」就能使一個民族成為一個民族嗎？中世紀對「國家」的定義往往將語言、習俗和宗教結合起來。歌革和瑪各可以被視為試圖去思考作為一個散居各地的猶太僑民以及在一個文化認同源自土地和語言的世界中，作為一個沒有「能被社會接受的土地」的民族意味著什麼？

　　歌革和瑪各的不斷變化代表各種事物顯示出中世紀旅行文化的許多特徵。這些地方通常是根據聖經上模糊的描述或是歷史參考資料推斷出來的。這些地方具有高度的流動性，並滿足遊客的需求，而非地理上的特殊性。歌革和瑪各是一個隱約讓人領會但是明顯道德化的地方。這是一片有道德寓意的景觀，等待著世界來占領它。歌革與瑪各的幻想充滿了來到時間的盡頭和世界的盡頭的幻想。歌革和瑪各也代表了許多中世紀基督教旅行者徹底的反猶太主義，即使他們對海外的新文化和奇蹟感到好奇並且能夠接受，但是他們無論在哪裡遇到猶太人，都對猶太人懷有惡毒的仇恨。就好像穿越絲路的旅行取決於召喚一個好戰的對手，而其目標是征服歐洲。縱觀西方的旅行寫作史，就好似整個中世紀文學一樣，猶太居民和遊客往往扮演著主要的局外人角色，被認為對基督教文化懷有敵意，並且從根本上構成威脅。在這種知識的形式中，基督教歐洲世界的實際權力動態被逆轉，而在這之中的猶太社群形成了一個極小且陷入了困境的少數派，基督徒被幻想為受迫害的探險家，並為想像中的猶太侵略者提供了威脅性的機構，深深地刻印在絲路的詭秘範圍內。

印度的生物

以下是印度的一些怪物種類：

- 蛇的體型巨大，以公鹿為主要的食物。
- 有一種叫做鬣狗獅（leucrocota）的動物，具有驢子的身體、雄鹿的後腿、獅子的胸部和腿、馬的蹄子、頭上有叉子狀的角和像極了人類的臉。
- 還有一種黃褐色的公牛，其毛髮以一種可怕的方式豎立起來，牠們有著巨大的頭部，嘴巴張得很大。這種動物可以伸出頭上的角進行戰鬥，任何投擲物都會從其堅韌的皮膚上反彈開來。這種公牛無法被馴服。
- 在印度也發現了一種叫做蠍尾獅（manticore）的野獸：這種怪獸有一張人臉、三排牙齒、獅子的身體和蠍子的尾巴，以及熊熊烈火般的眼睛。身體呈血紅色，會發出像蛇一樣的嘶嘶聲。牠以人肉為食，跑得比飛鳥還快。
- 那裡還發現了獨角獸（unicorn），它有馬的身體、公鹿的頭、大象的腳和豬的尾巴。 額頭正中有一隻獨角，長約四尺，閃閃發光，鋒利無比。獨角獸非常兇猛，會發出可怕的吼叫聲。獨角獸可以用頭上的角來刺穿任何路上的東西。牠能被殺死，但不能被馴服。
- 印度還有一種鉗子可長達六個手肘的螃蟹，牠們可以抓住大象並將其淹死在水下。
- 印度洋出產烏龜，人們用烏龜的殼為自己建造寬敞的房子。

CHAPTER ────────────────────────── 11

從波斯到印度

霍爾木茲 _____ 卡利卡特 _____ 科欽
Hormuz   Calicut   Cochin

馬爾地夫 _____ 婆羅門之地
Maldives   Land of Brahmins

　　我們現在沿著往東南方向的路線，伴隨著惡毒的熱風，到達波斯灣（Persian Gulf）的霍爾木茲（Hormuz）大港。這是從廣闊的阿拉伯沙漠到印度豐富的奇觀之間的一條熱門路線。如果不藉由陸路前往印度和中國，可以採取更快、更安全的海上路線。從西元一四○○年左右開始，海上通道比陸路更加成熟，向東航行可從波斯灣與阿拉伯海的入口處霍爾木茲海峽開始。

　　波斯離海峽那一側的港口，尤其是霍爾木茲本身，是印度、阿拉伯和印度洋之間貿易和交流的主要港口。由於蒙古軍隊不斷入侵，整個霍爾木茲鎮在西元一三○○年左右從大陸遷移到賈倫（Djarun）小島，這是一座由明亮的紅色黃土沙和鹽組成的嚴峻山峰。中世紀晚期的「新霍爾木茲」很明顯的是一座多

元文化的城市，來自中國、古吉拉特邦（Gujarat）和亞美尼亞
的商人和航海家與威尼斯和熱那亞的經紀人、律師和傳教士混
雜在一起，那裡約有五萬人密集的居住在約五平方英里的範圍
內。霍爾木茲有宏偉的市集，還有數百艘船隻停靠在港口，義
大利槳帆船與用繩索和木釘將椰子殼製成的單桅三角帆船在海
面一起上下搖擺著航行。馬可‧波羅在西元一二七〇年代遊歷
波斯後造訪了霍爾木茲，他注意到那裡販賣有「各種香料、寶
石和珍珠、絲綢和黃金織物、象牙以及許多其他的產品」。但
是他對「熱帶地區」灼熱的氣候以及當地習慣跳入和頸部一樣
深的水中以躲避夏季沙漠熱風的做法感到不安。馬可‧波羅稱
霍爾木茲是一個「對身體有害的」地方。

其他的遊客也深有同感，一致地認為最好避開霍爾木茲，
因為那裡悶熱的天氣似乎反映出更到處都很腐敗。波代諾內的
奧多里克（Odoric of Pordenone）是歐洲中世紀最重要的旅行作
家之一。他是一位豪邁且健談的方濟各會傳教士，被同時代的
人形容為身材矮小，留著紅叉鬍鬚的男子。他與另一位修道士
愛爾蘭的詹姆斯（Jmaes）一起旅行，但是人們對他知之甚少。
奧多里克的世界橫跨波代諾內的弗留利（Friulian）村莊，他在
那裡出生成長，該村莊位於威尼斯東北約七十五公里處，他還
曾經在中國大可汗的宮廷裡生活了三年。他的旅行記述被廣為
流傳並被大量模仿。西元一三一八年，他造訪了霍爾木茲，並
表示那裡炎熱的氣候「令人難以置信」並且「危險」，而且沒
有樹木，也沒有淡水。他描述了高溫如何導致男人的睾丸從雙

腿上垂下來，還一直垂到膝蓋。西元一三五〇年代，約翰‧曼德維爾詳盡地闡述了奧多里克的說法，他說酷熱的天氣使「男人的睪丸垂到了小腿」。這是「由於他們身體已經非常的退化」。當地人知道如何捆綁睪丸，「用特殊的藥膏塗抹以支撐睪丸」，否則這些人就會死。曼德維爾旅行指南的一些手稿包括霍爾木茲人的照片，他們巨大的睪丸就像是多餘的、不成形的四肢一樣從雙腿上垂下來。

　　這種有關於睪丸的謠言可能只是反映出古老的傳說，透過旅行去嘲笑人體的荒謬和不可靠。但是霍爾木茲的炎熱導致男性睪丸下垂到小腿的想法來自於旅行者對不同版本「自然」（包括氣候）的遭遇。雖然早期的地理學家們認為赤道的熱帶地區不適宜居住，然而到了奧多里克和曼德維爾的時代，人們了解到儘管有人居住在那裡，熱帶地區與溫帶地區和歐洲「平衡的」文明以一種怪異的方式並存。大自然對此地的居民做了一些奇怪的事情，霍爾木茲的酷熱也反映在了男人們放蕩的身體上。

　　奧多里克稱霍爾木茲為「通往印度的門戶」。這座城市也是通往陌生、奇妙和令人恐懼的大門。這裡市集上的東西也將會進入西歐的市場和家庭。然而在霍爾木茲，這位歐洲的旅人已經遠遠的離開了聖地，也離開了基督教的世界。風俗、天氣、食物，甚至人體，都變得陌生而令人驚訝。

　　船隻從霍爾木茲出發，沿著東西向的主要航道穿越阿拉伯海到達印度洋。這條路線將歐洲和中東以及印度的大片領土連接起來，而印度河（Indus River）也因為是從次大陸西北側的山

脈中流淌而下而得名。

　　印度的中世紀術語涵蓋了整個次大陸，從今天的伊朗東部到緬甸及其他地區。印度傳統上被分為三個部分，根據曼德維爾的定義，這些地區是小印度，一個溫帶地區，而大印度是炎熱地區，印度北部則是一個多山、冰冷的地區。威尼斯的旅行家尼科洛‧孔蒂描述印度的第一部分是從波斯到印度河（今天的阿富汗和巴基斯坦），第二部分是從印度河到恒河（Ganges，即印度北部地區，今天的古吉拉特邦〔Gujarat〕、拉賈斯坦邦〔Rajasthan〕、旁遮普邦〔Punjab〕、北方邦〔Uttar Pradesh〕和尼泊爾），而第三部分則是「超越的一切」，亦即印度次大陸的南部，包括斯里蘭卡，以及現在的孟加拉（Bangladesh）和緬甸。對於孔蒂來說，這裡的第三部分是最奢華、最富有、也最優雅的的地方，他說，這裡的人們「過著更加精緻的生活，遠離了一切的野蠻和粗俗」。男人們非常仁慈，商人們也非常富有。

　　對於印度次大陸的理論地理如何映射到他們所到訪過的地方，因為每個去過印度的旅行者都有自己的看法。印度本身通常被描述為由數千個（也許是五千個）「島嶼」或是領土所組成的地方，景觀幾乎具有無限的多樣性。儘管印度商品在歐洲市場上很常見，然而「印度」本身被當作是一個概念，一個被報導為豐滿富裕的國度，一個陌生、令人嚮往、充滿奇蹟和自然奇觀的世界以及一個有很多值得細心的旅行者學習的地方。歐洲的旅行者都曾經在書本中得知他們可能會在那裡發現的巨

大財富和誘發涅槃的快樂花園。有一些旅行者在印度的經歷似乎呼應出或證實了這一點：他們發現了用異國材料建造的令人驚嘆的宮殿，幾乎隨處可見的奇怪水果和辛辣香料，以及從龐大的人口中獲得令人眼花繚亂的財富和絕對權力的非基督教王子。

在印度，大自然的每分每秒都令人震驚。空氣中充滿了熱氣，感覺就像在呼吸肉湯。肚子吃得飽滿的蚊子懶洋洋地掛在空中，騷擾著你的脖子、手腕和腳踝。有著人體三倍長的網紋蛇在城市的大街上爬行，大象則盛裝打扮著背上的城堡的前行。咧著嘴笑的狡猾的猴子和身上有著斑點的野貓襲擊了那些愚蠢到在天黑後上路的旅人們。在夜空中，星象圖都不同了，彷彿蒼穹上的巨大彩布被扭曲了一樣。波代諾內的奧多里克於西元一三一八年造訪了印度，他總結道：「在全世界都沒有像印度的境內這樣的奇蹟。」

西元一三二九年，方濟各會傳教士塞韋拉克（Sévérac）的喬丹（Jordan）在穿越印度時多次發現，他無法描述他在那裡所看到的一切，他說，「極其可怕」的高溫「對陌生人來說根本無法以言語來形容」。他將這裡的一種芒果稱為「aniba」（馬拉地語〔Marathi〕名稱的一個版本），「一種甜美可口的水果，無法用言語形容」。印度的樹木如此之多、種類如此多樣，以至於「描述這些樹木將會超出人類能夠理解的範圍」。如果旅行寫作是一種知識形式，一種掌握地點的方式，那麼印度始終無法達到這種掌握：不可能以言語來描述。

　　印度的香料、寶石、香水、亞麻布，甚至鸚鵡和貓，都向西出口到中東，然後再出口到歐洲，成為世界各地富裕消費者的必需品。在開羅的 genizah（猶太教堂的儲藏室）中儲存的中世紀文件顯示出從印度向西交易的物品範圍極其廣泛，舉凡醃魚的水袋、椰子（和椰子刮刀）、地毯、捕鼠器、漁具、玻璃器皿等都有。不令人意外的是，印度最受西方旅行者歡迎的地區是印度西海岸的商港：北部的坎貝（Cambay）、塔納（Thane，現在為孟買〔Mumba〕的郊區）、卡利卡特（Calicut，科澤科德〔Kozhikode〕）、科欽（Cochin）和最南部的奎隆（Kollam）。

　　威尼斯商人尼科洛‧孔蒂留下了兩段他在印度旅行的記述：第一段他與西班牙旅行家佩羅‧塔富爾（Pero Tafur）於西元一四三七年在西奈會面時分享給他，第二段是他後來與義大利人文主義者波焦‧布拉喬里尼（Poggio Bracciolini，西元一三八〇─一四五九年）在羅馬相遇時告訴了他。孔蒂在中東和印度待了很多年，做過黃金和香料的買賣。遠遊至爪哇後，他大約於西元一四一九─一四二〇年左右在印度西南部的馬拉巴爾海岸（Malabar Coast）停留了數個月。布拉喬里尼提供了孔蒂對此的描述，他對每個城鎮周邊的平淡描述與天馬行空的幻想結合在一起。

　　孔蒂對馬拉巴爾的第一個觀察是那裡富含生薑、胡椒、巴西木和肉桂。這些都可提供給歐洲市場做豐富的選擇。此外，他也立刻指出那裡有著巨大的蛇（長六埃爾〔ells〕，接近七公尺），但是除非被激怒，否則不會傷人，而且對小孩子很有吸

Be aware

注意：在這個地區有河馬生活在陸地和水中。這種動物一半是人，一半是馬。只要有機會找到食物就會拼命吃，他們就和男人一樣喜歡吃東西。

引力。然而他的描述似乎是蟒蛇，他說他還看到了一些更難以識別的動物，比方說是在空中飛翔的貓（可能是鼯猴或是飛狐猴），牠們「伸出腳並搖動翅膀從一棵樹飛到另一棵樹」，還有長著「長方形尾巴」的無害的四足蛇，牠的肉被視為「最好吃的食物」。最後還提到了一種生活在樹上，有七個頭的有翅膀的蛇，僅僅靠呼吸就能殺死人。

重要的港口城市卡利卡特給孔蒂留下了特別深刻的印象。卡利卡特是西方旅行者熟悉的地方，普林尼（Pliny）和托勒密就曾提到，即使是在古代，卡利卡特就已經是胡椒的產地。孔蒂發現它是「全印度最高貴的商場」，出售紙張、生薑、肉桂、紫膠（蟲膠樹脂）、櫻桃李子和珍貴的莪朮（zedoary，一種白色的薑黃根，在中世紀時期西方用於作為胃藥）。卡利卡特是十二至十四世紀時，印度主要的西部港口（並為西方帶來了未漂白的棉織「印花布」〔calico〕）。

西元一四九八年，葡萄牙航海家瓦斯科·達·伽馬（Vasco da Gama）在卡利卡特登陸，當時「有一大群全身黝黑、一絲

不掛的人湧向海灘，只用布蓋住大腿中間，以遮蓋自己的生殖器」。達·伽馬（Da Gama）的傳記作者加斯帕·科雷亞（Gaspar Correia，西元一四九二一一五六三年）聲稱，對於當地人來說，「他們以前從未見過葡萄牙人」。這種驚奇的語氣，以及第一個到達的自我誇大的姿態，很難與馬拉巴爾海岸的中世紀歷史相符，因為馬拉巴爾海岸的港口有著歡迎陌生人的悠久歷史。到西元一四○○年時，該地區已經成為深度國際化的城市。令人難以置信的是，當地人以前從來沒有見過外國商人，因為這座城市多年來一直是香料和絲路的中心。

　　從西元一三四○年代起，科欽開始與卡利卡特競爭，成為西部重要的港口。科欽是島上的一個海角，西元一三四一年的一場洪水改變了它的面貌，這場洪水不僅摧毀了附近的科東加魯爾（Cranganore）古代的旱地港灣，還在海角上形成了一個深層的天然港口。科欽一直擁有多元化的人口，包括許多佛教徒、印度教徒和穆斯林，以及遵循東敘利亞儀式景教（Nestorians）的基督徒，還有西元一三四四年在科欽建立猶太教堂的猶太信徒。西元一四○五年，科欽王朝（Perumpadappu Swaroopam）的王子家族將首都遷往科欽，這座城市也隨之繁榮起來。葡萄牙人於西元一五○○年登陸並於西元一五○三年占領此地。西元一五二四年，瓦斯科·達·伽馬被安葬在聖佛朗西斯教堂內，該教堂通常被稱為歐洲人在印度所建立的第一座基督教教堂。從科欽和馬拉巴爾海岸進行貿易的商品在西方受到高度的重視，並使該地區變得異常富裕：那裡的大量商品吸引了西方遊

客，儘管他們更受當地習俗和宗教的困擾。

　　西元一四〇〇年左右，當遊客抵達科欽後，首先映入眼簾的是戴著花環、有著圓腹的奎師那（Krishna）和濕婆（Shiva）的巨大石像，旁邊還有裸體舞者的世俗浮雕。華麗的多層建築由許許多多雕刻而成的動物守護著，甚至當地的硬幣上也印有小動物。當地的雕像精緻而複雜，採用珍貴的材料雕刻而成，這在歐洲基本上是前所未見的。這些寺廟採用當地的黑木所建造，上面雕刻著跳躍的老虎。

山牆上有一頭威嚴的坐立的大象，這是和平而智慧的象神甘尼許（Ganesha），象徵著智慧、理解和消除障礙。其他雕像則讓人想起歐洲的聖人，雕刻著他們所象徵的特徵，但是在印度，神明們經常大膽地裸露身體，自豪地展示出乳頭和陽具，並帶有動物的身體部位。聖母女神瓦拉希（Varahi）的雕像直立著，將嬰兒抱在胸前，乍看之下與聖母瑪利亞很相似。但是瓦拉希有一個母豬頭，有時還長著獠牙，而且有復

女神瓦拉希（Varahi）

仇的一面，並不是很溫柔的樣子。

當他們在西奈半島會面時，孔蒂強烈警告佩羅‧塔富爾不要前往印度。根據塔富爾（他對孔蒂的描述與布拉喬里尼的說法有些不同）的說法，孔蒂在印度度過了大約四十個年頭，對此非常了解。事實上，他娶了一位印度女子，是當地王子所撮合的，並育有三名子女，他們都出生在印度。孔蒂提出警告並反對他去走這條印度和歐洲之間「漫長而麻煩」的路線（他本人在麥加被迫皈依伊斯蘭教）。在印度，遊客將不得不去面對沒有法律約束或是沒有統治者的陌生種族、以及不尋常的空氣、不同的食物和飲料，還有野獸般的人民（他聲稱見過他們吃自己同胞的肉），他說，這些人無法自我管理。孔蒂似乎在說，印度不是好奇遊客們的目的地（塔富爾本人只是出於好奇而渴望去印度）。根據塔富爾的說法，孔蒂告訴他：「你會看到成堆的黃金、珍珠和寶石，但是這些東西對你有什麼好處？因為佩戴它們的人都是野獸！」

聽完孔蒂講述印度的故事後，塔富爾放棄了遠遊的計劃。他無奈地寫道：「我得出的結論是，如果我不能用飛的到達那裡，那就不可能成行。」

阿法納西‧尼基丁（Afanasiy Nikitin）是一位來自莫斯科西部特維爾市（Tver）的商人，他的人脈廣泛。西元一四六〇年代末，尼基丁離開家鄉，在年輕的特維爾大王子米哈伊爾（Mikhail，卒於西元一五〇五年）的許可下，帶著商隊前往高加索（Caucasus）周邊地區和波斯西部地區尋找新的市

場。尼基丁與一群俄羅斯和波斯商人們一起出發，穿越伏爾加
（Volga）河下游已發展成熟的貿易路線。但是，就像當時的許
多旅行者一樣，造化弄人：尼基丁在月光下偷渡到阿斯特拉罕
（Astrakhan）後遭到追擊和槍擊，他的船擱淺在捕魚的陷阱上，
他的行李被搶走，後來他的船在暴風雨中失事並再次被掠奪。
因此，由於無法支付回程的旅費，加上不幸的天意和需要挽回
多重的損失，他遠離了預定的路線，離開了他的旅伴們。他造
訪了巴庫（Baku），在那裡他對於輕油燃料的燃燒感到驚嘆不
已，不可置信地看著在地面上燃燒卻不熄滅的火焰。他在波斯
旅行了好幾年。在賈羅姆（Jharom）時，他對於用水果餵養的
牛隻感到好奇。他於春天（可能是西元一四六九年）抵達了霍
爾木茲，並在那裡慶祝復活節。

尼基丁熟悉俄羅斯西部涼爽的森林和白雪皚皚的冬天，他
發現霍爾木茲的炎熱令人驚訝。他說，在那裡，「太陽炙烤著
人們」。但是他也指出，這座城市是「世界各地的一個巨大的
商場；你可以在那裡找到各式各樣的人和商品，無論地球上生
產什麼東西，你都可以在霍爾木茲找到它。霍爾木茲是海洋上
的十字路口。尼基丁雖然孤獨、不確定，但足智多謀、富有創
業精神，他發現自己置身於充滿誘人商品的市集中。

從霍爾木茲出發，尼基丁開始了一段史詩般的、令人驚訝
的旅程，這遠遠超出了他最初所計畫的商業範圍，並被他記錄
在由各種筆記和回憶所組成的雜亂的敘述中。他橫渡阿拉伯海，
航行了數千公里到達了印度。在那年的稍後他決定在那裡定居，

隨後的三年他在印度從事馬匹的經銷。他曾在朱納爾（Junnar）度過了一段時光，這是一個坐落在一個石壁上、距離海岸一天路程的古鎮，其周圍環繞著野貓出沒的森林。他觀察到朱納爾的可汗是如何騎乘大象和馬匹，但是有時候會選擇騎著他的男性侍從，這些人是從中亞呼羅珊（Khorosan）部落所擄獲或是購買的。在那個時期，朱納爾是巴赫馬尼（Bahmani）蘇丹國的一部分，巴赫馬尼蘇丹國是一個強大的穆斯林王國，覆蓋著印度次大陸的西部和中部的大部分地區。

起初，尼基丁所到之處，印度人都追隨著他，對他潔白的皮膚和覆蓋全身的衣服感到震驚不已。相反地，尼基丁描述了深色皮膚、裸體的印度人民，他對於他們的赤身裸體、婦女們露出乳房以及巴赫馬尼婦女「邪惡的」淫亂感到震驚和興奮。

他描述了為外國商人開設的印度旅館（有時稱為dharmasala、sarai 或是 sattra）。 收容所和庇護所通常會免費提供給旅客們食物和床位，因為它們支持買賣。尼基丁說，女房東會準備好食物，並整理好床鋪，然後與客人發生性關係。他補充說，當地女性似乎很喜歡白人男性。她們白天和丈夫發生性關係，晚上則會去找外國人，給外國人帶來香甜的糕點，有時甚至還會付錢給外國男人與她們發生性關係，「因為他們喜歡陌生的人和白人」。在一個專門供奉印度教女神帕瓦蒂（Parvati）的朝聖和貿易展覽會上，尼基丁注意到這些女性的價格非常「便宜」，並給了他的讀者一份價目表：與女性發生性關係需要兩個吉塔爾銀幣（jital）；四個瓦拉哈金幣（varaha）

可與漂亮的女人交媾；五個瓦拉哈金幣可和尼基丁看來最有魅力的女人發生性關係。他說，那是一位美麗、皮膚黝黑的女士，「全身都是黑的，乳頭又小又漂亮」。旅行就是滿腦子性愛和發現性的歡愉，我們現在稱之為性愛之旅，但是很多觀光旅遊都包含著春心蕩漾的元素。性愛之旅滿足了旅行者的需求，並使旅行者與旅行中所遇到的對象建立了一種親密的經濟、色情和異國情調的關係。支付性交的費用、透過性交賺錢以及進行在家中無法做到的性行為，長期以來一直是旅行文化的一部分。旅行的「浪漫」通常只是一種新的性行為的代名詞，或是在新的地方感受到性的活力。

　　人們強烈地感覺到，尼基丁在旅途中拓展了自己的性視野，而不僅僅是報導他所觀察到的習俗。隨著旅程的繼續下去，他也越來越沒有那麼看不慣當地人了，他的基督教價值觀也越來越不正直，並對自己的西方俄羅斯生活方式也越來越不那麼確定。「遊歷許多國家的人會犯下許多罪孽，並剝奪自己的基督教信仰」，他自責地回憶起自己在比德爾（Bidar，巴赫馬尼蘇丹國優雅的首都）穆斯林宮廷的時光（可能是在西元一四七二年左右）。

　　我們可能會將尼基丁視為「在地旅遊」的獨立旅行者的早期例子，或者對他們來說，旅行具有同化和自我轉變的元素。起初，他試圖避免吃當地的食物，僅靠麵包和水維生，但是後來他與當地的印度教徒、佛教徒和穆斯林一起飢腸轆轆地用餐。他對這個國家的香料感到好奇，特別是這裡的胡椒、生薑、丁

香、肉桂和芳香根莖植物，所有這些東西不僅便宜、美味，而且還很容易買到。他也對其他宗教的習俗和神學非常了解。在旅途中，他禱告時所使用的書被搶走了，他開始忘記基督教節日是什麼時候，他不知道復活節或聖誕節是什麼時候，也開始忘記今天是星期幾。他大部分的時間都與穆斯林在一起，有一次當地的穆斯林梅利克（Melikh）還強迫他皈依伊斯蘭教。尼基丁似乎隱藏了自己的基督教信仰，並開始穿上伊斯蘭的服裝；他採用了穆斯林名字「霍扎·伊蘇夫·霍羅薩尼」（Khoza Issuf Khorossani），並宣稱自己是基督教和伊斯蘭教「兩種信仰之間的人」。他的記述最後用阿拉伯語向「全聰、全視的真主」祈禱，這是一種確切且明顯地顯示出他自願信奉伊斯蘭教的表現。

每次旅程中都會有一個轉折點，或許是幾個小時，也可能是幾個月，在那當下我們開始有放棄回家的想法，或者至少放棄不要沒有任何改變就回去的想法。每位旅行者是否都會有這樣的時刻試問自己：「這有什麼意義？」我從旅途中得到了什麼？難道我就這麼一直在旅行，永遠不回家嗎？在他造訪的每個新地方，在每個新的外國經歷中，尼基丁都發現了他所不知道的新的自己。他所遇到的民族和異地的陌生感轉化為他對自己過去的陌生感。人們常常渴望旅行，以擺脫日常生活中的平庸和疲憊，但是尼基丁比這走得更遠。因為如果我們旅行的時間太長，我們時常會覺得有必要了解旅途中的人、甚至成為和他們一樣的人。

當我們在國外學習新的語言時，我們有時候似乎也會呈現

出全新的個性和不同的自我。尼基丁是一位異常勇敢的旅行者，他知道他的旅程非比尋常。他將自己的俄語記述（夾雜著阿拉伯語和土耳其語）寄回俄羅斯，作為他在印度遊歷的書面證詞。它的記述並沒有廣為流傳，但是被抄寫成幾本編年史，以作為一段非凡經歷的記錄。

西元一四七二年，他開始返回特維爾，並在黑海的卡法（Caffa）寫下了更多的記述。但是後來他在立陶宛大公國（Grand Duchy of Lithuania）靠近斯摩棱斯克（Smolensk）的地方去世了，我們不確定他是怎麼死去的。他走了那麼遠，過了那麼多精彩的人生，最後卻變成了另一個沒有返家的旅人。

與尼基丁有些相似，但是更膽怯的是熱那亞商人傑羅尼莫·迪·桑托·斯特凡諾（Jeronimo di Santo Stefano），他在西元一四九〇年代踏上了前往印度的「災難性旅程」。桑托·斯特凡諾與他的商業夥伴傑羅尼莫·阿多諾（Jeronimo Adorno）踏上了他們認為將是一個簡單的盈利之旅：在開羅購買珊瑚珠和其他商品並在印度出售，然後再從印度帶回商品並在歐洲出售。

兩人乘坐一艘脆弱單薄的賈巴船（jalba）到達印度，這是一種用繩索縫製並以舊木板製成的低矮小船，採用棉帆驅動。這兩名熱那亞人花了二十五天的時間從埃及紅海沿岸的埃爾庫塞爾（El Qoseir）到達印度的馬拉巴爾海岸。

對於兩位同名的傑羅尼莫來說，剛開始時一切都很順利；他們在卡利卡特周圍地區發現了基督徒。他們初次見識到奇妙的胡椒樹、薑根和椰子。他們看到了當地人虔誠的崇拜牛隻（牛

在佛教、印度教和耆那教〔Jainism〕中是神聖的）以及太陽（佛
教和印度教都有重要的太陽神），或是自製的小「偶像」。他
們興奮地得知了當地的婚姻習俗，每位女士可以娶「七、八」
名丈夫，而且沒有男人願意娶處女。

　　隨後他們航行到了斯里蘭卡，當他們看到非常暢銷的商品
時，他們興奮的目不轉睛。肉桂樹長得像月桂樹一樣大。還有
到處閃爍的石榴石、紫紅石、貓眼石等寶石，。

　　接著他們繼續前往印度東南部的科羅曼德海岸
（Coromandel Coast），他們看到了美麗的紫檀，這種木頭非常
適合建造漂亮的房子。在海岸邊的某個地方待了七個月後，這
兩個人決定開始出售他們的商品。於是他們出發前往一個他們
聽說叫做阿瓦（Ava）的地方（這裡包括今天緬甸的北部和中部
地區），那裡可以買到美麗的紅寶石。但是剛好那裡發生一場
地區性的戰爭，這意味著他們無法直接前往阿瓦，因此他們轉
往勃固（Bago），也就是他們稱之為「下印度」的佛教王國（現
為緬甸南部的海岸）。對於這兩位傑羅尼莫來說，事情開始變
得越來越糟。

　　他們與勃固領主達成協定，售出他們的貨物將可獲得兩千
達克特。當一切都敲定了，也簽訂了合同並了解彼此的權益之
後，勃固領主卻沒有給他們這筆錢。這兩位同名的傑羅尼莫每
天都去法庭向法官要求領主付款。然而事與願違，一天又一天
過去了，他們變得越來越貧窮，也越來越飢餓，並且遭受到酷
暑和嚴寒等更多的磨難。接著到了第五十五天之後，傑羅尼莫．

阿多諾去世了，因為他從來都不是一個堅強的人，這個事件讓他徹底崩潰了。他於西元一四九六年十二月二十七日去世，現場甚至沒有牧師幫他主持聖葬。傑羅尼莫‧迪‧桑托‧斯特凡諾把他朋友的屍體埋在一座廢棄教堂的地底下，這是一個「鳥不生蛋」的廢棄地方。他不斷地哀悼他的朋友並為他的靈魂祈禱。他想說他也可能會死。但是當勃固領主最終為他的貨物付款時，他又重新振作了起來。然後他再次啟航。

　　印度洋連接了一個龐大的貿易網路，涵蓋印度的東海岸和西海岸、模里西斯（Mauritius）、塞席爾群島（Seychelles）、馬爾地夫（Maldives）、安達曼（Andaman）和尼科巴群島（Nicobar Islands）以及蘇門答臘（Sumatra）。這些地方透過生薑、檀香、胡椒和小荳蔻、珊瑚、紙張、砒霜／砷、果子狸香水和靛藍聯繫在一起。在中世紀的歐洲地圖上，亞洲大陸分裂成印度洋上無數的小島嶼。季風將整個地區連接起來，綿延數千公里。當勃固領主給了欠他的錢時，傑羅尼莫‧迪‧桑托‧斯特凡諾應該已經轉身回家了，但是他卻被這裡的絲綢、樹脂和香料所吸引，於是他決定向東南航行前往蘇門答臘。

　　許多旅行者都痛苦地意識到，當一次有目的、計畫良好、備受期待的旅行卻呈現出傻瓜般的東奔西跑、令人心沉的跡象時，也就表示著每一次的花費、遇到的每一次的不幸以及每一次的經歷，充其量都是令人失望的。然而旅人們仍然繼續辛苦的前行，希望能從自找苦吃的試煉中得到一些回報。在傑羅尼莫繼續前行的過程中，災難仍繼續折磨著他：他的財產被霸

占（當地領主聲稱這是阿多諾的財產，因為他在他的管轄範圍內去世），其中大部分被沒收。他首先航行到古吉拉特邦（Gujarat）的坎巴特（Khambat），在那裡他賣掉了所有的東西來換取絲綢和樹脂，然後他就可以再拿回家鄉販售。

於是傑羅尼莫·迪·桑托·斯特凡諾向南航行，到達科欽正南的棕櫚樹環繞的馬爾地夫海岸。馬爾地夫是由數千個小島嶼所組成的珊瑚環礁，分布在廣闊的鈷藍色大海中，當時是一個伊斯蘭蘇丹國，也是印度洋貿易航線上繁忙的轉口港。該群島並不偏遠，因為它位於從爪哇和蘇門答臘島到印度、亞丁（Aden）以及霍爾木茲的主要海上航線上。這些島嶼出口龍涎香（ambergris）、龜甲和椰殼纖維繩索，同時也是香料、寶石以及中國絲綢和陶器的貿易站。惡劣的天氣迫使傑羅尼莫與他所描述的「黑人、赤身裸體，但是健康且有禮貌」的當地人一起度過了六個月的時間，在那裡他以魚和少量進口的米食為生。

馬爾地夫人一直以來信奉佛教，直到西元一一五三年才皈依伊斯蘭教。當地人認為，他們的皈依歸功於一位來自馬格里布（Maghreb）的聖人驅逐了惡魔。這些島嶼上仍散布著佛教歷史的遺跡，如哈維塔（hawitta）土丘和佛塔（stupa）寺廟，而這些遺址經常被改建為清真寺。飛魚像是有目的般的在海浪上航行。陸地上到處都是大大小小的螃蟹。黃昏時刻，巨大的黑色果蝠，就像飛行中的狐狸，這種長著翅膀的飛狐在麵包果樹上盤旋。

伊本·巴圖塔造訪了馬爾地夫約八個月，於西元一三四三

年末在基諾拉斯（Kinolhas）港登陸。他曾經長途跋涉穿越歐亞大陸，在某種程度上可以被視為早期的探險家。目前還不清楚是什麼原因促使他造訪這些島嶼，儘管他似乎是出於旅遊時的興之所致，只是簡單地說他曾經聽說過這些島嶼。這些島嶼以首都馬列（Malé）為首，當時處於蘇丹的女兒卡迪嘉女王（Khadija，卒於西元一三八〇年）的主權之下，她刺殺了她的兄弟（後來又暗殺了至少兩位丈夫）。伊本·巴圖塔作為來自北非的聖人受到歡迎，並被任命為首席法官，他還娶了一位來自馬爾地夫王室的女子。他發現那裡的人們「虔誠而正直」，而且還很真誠，但是他們的奉獻精神卻很鬆懈。他注意到那些未戴面紗的女性穿著在腰部以上是赤裸的。當他成為一名高級法官後，他試圖讓包括女王在內的女性遮蓋自己，但是他失敗了。每週五，他都會和警員的手下驅使人們去清真寺。他記錄說，他的主要飲食是椰子：椰子肉、椰奶、椰子蜂蜜和椰子汁（油）。伊本·巴圖塔娶了四位女性，育有一個孩子，並在馬爾地夫社會的上流階層樹敵，後來他於西元一三四四年八月前往斯里蘭卡。

馬爾地夫的小環礁影響範圍很廣，因為在那裡和印度南部收穫的寶螺貝殼是印度洋上的主要貨幣；這些小貝殼也被用來製作珠寶和做為宗教儀式。馬可·波羅在西元一二八〇年代造訪中國南部時，發現白色的寶螺貝殼與金幣一起被用來當作貨幣使用（八十個寶螺貝殼等於兩個威尼斯格羅特〔groat〕）。伊本·巴圖塔記錄了馬爾地夫人如何從海裡收集珠狀的貝殼，

並將它們放入坑中以讓裡面的肉消失，然後就可以將它們用來當作貨幣，而其匯率驚人，是用四十萬個寶螺貝殼只能兌換一個黃金第納爾／阿拉伯金幣（gold dinar）。他說，馬爾地夫人用孟加拉人（Bengal）的貝殼購買白米，葉門人（Yemenites）則用這些貝殼作為船舶的壓艙物。他還回憶說，他曾經在馬利（Mali）和西非等其他地方看到過人們使用這些貝殼。後來，西元一四四〇年代葡萄牙旅行者在塞內加爾（Senegal）也遇見了類似的錢幣。

　　傑羅尼莫‧迪‧桑托‧斯特凡諾在馬爾地夫度過了六個月。最後終於看到適合再次起航的時機，但是僅僅在航行八天之後，他的小船就被海水淹沒了。然而船隻的情況無法救回，最終就沉沒了，而船上的一些人也溺水身亡。傑羅尼莫漂浮了一整夜，緊緊抓住木板，拚命祈禱上帝的憐憫，迷失在旅行者的孤獨之中。這是如此奇怪的轉折：一位膽怯而眼中只有金錢的熱那亞商人在拉克代夫海（Laccadive Sea）中獨自漂流了一整夜，水面上閃爍著銀色的月光，充滿了難以想像的生物，魟魚在深海中無聲無息地飛翔，在大片的魚群中遮蓋了海浪。

　　最後終於有一艘船救起了傑羅尼莫，然後他被送回到古吉拉特邦的坎巴特。

　　傑羅尼莫‧迪‧桑托‧斯特凡諾作為絲綢之路商隊的一員，途經霍爾木茲和伊斯法罕（Isfahan），接著長途跋涉返回西方。這支由亞美尼亞和波斯商人所組成的商隊遭到「攻擊和掠奪」，但是桑托‧斯特凡諾最後終於抵達了地中海沿岸的鄂圖曼帝國

港口的黎波里（Tripoli）。在這裡，熱那亞人與鄂圖曼土耳其人建立了友好的關係，並建立了熱那亞商人社區。傑羅尼莫寫信給他在熱那亞的朋友喬萬・雅各布・邁納先生（Messer Giovan Jacobo Mainer），描述了他災難性的旅程。很顯然的，他在旅程中並沒有賺到什麼可觀的財富，或是根本沒有，因此他感謝上帝讓他得到了精神上的收穫，感謝上帝對他的「極大憐憫」。他在西元一四九九年九月寫的信中署名，並打算返回家園。

在尼基丁和兩位同名的傑羅尼莫等旅行者的描述中，整個印度就像一個難以理解的狂熱夢想：奇怪、驚嘆，一個充滿承諾的喜悅和未知的危險的土地。如果說世界是一本供旅行者隨意瀏覽的百科全書，那麼印度就是一本奇怪的書，難以閱讀和理解。對於尼基丁和桑托・斯特凡諾來說，在印度的旅程證實了印度有著不可估量的地理和社會體系，其本質令人驚訝，而不是予以否認。印度不但是一個充滿奇妙的故事和難以形容的地方，又是一個虛假的天堂，輕鬆奢華的生活可能會以驚人的速度變成疾病的死亡。

如果在印度走得更遠（至少根據曼德維爾的說法），人們會發現這樣一個地方，那裡的人們除了臉和手掌之外全身都長著羽毛。這些人可以像在陸地上一樣輕鬆地在水中自由來去。這裡附近還有另一片土地，那裡有兩棵神樹，太陽之樹和月亮之樹。這些樹會說印度語和希臘語，並可預言訪客的未來。然而，因為沙漠中有龍和蛇等野生動物，前往那裡很困難。在附近的皮坦（Pytan）土地上，那裡有著體型很微小的人，他們僅

靠著野生的蘋果的氣味就能生存。每當他們出國旅行時，他們都必須隨身攜帶這些蘋果，如果蘋果失去了氣味，他們就會死亡。印度還有許許多多其他的土地和島嶼，其中有一個地方，那邊的人沒有頭，只有眼睛長在肩膀上，而嘴巴長在胸前，另外一個地方，那邊有一群沒有頭也沒有眼睛的人，嘴巴長在背後。還有一個地方，那邊的人都沒有鼻子、眼睛或是嘴唇，他們的臉是扁平的。此外，還聽說有一個地方的人都有一個巨大的嘴唇，他們可以用來作為遮陽傘，更神奇的是另外一個地方住著雌雄同體的人們，這些人都同時有男性和女性的生殖器。約翰·曼德維爾甚至還描述了一個王國，這裡國王的任命不是因為他的財富或是貴族的身份，而是透過所謂的「選舉」，根據誰的「道德最優越、最公平和最正義」來決定。印度是一個多麼不同的世界：在歐洲，國王的王位是因繼承而來，或是透過強權和爭辯以獲得王位！

　　這些處於文明門檻的邊緣、未曾被世人見到的人類代表了豐富奇妙的想像力，以及旅行者對分類和錯誤分類的熱愛。然而，西方遊客不斷地將印度描繪成一個充滿異國情調的仙境，卻常常忽視了其居民的日常人性。令人驚嘆的發現和異國情調的主題是旅遊的方式，然而卻看不到相似性，沒有真正的認為所遇到的人都是百分之百的人類。事實上，印度教的多神論對於大多數西方的遊客來說仍然是可恥的。幾乎所有前往印度的西方遊客都注意到了兩個顯著的社會差異，那就是娑提（sati）的習俗（古代印度教寡婦在丈夫的火葬柴堆上自焚的習俗）和

婆羅門（Brahmin）教派有所不同。

在馬拉巴爾，波代諾內的奧多里克寫道，如果有一位死者留下了一位寡婦，「他們就會把她和他一起活活燒死，他們說她應該和她的丈夫一起住在另一個世界」。他在占婆（Champa，柬埔寨或是越南）重複了這一個觀察，說一個已婚男人在他死後會被火葬，而「他的妻子也會和他一起被活活燒死」。奧多里克被告知，這樣她就可以「在另一個世界陪伴他」。

奧多里克指出，娑提是一種好奇心，但也提供了它的文化理由，即基督教之外的宗教儀式背後的社會和神學原因。傳教士塞韋拉克的喬丹（Jordan of Sévérac）也同樣描述了貴族的妻子如何跟隨丈夫走進火中。「為了世俗的榮耀，為了丈夫的愛，也為了永生，妻子們與丈夫一起火葬，帶著如同即將結婚的喜悅」。喬丹非但沒有感到恐懼，反而說，「太棒了」！他甚至見過多達五名活著的女人站在一名死者的或火葬用的柴火堆上。

西元一四三〇年代造訪印度的威尼斯商人尼科洛・孔蒂將娑提描繪為一種皇家習俗；據孔蒂說，毗奢耶那伽羅（Vijayanagar，亨比〔Hampi〕）國王有一萬兩千名妻子，其中兩千至三千名妻子結婚的條件是：丈夫死後，她們將與丈夫一起被活活地火葬。她們認為，這是一項莫大的榮譽，使她們的地位凌駕於其他數千名妻子之上。他還說，在坎巴特有一個一夫一妻制的素食牧師教派，他們的妻子「根據法律」，將會與「她們的」丈夫的屍體一起被燒毀。

　　對於曼德維爾來說，娑提是在一個特定的印度領土上施行的，那裡的社會秩序是混亂的。那裡的婦女們在孩子出生時感到悲傷，在孩子去世時感到高興，「他們把孩子扔進大火裡燒掉」。她們說，這樣做的原因是她們的孩子出生在「這個充滿勞動、悲傷和負擔的世界」。這種對生命的放棄預示著對娑提的修習：將自己投入火葬是真正的深愛已故丈夫的標誌。曼德維爾說，寡婦這樣做是為了清除「所有的污穢和罪惡，以便她們在來世能夠保持乾淨」。

　　傑羅尼莫・迪・桑托・斯特凡諾和傑羅尼莫・阿多諾在科羅曼德海岸（Coromandel Coast）停留的六個月期間觀察到了幾起「娑提」現象，令他們感到震驚。他們經常看到或是聽到當地的婦女在丈夫的火葬柴堆上活活的被燒死的故事。與後來前往印度的旅行者不同，中世紀的遊客在目睹娑提時並沒有試圖阻止它。但是，像後來的遊客一樣，他們對燃燒的寡婦有一種偷窺的迷戀，這些寡婦認同不一樣的信仰和行為方式（或者，換句話說，這是一種文化的多樣性）。

　　娑提並不像歐洲遊客所認為的那麼奇怪：畢竟，他們習慣了焚燒異教徒和罪犯，並且經常崇拜那些自願遭受最可怕的火葬的聖人的雕像和遺物。聖勞倫斯（St Lawrence）被放在烤架上被火焚燒，緩慢燃燒的火焰舔拭著他的身體，他與折磨他的人開玩笑說，「把我翻過來」，彷彿他是一塊烤羊肉。娑提是旅行者所親眼見到的另一種奇怪的相似之處：外地來的旅人已經習慣的暴力在眼前清晰度的呈現變得異常可怕，這是因為

斷章取義，所以令人震驚。隨著時間的推移，娑提將成為印度殖民觀點的支柱，這種習俗引起了極大的恐懼和奇怪的奉獻精神。西元一五一〇年葡萄牙征服果阿（Goa）後，第一任的果阿公爵阿方索・德・阿爾伯克基（Afonso de Albuquerque，西元一四五三－一五一五年）上任後所採取的首要行動之一就是試圖禁止娑提。

在中世紀的歐洲，亞歷山大大帝（卒於西元前三二三年）是一位為世人堪稱楷模的國王、士兵、學者和探險家。他征服並統治了從馬其頓（Macedonia）到印度的帝國。他也是世俗權力轉瞬即逝的典範，在建立了自己的全球帝國後，三十二歲時因發燒（或在某些報導說中毒）而去世。英國詩人傑佛瑞・喬叟（Geoffrey Chaucer，卒於西元一四〇〇年）寫道，「值得尊敬、溫柔的」亞歷山大的故事是如此的家喻戶曉，以至於「每個人」都聽說過他的故事。亞歷山大生平的手稿經常包含他冒險經歷的彩色圖像，例如他在圍攻提爾市（Tyre）期間乘坐玻璃潛艇下降，或是駕乘獅鷲操縱的空中盒子飛越巴比倫（Babylon，巴格達），或是他的忠誠坐騎布塞法洛斯（Bucephalus）在旁遮普邦的一場戰鬥中令人感動的殉難。

亞歷山大帝國的歷史和浪漫的故事成為西方關於東方幻想的主要內容，其中有許多甚至與歷史事實或是地理現實沒有絲毫的關係。曼德維爾在西元一三五〇年代寫作時講述了一個故事，內容是有關於婆羅門對於亞歷山大即將入侵時的反應。在印度，當亞歷山大入侵婆羅門的土地時，溫和的人民寫了一封

信給他。他們問道：「對於一個沒有任何事物可以滿足他的任何渴望的人來說，什麼樣的力量才足夠呢？你在這裡找不到任何值得對我們發動戰爭的東西，因為我們沒有財富，我們土地上的所有物品和動產都是公共所有。」他們解釋說，直到現在他們一直享受著和平，這是亞歷山大唯一能夠剝奪他們的東西。

戰士亞歷山大讀了這封信後捫心自問，打擾婆羅門真是個不智之舉。於是他回覆說，他們應該繼續遵守他們的良好習俗，而且不要怕他，因為他不會侵略或是騷擾他們。

曼德維爾的故事代表了印度的婆羅門如何為好奇的遊客提供引人入勝的「自然法則」課程，並且在歐洲「高貴的野蠻人」的原始主義思想中發揮了關鍵的作用。婆羅門是印度教祭司的後裔，是印度中部和南部最高的社會階層。他們的理想包括自願貧窮、過著簡樸的生活和努力的求知，這與基督教修道院並沒什麼不同。到了十四世紀，婆羅門不再是一個祭司的群體，他們開始從事多種不同的職業，並且在次大陸伊斯蘭蘇丹國的宮廷中擔任重要的職務。像曼德維爾這樣的西方旅行作家將他們描述為「遵循著良好的信仰和生活方式的一群善良且誠實的人」。他指出，他們不是基督徒，但是「根據自然法則，他們充滿了優秀的特質」。因此，他們遵守十誡，並不看重物質財富。換句話說，他們就像完美的僧侶，但是沒有正式的宗教：「他們不嫉妒、驕傲或是貪婪，他們也不好色或是貪吃，他們只會做己所不欲，勿施於人的事。」（曼德維爾明顯地引用了耶穌支持非基督教團體的「黃金法則」）。

婆羅門在這樣的敘述中並沒有準確的體現出婆羅門，而是描繪得相當的理想化。他們是有道德的異教徒，在「自然」完美的方面堪稱典範。曼德維爾將他們置於一個名為「信仰之地」的印度「島嶼」上，這是一個充滿著田園風光、平等主義和沒有犯罪的社會。那裡甚至沒有暴風雨、雷鳴、戰爭、飢餓，或是任何一種苦難。

肯特的湯馬斯（Thomas of Kent）所著的《羅馬騎士》（*Roman de toute chevalerie*）是一首關於亞歷山大在東方事蹟的十二世紀長詩，將婆羅門描述為素食主義者（「信奉奇怪教義的人」），他們「只吃蔬菜、水果和根莖類食物」，因為這些都是地球上為了他們所自然生長出來的東西。他們這輩子注定不吃魚、肉、麵包或是麵粉。在湯馬斯的描述中，婆羅門處於世界的邊緣。他讚許地描述了他們對於上帝的忠誠如何導致他們自焚，以便能夠更快地到達天堂和得到神聖的榮耀，而這與那些基於幻想去追尋天堂、欺瞞自己的阿薩辛派（Assassin）有著顯著的對比。相反地，婆羅門在西方被認為是真誠的，是自然善良的代表。

十四世紀中葉，義大利方濟會修士喬瓦尼‧德馬里尼奧利（Giovanni de'Marignolli）在遊歷了印度之後，他說了一個婆羅門教徒皈依和洗禮的故事。這件事發生在喬瓦尼住在馬拉巴爾海岸邊的一個重要的海港「哥倫本」（Columbum，哥倫〔Kollam〕）時。這裡有一位「身材高大、鬍鬚雪白且腰部以上赤裸」的男人走近了喬瓦尼。他是一位非常苦行而且真誠的

婆羅門教祭司。他跪倒在喬瓦尼的面前，並且去親吻他的赤腳。喬瓦尼拒絕他這麼做。接著這位婆羅門祭司坐在地上，透過**翻譯**講述了他的一生。引人注目的是，這位**翻譯**的人是婆羅門自己受洗的兒子，他不久前才被海盜綁架並賣給了熱那亞商人。

這位婆羅門男子來自印度「最偏遠」的邊緣。他描述了他的素食生活、每年禁食四個月的習慣、煮米飯、水果和草藥的飲食以及他作為牧師的奉獻精神。他以前曾經有過一個孩子。

在喬瓦尼的講述中，上帝認可了這位老人，並且「用內在的智慧啟發了他」。然後上帝創造了一個奇蹟，透過祭司的神像開口說話。神像違背自己的意願告訴他：「你現在已經走上了救贖之路！」然後，它指示他透過兩年的海上航行到哥倫布，在那裡他將會找到上帝的使者。因此，在喬瓦尼的心中，事實上這已經發生了，所以經過三個月的指導後，時機成熟時他受到老人的施洗，並給他取名叫麥可（Michael），這是以大天使的名字來命名的，因為他與水手、審判日靈魂的重量衡量以及前基督教時代人類的偉大有關聯。於是「麥可」回到他的家鄉後，開始去說服那裡的人們皈依。

在喬瓦尼的教化中，這個故事「證明上帝……對所有人一視同仁」。相反地，「凡遵守律法的人……都會被接受，並被教導救贖之道」。這個故事從他讚揚婆羅門的高貴和虔誠到他的皈依是如緊密的銜接在一起，這是一種從欽佩的立場所進行的個人傳教，這也導致了後來消滅婆羅門的「偶像崇拜」。這個故事當時就像一場邂逅一樣令人信服（並預示了許多隨後的

殖民皈依），但是內容也很老哽——遇到一位有智慧的長者，不相信有神的存在，然後經歷了一段讓他浴火重生的海上航行。婆羅門和類似的善良異教徒為旅行者提供了一種可能性，亦即基督教世界之外的「自然」並不充滿敵意。在歐洲人的旅行寫作中，內容大多都是在談論印度擁有一種「自然」完美的潛力，或都是為了在其中保留一種「自然」的完美。印度是一個具有想像力的實驗室，誘人、奢華、包容，而且幾乎具有無限的多樣性。喬瓦尼關於皈依婆羅門的故事暗示著，在歐洲以外的世界，有一群樂於接受的觀眾在等待拉丁基督教的旅行傳教士。

西元一三四○年，給從塔納（Tana）前往汗八里克（Khanbaliq）的商務旅客的小撇步

1. 你一定要讓鬍子留長，不能刮鬍子。

2. 在塔納，您應該要有一位隨身的導遊，不要為了省錢而選擇了一個不好的導遊。

3. 最好至少帶兩名通曉韃靼語的好僕人。

4. 如果想從塔納帶一位女人同行，可以這麼做；如果他不喜歡帶女人也行。只是帶個女人會比不帶女人會來得舒服得多。然而，如果他要帶一位女人同行的話，她最好像男人一樣熟悉庫曼語（Cuman）。

5. 從塔納前往阿斯特拉罕需要攜帶二十五天的糧食，也就是麵粉和鹹魚，而沿途所有的地方你都能夠找到足夠的肉。

6. 根據使用過該線路的商人們表示，從塔納到華夏的路線無論白天還是晚上都非常安全。只有當商人在來往這條路徑上的中途死亡時，其所有的財產都將會被他死亡時所在國家的領主扣押，並由領主的官員們占有。而同樣的，如果他死在華夏也是一樣。但是如果他的兄弟們和他在一起，或是有一個親密的朋友和同伴聲稱自己是他的兄弟，那麼他們就會將死者的財產交給他，所以他的財物不會被拿走。

7. 在這些地區，他們稱所有來自羅馬尼亞西部的基督徒為「法蘭克人（Franks）」。

CHAPTER————————————————12

條條大路通汗八里克

喀喇崑崙山＿＿＿＿＿ 汗八里克＿＿＿＿＿ 揚州 ＿＿＿＿＿西潘古
Karakorum Khanbaliq Yangzhou Cipangu

　　在英國約克市（York）聖瑪麗（St Mary）修道院涼爽的迴廊裡，僧侶們藉由閱讀圍牆之外的世界來熏陶自己。修道院現在已成為被雨水浸泡的廢墟，但是在十四世紀時，大約有五十名修道士住在那裡，他們都遵循本篤會（Benedictine）的戒律。閱讀和寫作是他們生活的中心，是他們為上帝工作的一部分。在傳教之餘，幾乎所有的時間都待在他們塞滿了書籍的偉大的拱形教堂內閱讀學習。他們圖書館中最珍貴的書籍之一是一份名為《蒙古人的歷史》（*History of the Mongols*）的新的手稿，內文以密密麻麻的黑色字母寫在牛皮紙上，而且首字母還以紅色和藍色來標記。

　　約克的僧侶們讀到有關蒙古人的故事時感到高興、驚奇和

震驚。據說，每個韃靼男子可以擁有任意數量的妻子，「一個
人可以有一百名妻子，或是再娶五十名之後再娶十名妻子」。
他們了解到，韃靼婦女的頭上有「一個用樹枝或樹皮製成的圓
形物體」，她們在男人面前總是戴著它，以便能和其他的婦女
有所區別。書中還寫道，韃靼人的「未婚婦女和少女」與男子
幾乎沒有什麼區別，因為她們的穿著都一樣。據說，蒙古人住
在用棍棒製成的毛氈帳篷裡。他們崇拜神像，會將每頭母牛和
母馬的初乳獻給神像。當約克的修道士們發現一些特別難忘或
是值得注意的東西時，他們會在書的頁邊標註一個小的十字記
號，有時甚至是一個手指形狀的標示圖（manicule），以提醒他
們和未來的讀者特別注意值得記錄的訊息。

　　約克僧侶的手稿是新的，但是文本最初是由普萊諾卡皮尼
的喬瓦尼修道士（Brother Giovanni of Plano Carpini）所撰寫的，
他是一位德高望重的人，大約在一百年前曾拜訪並會見了蒙古
人的領袖、偉大的可汗貴由克（Güyük，卒於西元一二四八年）。
喬瓦尼修士千里迢迢來到位於羅馬教皇宮殿以東九千多公里處
的喀喇崑崙蒙古（Karakorum）宮廷。他是世人所知第一批到達
宮廷的西方人之一，他根據他在那裡的經歷撰寫了《蒙古史》
（*History of the Mongols*）。[1] 蒙古人統治著歐洲東部的世界，從
基輔一直到北京，而他的書則將許多有關於蒙古人的知識傳到

1　作者註：葡萄牙的洛倫索修道士（Brother Lourenço）稍早前也曾執行過類似
　　的傳教任務，但是他的命運不得而知。

了西方。

　　喬凡尼修士與另外兩位方濟會修士一起旅行，他們分別是波西米亞的斯捷潘（Štěpán of Bohemia）和波蘭的貝內迪克特（Benedykt of Poland）。西元一二四五年，喬瓦尼和斯捷潘從法國的里昂（Lyons）出發，在波蘭的弗羅茨瓦夫（Wrocław）與貝內迪克特（Benedykt）會面。接著他們向東前行，才不到幾天的時間內就遭受到飢餓、乾渴、嚴寒和酷暑以及各種輕傷的折磨。教皇英諾森四世（Pope Innocent IV）命令修士們「小心的檢查並仔細的觀察所有的事情」，要求他們帶回有關於蒙古人狀況的完整報告。他們攜帶著教皇的詔書，請求韃靼皇帝「全面停止攻擊」基督教國家並停止迫害基督教徒。他們的任務是在蒙古人入侵波蘭和匈牙利之後執行的，在西元一二四〇年代初，他們的入侵最西到達了西利西亞（Silesia）的萊格尼察（Legnica）和達爾馬提亞海岸（Dalmatian coast）的特羅吉爾（Trogir）。於是修道士們只好作為基督教世界的大使四處奔波以試圖了解敵人，而當時的人們普遍認為敵人正在計劃一場占領整個歐洲的戰役。喬瓦尼、斯捷潘和貝內迪克特只到達了第聶伯河（River Dnieper）畔的小鎮卡尼夫（Kaniv），斯捷潘就病倒了，無法繼續前行。

　　在將近半年的時間裡，喬瓦尼和貝內迪克特穿越了韃靼人的土地。喬瓦尼在其著作的開頭以悲情的態度做了概述：「簡單地總結一下這個國家。它很大，但除此之外，正如我們親眼所見的一樣，因為我們在五個半月的時間裡在其周圍旅行，我

們所看見的是比我能說的還要悲慘。」對於這些旅人來說，離開歐洲並不令人愉快。但是在旅行中，「可憐的」是具有教育意義的婢女，喬瓦尼一再反覆的強調，他親眼所見的是既真實又富有啟發性。

　　普萊諾卡皮尼的喬瓦尼和波蘭的貝內迪克特都是孜孜不倦的旅行者。他們每個人都留下了關於他們旅程的書面紀錄：喬瓦尼的內容涵蓋很廣，他固執己見且很政治化，而貝內迪克特的內容（如他返回科隆時所口述的）則是簡短、不連貫，而且字裡行間不那麼個人主義。這兩篇報導都是西元一二四〇年代方濟各會和多明尼加（Dominican）駐蒙古大使館的一系列報導的一部分，當時歐洲顯然對於蒙古的軍事實力感到恐慌。事實上，蒙古人至少在三個戰線上作戰：不僅對抗波蘭、摩拉維亞（Moravia）和匈牙利的基督教王子，而且還對抗安納托利亞（Anatolia）的塞爾柱人（Seljuks）以及埃及和中東的阿拔斯（Abbasid）蘇丹。有關於這一時期的許多記載都流傳了下來，當時橫跨亞洲的絲綢之路上擠滿了商人、傳教士和大使，他們都在尋求了解快速變化的世界的權力動態。喬瓦尼和貝內迪克特的旅程非比尋常，但是並非獨一無二。他們提到他們在遷徙過程中如何遇到許多其他的人：來自阿卡、君士坦丁堡、熱那亞和威尼斯的商人，來自巴格達和朝鮮的使節，以及許多的國王和王子，例如喬治亞的大衛六世（David VI of Georgia，西元一二二五年至一二九三年）、亞美尼亞的治安官塞姆帕德王子（Prince Sempad，西元一二〇九年至一二七六年）以及弗拉基

米爾—蘇茲達爾的雅羅斯拉夫的大公爵（Grand Duke Yaroslav of Vladimir-Suzdal，西元一一九一年至一二四六年）。喬瓦尼講述了雅羅斯拉夫大公爵如何被召喚去見偉大的可汗，卻在那裡被可汗的母親毒害，最後臉色發紫死去，然後遺體被送回家的故事。

喬瓦尼的旅程將首先前往巴圖可汗（Batu Khan，卒於西元一二五五年），巴圖可汗是被稱為金帳汗國（Golden Horde）的龐大汗國的蒙古創始人，也是現在烏克蘭和俄羅斯南部大部分地區的統治者。[2] 訪問巴圖後，喬瓦尼途經鹹海（Aral Sea）、烏柳古爾湖（Lake Ulyungur）和阿爾泰山脈（Altai Mountains）去拜訪巴圖的表弟，也就是人稱「大皇帝」的可汗本人貴由克。

喬瓦尼和貝內迪克特在旅行前事先做了規劃，並獲得了基督教歐洲腹地王子們的介紹信和安全通行證。這幾位王子還給了他們補給品和海狸毛皮，因為他們被告知會被索取貢品。在基輔（Kyiv），這些人與當地的貴族討論了他們的預定路線。由於積雪很深而且缺乏飼料，有人建議他們不要帶自己的馬，於是他們把馬匹遺棄在基輔，轉而帶上駄馬和護衛。他們騎乘駄馬穿過長長的石南草原，越過第聶伯河（Dnieper），越過頓河（Don），每天更換馬匹三到七次，從黎明騎行到夜幕降臨，而且經常在夜間行進。由於持續騎行的舟車勞頓，這些人不得

---

2 作者註：金帳汗國這個名字指的是可汗的斡爾多（ordo 是蒙古語「營地」的意思）的財富和輝煌。

不一次又一次地包紮他們的四肢。他們在四旬齋戒期間依靠用水和鹽所混合的小米當成食物以維持生命。至於水的來源，他們則用水壺融化雪。在哈薩克人（Kazakhs）的沙漠土地上，他們看到「死人的頭骨和骨頭」像糞便一樣的散落在地上，這是遭逢不幸的旅行者的遺骸，他們因為缺水而死亡，或是可能遇到了更悲慘的命運。貝內迪克特告訴我們，伏爾加河畔（Volga）的薩拉伊（Saray）需要四十張海狸毛皮和八十張獺皮作為貢品。喬瓦尼對此感到非常的不滿，在他看來，他們被敲詐了。

在這段毫無樂趣的旅程終點，是喀喇崑崙的輝煌，它是西元一二三五年至西元一二六〇年間的蒙古首都，也是東方所建造的第一座蒙古城市。喀喇崑崙並不是西方意義上的一座城市，而是一個巨大的營地，坐落在坎愛山脈（Khangai Mountains）山峰陰影下草木茂盛的山谷中。當喬瓦尼到訪時，喀喇崑崙山正從分散的蒙古包聚集地轉變為更永久的城市定居點，並有一座最近才落成的宮殿。這座城市的人口並不多（大約兩萬人），但是其定居點覆蓋了一個非常大的區域（總共約一千三百公頃），圍繞著中央城牆區域及其鄰近的宮殿建築群。喀喇崑崙的人口是從其他的地方帶來的，它是一個行政和政治的中心，其居民包括來自蒙古帝國各地和蒙古人入侵地區的許多穆斯林商人和俘虜。這裡有一些清真寺和一座敘利亞人（Syriac）的「景教（Nestorian）」教堂，東方基督徒（被羅馬稱為分裂派）在那裡崇拜基督的人性和神性，將其視為獨特和獨立的本質。

大約在這個時候，有一位名叫紀堯姆·布歇（Guillaume

Boucher）的被奴役的法國金匠在貝爾格萊德（Belgrade）被捕並被帶到喀喇崑崙山，在喀喇崑崙山雕刻了一個金屬樹噴泉，上面懸掛著銀果和樹葉。為了供大汗娛樂，這棵樹上裝飾著一個會自動吹號角的天使，它可以在可汗男管家的命令下吹響號角。這棵奇妙的樹上裝有管道，飲料（葡萄酒、馬奶酒〔kumis〕、蜂蜜酒〔mead〕和米酒）可從中流出，以供大汗的酗酒宮廷大量的狂飲。布歇的噴泉模仿了歐洲宮廷時尚，製作出精美的自動化機器，但是也表達了大汗對自然世界的力量感，在這片乾旱、多風的土地上，讓一棵樹充滿了飲料。

————喀喇崑崙山（Karakorum）的自動機器和噴泉————

當喬瓦尼穿越蒙古西部時，他加快了腳步，因為他的隊伍急著要趕到喀喇崑崙，去參加計劃已久的貴由克可汗的加冕典禮。喀喇崑崙是主要的宮廷所在地，加冕典禮的慶祝活動相當引人注目：喬瓦尼記錄說，有一座巨大的白色天鵝絨涼亭已經豎立起來，大到足以容納「兩千多人」。它被裝飾著有彩繪圖案的木頭柵欄包圍。喬瓦尼驚嘆於所有的朝臣在第一天都穿著白色的天鵝絨，第二天穿著紅色的天鵝絨（當貴由克本人出現時），第三天穿著藍色的天鵝絨，第四天穿著最好的錦緞帷幔。柵欄有兩扇門：一扇只供大汗使用，另一扇供武裝衛兵進出。而其他人都必須保持一定的距離。喬瓦尼對可汗宮廷各種儀式的記述開創了西方關於中國的遊記寫作的悠久傳統，在這種傳統中，統治者的朝臣們被視為一種奴性的一致行動，透過一種毫無疑問的順從，並且是與個人無關的連結聚集在一起。

中午時分，整個宮廷的人都開始狂飲大量的馬奶酒。喬瓦尼和他的團隊拒絕喝這種酒，於是宮廷給了他們蜂蜜酒，他們一直喝到噁心的快吐了才停下來。旅人們經常會發現自己參加了他們本來會錯過的聚會。

當這些旅人們終於遇到大汗時，他會是一個什麼樣的人呢？答案是令人失望的。早期的旅行者中沒有一個人會用個人的見解或是人類的術語來描述可汗，而是將他視為蒙古宮廷政治和社會秩序的轉喻。對於喬瓦尼來說，貴由克可汗看起來大約是四十到四十五歲之間（事實上，他大約只有三十歲），而且「身高中等」。他的其餘描述集中在他嚴肅的性格上：「非

常聰明，極其精明」、「他的舉止非常嚴肅且嚴謹」、「他從來沒有因為微不足道的原因而大笑，也沒有沉迷於任何輕浮的事情」。喬瓦尼沒有對他的相貌或是膚色給出合乎正道的解釋，而歐洲人遇到其他人時經常會發生這種情況。相反地，他在貴由克身上看到了他的宮廷和國家是如此的嚴謹和有秩序。

同樣，魯布魯克的威廉（William of Rubruck）是一位健談的佛蘭德斯傳教士，他在喬瓦尼見到貴由克大約八年後遇見了這位偉大的可汗，並遇到了貴由克的繼任者蒙哥可汗（Möngke Khan，西元一二五一至一二五九年在位）。威廉將蒙哥描述為「一位中等身高、鼻子扁平的男子，年紀大約四十五歲」。他沒有評價大汗本人，而是把目光落在了他「非常醜陋」的成年女兒希琳（Shirin）身上，據說她「是整個宮廷的女主人」。他還評論了可汗帳篷的華麗裝飾、金色的牆壁以及可汗自己的「帶著斑點、閃閃發亮」的海豹皮服裝。威廉對蒙哥的會面變得很滑稽，因為他們的口譯員喝得爛醉，完全失去了理智。為了顯示他的專橫威嚴，蒙哥下令將「獵鷹和其他鳥類」帶到他面前，來訪者必須在他檢查他們時安靜地長時間觀看。

威廉不得不請求蒙哥可汗允許他留在轄軲營地直到冬天過去，但是那時大汗似乎已經喝醉了，而口譯員也完全喪失了行動能力，所以威廉和他的隊員們只好離開了。可汗的秘書盤問他們有關於西方的訊息，進一步證實了威廉感覺到他們正在策劃一場襲擊。蒙哥最終允許威廉留在喀喇崑崙，在那裡他遇到並聽說了與他在歐洲生活有關的各種人。

普萊諾卡皮尼的喬瓦尼觀看了貴由克可汗盛大的加冕典禮，加冕儀式在一個由鍍金的柱子和用黃金做的釘子所固定的木樑支撐的帳篷中舉行（由於大量閃閃發光的黃金，這個營地被稱為希拉奧爾多〔Shira Ordo〕，即「黃色的營地」。）那裡聚集了很多人，中午過後大家又開始喝酒，不停地喝酒，一直喝到晚上。然後他們吃無鹽的烤肉，有時會用鹹肉湯作為醬汁。無論皇帝走到哪裡，他都會帶著一把鑲滿珍貴寶石的小陽傘為他遮陽。

加冕典禮後，喬瓦尼及其隨行人員實際上在大汗母親的家裡被監禁了一個月。喬瓦尼被告知，可汗打算「舉起他的旗幟反對整個西方世界」，並且不希望教皇派來的訪客得知他的計劃。在他們等待的過程中，喬瓦尼（他非常在乎自己能夠得到多少食物）和他的同伴們得到了少量的食物和飲料，「忍受著飢餓和口渴，我們幾乎無法生存」。最後，一位名叫科斯馬（Kosma）的俄羅斯金匠（大汗宮廷中的幾位歐洲工匠之一）為來訪者提供了一些食物。

最終，他們被釋放，並獲得了離境許可和一封蓋有皇帝印章的信件。可汗的母親給了他們一件狐皮斗篷和一卷天鵝絨，而她的朝臣們偷走了部分的天鵝絨。喬瓦尼說：「這並沒有逃過我們的法眼，但是我們不想為此大驚小怪。」在陌生的土地上，旅人們常常不得不放棄一些可能會引起嚴重抱怨的事情。

這位大汗的信件日期為六四四年朱馬達（Jumada）二日（西元一二四六年十一月下旬），副本被放到貝內迪克特的記述中。在信中，可汗提醒教皇，無論是任何一位上帝，都顯然站在蒙

古人這一邊，因為正是他們「以上帝的力量摧毀了從東到西的整個地球」。他問道，這怎麼可能違背上帝呢？他指出基督教王子們沒有服從他的前任可汗，並大膽地告訴教皇必須承諾與他們和平相處，他則會慷慨地理解他們的屈服。如果教皇拒絕屈服，可汗威脅說他將會把他們視為敵人：「在那之後，我們不知道會發生什麼，只有上帝知道」，他警告說。這次的長途跋涉是成功的，因為修道士們與蒙古宮廷建立了關係。但是其後果是進一步的暴力威脅，以及明確的表達了後續的帝國競爭。

前往蒙古東部的旅行者曾聽說過一些關於人跡罕至之地的奇怪謠言。他們被引導相信那裡有食人族和吃老鼠的人、狗頭人身的民族、揮舞斧頭的戰士、長著羊毛的灌木叢和雪白的覆盆子，以及數以百萬隻的老鼠，但是令人難以理解的是沒有豬、在岩石中會自我繁殖的、活生生的鑽石，而且有關於死亡和埋葬的習俗是不能提及的。有許多人在這個地區的某個地方發現了一個長生不老湧泉，在一些傳說中，飲用它的水可以使人返老還童或是獲得永生。湧泉還可以讓人青春永駐，效果有時候會因種族不同而有所差異，使深色的皮膚變白。但是這些只不過是旅人們之間所謠傳的奇聞軼事。

當波蘭的貝內迪克特穿越韃靼草原時，他注意到那裡生長著大量的艾草，其羽毛狀的葉子遍布在寒冷的平原上。當他騎乘馬匹時，他想起了很久以前在歐洲某處寒冷的修道院裡，曾經讀到奧維德（Ovid）的《使徒書信》（Epistles）中的一句話：「苦澀的艾草在無盡的平原上顫抖。」這似乎是一句跨越時空、

直接對貝內迪克特所說的話。旅行的真相常常在這些埋藏的記憶中爆發，一個人的過去在令人驚訝的時刻顯現出來，就像來自家鄉的思緒突然湧現在世界的盡頭。

　　普萊諾卡皮尼的喬瓦尼和波蘭的貝內迪克特異常勇敢，但是到了大約西元一三○○年，大量的歐洲人已經在我們現在稱為中國的大城市定居並形成社區。教皇特使喬瓦尼・德・馬里尼奧利（Giovanni de'Marignolli）約於西元一九七五年從義大利來訪。西元一三四六年，觀察到扎伊屯（Zaytun，也就是現在的泉州）的三座方濟會教堂以及為來訪的歐洲商人所建造的交易站旅社。歐洲人來中國通常是為了貿易或是傳教活動。中國遠不是一個未知的帝國，而是成為許許多多歐洲遊客的旅遊目的地。主要的見證包括西元一二五三年方濟會傳教士魯布魯克的威廉（William of Rubruck）、波代諾內的奧多里克和商人馬可・波羅（Marco Polo，西元一二八○年代和西元一二九○年代的大部分時間都在中國），以及蒙泰科維諾的喬瓦尼（Giovanni of Montecorvino）的信件，曾任汗巴里克大主教的佩里格林（Peregrine），扎伊屯（西元一三一八年）的主教和佩魯賈的安德魯（Andrew of Perugia，約西元一三一三年）和傳教士塞韋拉克的喬丹（Jordan of Sévérac）對中國和印度奇蹟的記述。正如這份清單所表明的那樣，有關遠東的寫作和閱讀已經成為一種既定的類型。這些記述被複製到拉丁百科全書文本和世界歷史之中，因為西方的觀眾渴望了解大汗宮廷的輝煌和他幾乎是無限的權力。

　　按照慣例，歐洲人將中國分為華夏（Cathay）省和蠻子（Manzi）省：華夏指的是「上」北部地區，蠻子指的是南部地區（令人困惑的是，蠻子也被一些歐洲人稱為「上印度」；它以前是由宋朝所統治的）。從西元一二六〇年代開始，蒙古帝國分裂，各個王朝建立了自己的敵對汗國。從西元一二七一年到西元一三六八年，現在的中國和蒙古的大部分地區都由元朝政權統治，這個蒙古王朝將非華裔的外國人置於中國人的地位之上，並為歐洲來的定居者和遊客創造了有利的環境。元朝將蒙古首都從喀喇崑崙遷至上都（亦即元上都或是開平），然後又遷往汗八里克（今北京）。汗八里克是元朝的冬季首都和行政中心[3]，儘管這裡的宗教相當的多元化，但是實際上以佛教為大宗。西元一三六八年，元朝被漢族的王朝明朝征服，首都遷至南京（「南方的首都」），但是在西元一四〇三年時，南京被降為次都，汗八里克／大都的首要地位得以恢復。明朝將這座城市改名為「北平」，意思是「平定的北方」。

　　對於西方的旅行者來說，汗八里克比喀喇崑崙更容易被視為一座偉大的城市，它的輝煌被用最高級的語言描述。與喀喇崑崙相比，汗八里克有一個明顯的市中心。它的核心是被稱為「皇城」的建築群（現在所說的「紫禁城」，建於十五世紀，指的是這個建築群的一部分）。皇城是一座風景優美的公園，

3　作者註：突厥（Turkic）蒙古語名稱「汗八里克（Khanbaliq）」的意思類似於「永久的城市定居點」，但是它也被稱為「大都」，來自大都，中文的意思是來自「偉大的首都」。

─────────────── Behave like a local! ───────────────

　　表現得像個當地人一樣！當你進入每個韃靼領地或是華夏的每個省份時，你將會被要求提供食物和／或飲料等貢品。馬奶酒（發酵的馬奶）和風乾的薰肉一般最受到青睞。在韃靼地區，人們穿著毛皮和獸皮。在華夏，四月和五月的時候可能會非常寒冷，你或許會想要像大汗的朝臣一樣穿著羊皮斗篷、羊皮長褲和羊皮鞋子。

有涼亭、塔樓、大廳、營房、寺廟、倉庫、人造土丘和住宅宮殿，坐落在波光粼粼的湖泊和橋樑旁邊。根據傳回西方的報告，這是大汗的權力和財富、先進技術和對有序之美的熱愛的無與倫比的展現。

　　馬可・波羅也許是中世紀最著名的旅行家，當然也是明代以前中國最著名的訪客，他是一位健談但是迂腐、乏味且不可靠的威尼斯商人。馬可・波羅不是一位探險家（他著名的旅行都是遊走在成熟的商業人脈中），與其說他是一位旅行家，不如說他是一位外派的移民工人。西元一二七一年，十七歲的他首次從威尼斯的家中出發，經阿卡前往中國，同行的是他的父親尼科洛（Niccolò）和叔叔馬菲奧（Maffeo），他們都是經驗豐富的商人，早在西元一二六〇年代就已經走遍了亞洲的大部分地區。馬可・波羅家族是黑海威尼斯世界的代表，在威尼斯和不斷向西擴張的蒙古帝國之間進行珠寶和其他商品的貿易。馬可・波羅家族一行人在忽必烈汗的政府中服務了大約十七年。

馬可‧波羅似乎是一位才華洋溢的語言學家，能夠在與蒙古人進行貿易的各個國家進行談判，而且他還涉足鹽業。他於西元一二九〇年代中期返回歐洲。

我們主要是透過他與其他人合著的書了解馬可‧波羅，這本書的正確名稱是《世界的描述》（*The Description of the World*）。該作品是在熱那亞監獄中用法語所創作的，由馬可‧波羅和他的獄友、比薩（Pisa）的浪漫主義作家魯斯蒂切羅（Rustichello of Pisa，死於西元一三〇〇年）所共同創作的。兩人在熱那亞和威尼斯之間的戰爭中都被勒索贖金。馬可‧波羅於西元一二九九年左右被釋放並返回威尼斯，以富商和著名作家兼旅行家的身份度過了他的歲月（他於西元一三二四年去世，享年七十歲左右）。儘管擁有廣泛的讀者群，《世界的描述》與其說是一部旅行敘事小說，不如說是一部政治地理學著作。作為一本旅行指南，它缺乏其他早期遠東旅行者的個人觀察感或是獨特的聲音。在很多的篇幅中，馬可‧波羅的旅行敘述都以真誠、如實的方式呈現，列出了貨幣、商品、官僚規則和第二手資訊的奇聞軼事。儘管如此，他的書在歐洲仍被人們如飢似渴般地閱讀，以尋找東方世界蓬勃發展的證據。

到了西元一二八〇年代，當馬可‧波羅造訪汗八里克時，它已經是一座設施完善的城市，阿拉伯人、波斯人、尼泊爾人、西藏人、維吾爾人（Uyghurs）和許多其他人都在這裡為偉大可汗的榮耀而工作（或是被奴役）。馬可‧波羅一直作為一名尊貴的封臣為可汗服務，但是北京，這個被他稱為「大都」或是

「汗八里克」的城市，對他來說是一個仙境，激發了他的描述能力。

馬可・波羅說，汗八里克皇城是有史以來最大的宮殿，這個地方「如此巨大，如此精美，地球上沒有人能夠想得出來把它的設計和建造工藝變得更好，即使他有能力這樣做」。對於馬可・波羅來說，這座宮殿是可汗權力和縝密心思的最高體現，他對這座宮殿的描述反映出一位敬畏的遊客，對此建築物目瞪口呆的驚嘆。這個建築群坐落在一堵「巨大的方形圍牆」內，每邊長一英里，「全都是白色，還有城垛」。每個角落都坐落著美麗且富麗堂皇的大型宮殿，以作為大汗儲存彈藥的軍火庫。就像在喀喇崑崙一樣，有一扇大門只為可汗本人打開。內部的牆壁由兩步厚的大理石所製成，形成了一種平台，人們可以在其中漫步並觀察整個區域，還可眺望皇城外不被允許進入的人。精美的柱狀欄杆是宮廷的聚會場所，有一段雄偉的大理石台階可通向大汗自己的宮殿。

這座宮殿是飢腸轆轆的眼睛的盛宴，它的牆壁完全覆蓋著金和銀，並裝飾著精美的浮雕，像是龍、鳥、騎士、戰鬥的場面以及各種野獸。天花板同樣的令人眼花繚亂，上面有著金色的圖畫。宮殿圍繞著一個巨大的大廳而建造，「如此寬敞，可以輕鬆容納六千多人在那裡吃飯」。對於馬可・波羅來說，宮殿的面積以及眾多的房間「相當的令人不知所措」。大汗的寶庫裡存放著所有珍貴的寶石和黃金，還有供他的妻子和嬪妾使用的大宅院和大廳。馬可・波羅說，「所有的一切」都是為了

給大汗「舒適和便利，外人不得入內」（這是一個狡猾的暗示，表明了馬可‧波羅自己已經成為了內幕人士）。

宮殿周圍是樹木繁茂的公園，美麗的野鹿和松鼠在「鬱鬱蔥蔥」的草地上嬉戲。鋪好的道路穿過林間的空地和有灌溉和排水溝渠的草坪。宮殿的正對面是一座人造的山，高一百步（約七十五公尺）。這座山被種滿植栽為可汗的植物園。馬可‧波羅記載說，「每當有人向大汗提到哪裡有一棵美麗的樹木時，他就會下令把那棵樹連根拔起，並用大象運到這座土丘上。」這座山被稱為「青山」，裡面有「世界上最美麗的樹木」，而且枝葉永遠長青。有人說，這座山上覆蓋著綠色的青金石（lapis lazuli），所以能夠使其常青。這座山是偉大的可汗「為了欣賞皇城的美麗景色」而建造的，對於所有能夠體驗到它的人來說，這是一個令人印象深刻的景象。山的周圍有魚池和水渠，都是供可汗享用的，還有天鵝和水禽。馬可‧波羅是宮廷的目擊者和多次造訪者，他很少欣賞那裡的自然美景，但是喜歡發明創造和複雜巧思的事物：對他來說，旅行就是記錄新技術和奇蹟，記錄所有在家鄉無法獲得的東西。

蒙古新城的北部是忽必烈汗（Kublai Khan）於西元一二七二年所建造的鼓樓和鐘樓。鼓樓的樓層間迴盪著有節奏的節拍令人印象深刻，象徵著黎明的到來。鐘樓則會敲響結束一天的聲音，代表著非正式宵禁的開始。這兩座塔樓都很高，層次分明，裝飾巧妙，利用雄偉的建築和政府的音樂來維持時間和秩序，並宣布偉大的可汗對汗八里克及其居民生活的控制。

　　馬可‧波羅的敘述非比尋常但是卻很重要，因為他還簡要描述了帝國轄區之外的城市。根據馬可‧波羅的說法，汗八里克是一座新規劃的城市，除了那些懷有叛逆意圖的人被遺留了下來之外，人口已從舊城遷移到那裡。這座新城的周圍長約四十公里，建在完美的方形鋸齒狀城牆內。在裡面，整個城市被布置成網格狀，筆直寬闊的街道就好似一個棋盤。宮殿、客棧和房屋都建造在經過測量的地塊上，每一個都坐落在精心修建的公共道路旁的一個庭院中（馬可‧波羅在這裡描述了老北京特有的胡同）。對馬可‧波羅來說，整個地方是「如此的美麗，規劃巧妙，任何文字都無法準確地描述」。在他對汗巴里克的描述中，除了對這座偉大的可汗首都的欽佩之外，沒有任何其他意義，它清楚的表達了這裡的權力與秩序，也是一個無法言喻的地方。然而，儘管馬可‧波羅與可汗關係密切，但他是為西方讀者寫作，傳授基於經驗的「專業」知識。儘管如此，他對汗八里克的描述仍然包含模糊的生活記憶，但是卻有著生動的考古訊息。對馬可‧波羅來說，這座城市作為「大量商人和外國人」中心的地位反映在其「有罪的婦女」的數量上。他向讀者保證，至少有兩萬名性工作者小心翼翼地居住在汗八里克郊區，為男性提供金錢上的服務。「他們都是有需求的」，他好色地說，「為了滿足每天如過江之鯽進出這裡的商人和外國人。」此外，他們不用納稅，而是向國家官員提供性服務。馬可‧波羅本人（既是商人、外國人又是大汗的職員）很可能對汗八里克的性工作者有過第一手的經驗。

在經過幾個世代之後，有關皇城的報導已成為傳奇。約翰·曼德維爾在他的書中總結了歐洲人對汗八里克的看法，該書本身基於波代諾內的奧多里克在西元一三二〇年代在那裡長住了三年的描述。曼德維爾稱這座城市為「Cadom」（應該是大都〔Dadu〕的筆誤）。他說，城牆周圍長約二十英里，有十二扇門。整個地方布置得美輪美奐，沒有任何地方可以比擬。花園極其優雅，擁有「一座美麗的山」，是「世界上最美麗的山」。宮殿的牆壁上鋪滿了紅色的豹皮，散發出令人愉悅的氣味，在陽光下閃閃發光，「讓人難以直視」。那裡從來沒有難聞的氣味，這些豹皮的價值就像黃金一樣。已婚婦女的頭上戴著用寶石和孔雀羽毛精心製作的男人的腳的圖像，這表明了她們要順從她們的丈夫。皇帝的寶座和大廳裝飾著曼德維爾已經說了很多遍的的珠寶和寶石。他寫道，這裡「比我們所聽說過的更宏偉、更輝煌」。如果我們沒有親眼所見，我們絕對不會相信。這句話是一個調侃，因為他根本沒有親眼見到，但是皇城的報導是如此令人印象深刻，以至於基本上令人難以置信。到了曼德維爾的時代，皇宮的組織結構主要反映出西方人對於大汗強大到完美的一個觀點，也就是宮殿代表了可汗本人至高無上的宇宙命令。

在普萊諾卡皮尼的喬瓦尼和波蘭的貝內迪克特旅行了幾年之後，蒙泰科維諾的喬瓦尼於西元一三〇五年一月八日從汗八里克寫了一封信給義大利方濟各會的部長。喬瓦尼也是一位方濟各會修士，出生於義大利南部，在亞美尼亞和大不里士有著

長期的傳教生涯。到西元一三〇五年時，他在汗八里克建造了一座基督教教堂，為大約六千人施洗，使他們接受基督教信仰，用拉丁語和希臘語教育了數十名當地的男孩，並抄寫了三十部詩篇和兩本祈禱書的手稿，以便當地社區能夠進行宗教儀式。他學會了說蒙古語（甚至將《新約》〔New Testament〕）翻譯成蒙古語）。作為可汗八里克的拉丁基督徒，他似乎基本上是個孤獨的存在。在他的信中，他呼籲增援。他需要更多的書籍和「兩三位同志」來幫助他傳教。他相信自己能夠親自皈依這位偉大的可汗，即忽必烈汗的兒子、成吉思汗（Genghis Khan）的曾孫鐵木耳汗（Temür Khan，卒於西元一三〇七年）。

　　蒙泰科維諾的喬瓦尼是一位擁有豐富經驗的傳教士，並致力於改變汗八里克的人民和建築環境。他建造了一座教堂，裡面帶有三座鐘的鐘樓，並於西元一三〇五年忙於建造第二座教堂。他將五十八歲時頭髮變白的原因歸咎於在韃靼的「辛苦和磨難」。他顯然致力於自己的使命，但是他的信以熟悉的敬畏語氣結束：「世界上沒有任何國王或是王子能夠與大汗的土地面積、人口和財富的數量相媲美。」我們一次又一次的在西方報導中發現中國是一個真正令人敬畏的帝國，歐洲和羅馬教會都無法與之匹敵。後來，蒙泰科維諾的喬瓦尼成功地改變了蒙古王子喬治（George）的信仰，喬治顯然本來是景教徒和儒家信徒，最終成為了天主教徒（但是並沒有放棄儒教），並且在失落的騰杜克（Tenduc）鎮幫助建造了一座十字形教堂。喬瓦尼在鐵木耳汗身上卻沒有取得這樣的成功，鐵木耳汗的佛教信

仰（喬瓦尼稱之為「偶像崇拜」）已經穩固地建立在他心中。

喬瓦尼推薦了前往中國最安全、最快捷的路線：如果修道士在一位信使的陪同下經過「北韃靼人」的土地，最快「五、六個月」就能抵達。這條路線從塔納出發，經過黑海，經過伏爾加河畔的蒙古西部首都薩拉伊（Saray），然後穿過現在的哈薩克（Kazakhstan）。喬瓦尼警告說，替代路線「非常漫長而且非常危險」，因為它涉及到兩次的海上航行。他說，走這條路線需要兩年多的時間，相當於先從阿卡航行到普羅旺斯（Provence），然後再從阿卡航行到英格蘭。海上航線是經由霍爾木茲到達馬拉巴爾海岸，然後從印度東海岸的聖湯馬斯（St Thomas，清奈〔Chennai〕附近的麥拉波爾〔Mylapore〕）到達中國。然而，由於戰爭的發生，他推薦的陸路已經關閉了「相當長的一段時間」，喬瓦尼似乎不得不走海路。他的信是歐洲知識體系的一部分，講述了儘管旅途艱辛，旅人們如何用最好的方式在歐洲和偉大的可汗其令人驚嘆的宮廷之間架起一座橋樑。

幾年之後，即西元一三三八年，另一位方濟各會修士喬瓦尼‧德‧馬里尼奧利（Giovanni de'Marignolli）被教皇派往大汗的宮廷，他是教皇宮廷內的一位級別很高的佛羅倫斯牧師。離開亞維儂三年後，他穿越了戈壁沙漠，喬瓦尼於西元一三四二年夏天抵達「汗八里克（Cambalec）」。汗八里克難以用言語形容：「對於其令人難以置信的規模、人口和軍事布局，我們瞠目結舌」。但是很明顯從他所給出的簡短描述來看，他和他同行的三十一名夥伴受到了大汗極好的款待，給予了他們大

量的肉和飲料，還有「燈籠紙」以及「昂貴的衣服」。喬瓦尼
收到了可汗的個人請求，要求他本人在宮殿門口的大教堂擔任
汗八里克的主教，而這座大教堂是蒙泰科維諾的喬瓦尼於西元
一三〇五年所建造的。

　　馬可‧波羅造訪過的許多地方中，有一座宏偉的大城市揚
州。揚州地處平原，因綿延長達一千公里的京杭大運河與寬闊
的長江交匯而繁榮。淺淺的湖泊和細長的運河蜿蜒穿越過城市。
帆船和舢板在人類汗水的推動下順流而下。運河上有一座座雕
刻精美的橋樑，每座橋樑都有著華麗的裝飾。層層交疊的佛塔，
其側面逐漸變得纖細，為這座城市賦予了優雅、精緻的天際線。
據他描述，馬可‧波羅不僅路過揚州，而且在那裡度過了三年
的時間。他報告說，居民實行「偶像崇拜」並講波斯語。然後
他聲稱自己已經被大汗任命為該市的總督。他說，這使他成為
了可汗的「十二位最高級別的男爵」之一。

　　馬可‧波羅的吹噓是不可信的。他所得到的中國消息來源
未經證實。其手稿中的「sejourna」（停留）一詞可能被誤解為
「seigneura」（統治）。旅人們認為自己已經掌控一切而不是
路過的遊客，這種想法並不罕見。把這些旅人們不可靠的說法
先拋在一旁，因為所有旅行的人都是主觀的。揚州是歐洲遊客
的主要目的地之一，而馬可‧波羅不太可能是那裡唯一的歐洲
人。

　　當波代諾內的奧多里克於西元一三二二年三月造訪揚州
時，該市有一座方濟各會修道院和另外三座遵循東敘利亞基督

教儀式的「景教」教堂。揚州很早以前就有一個波斯商人團體，在中國和霍爾木茲之間進行貿易。與此同時，熱那亞和威尼斯僑民的商人社區也在那裡建立起來。

我們知道當時有一個居住在揚州的家庭是多梅尼科·伊利奧尼（Domenico Ilioni）他們一家。來自熱那亞的伊利奧尼家族於十三世紀在波斯（可能在大不里士）定居，然後遷至揚州。這座城市出土的兩塊墓碑揭示了多梅尼科的孩子卡特琳娜（Caterina，卒於西元一三四二年）和安東尼奧（Antonio，卒於西元一三四四年）的生平。卡特琳娜保存完好的墓碑上刻有哥德式（Gothic）的拉丁文，上面刻有與她同名的亞歷山大的聖凱瑟琳（St Catherine of Alexandria）殉難的線條畫，旁邊還有天使和聖母與聖子。安東尼奧那塊保存不太完好的石頭同樣展示了傳統的基督教圖像，亦即最後的審判和他的守護神修道院院長聖安東尼（St Anthony）的殉難圖像。

這些圖像乍看之下似乎表達了人們對從義大利引進的歐洲宗教文化的熟悉記憶。然而，他們的風格不是歐洲的，而更像是當時中國的佛教藝術，石匠可能是當地皈依基督教的人，也可能只是一名商業藝術家。此外，聖凱瑟琳（St Catherine）的劊子手裝扮成蒙古戰士，將聖人的故事從西向東重新詮釋。伊利奧尼家族幾乎盡可能遠離歐洲，但是透過絲綢和香料等商品貿易，與他們的起源保持著密切的聯繫：從揚州到大不里士，再到君士坦丁堡佩拉的熱那亞殖民地，然後再返回到熱那亞和其他地區。他們的墓碑揭示出一個融合了全球城市的錯綜複雜

的世界，透過絲路的商隊驛站和印度洋上的商船將西歐與遠東連接起來。透過在石碑上的文字清楚表達了他們的死亡，卡特琳娜和安東尼奧‧伊利奧尼為他們所屬的相互聯繫的世界留下了永恆的見證，在這個世界中，遠距離的旅行和相互接觸使東西方不斷地交織在一起。

中國之外還有什麼？東邊是西潘古（Cipangu）的領域，也就是日本，在我們這個時代，只有來自歐洲的旅行者才粗略地認識到它。在西元一四九一年的貝海姆地球儀上，西潘古是一個狹長的群島，圖中有一座富麗堂皇的帳篷（國王的標誌）以及肉荳蔻和胡椒森林的標誌。對群島的描述很簡潔：西潘古有一位國王和自己的語言，其居民崇拜偶像，那裡盛產著黃金和香料。這個資訊取自馬可‧波羅，他通常被記載為日本帝國第一個接觸到西方的人。大約三百多年來，馬可‧波羅的描述為歐洲人對日本的看法樹立了既定的印象。

就連馬可‧波羅也沒有假裝去過日本。他在蒙古中國期間就清楚地聽說過這個王國，蒙古帝國曾於西元一二七四年和西元一二八一年對日本發動了大規模的攻擊，但是並未成功。有人告訴他說日本住著「膚色潔白、相貌英俊、彬彬有禮」的人民，「黃金極為豐富」而且「完全自給自足」。馬可‧波羅重複了去到亞洲各地的旅行者經常製造的謠言，他說這些人是食人族，會殺死俘虜並且將他們的肉煮熟供給全家食用。他聽說過「這些偶像崇拜者的惡行」，但是他們是「如此的古怪和邪惡，以至於不適合在我們的書中提及，因為這樣的邪惡對基督

徒來說是難以忍受的」。這代表著馬可‧波羅所提供的資訊的局限性。他對日本知之甚少，他對這個國家的描述也避免了事實或是文化的特殊性。他提到的一個日本奇特之處是一座完全覆蓋著純金的巨大宮殿和一種著名的日本埋葬習俗，根據這種習俗，死者會被燒毀或是埋葬，被埋葬者的嘴裡會放一顆當地的珍珠。

他的記述的其餘部分包括一個關於西元一二八一年蒙古人入侵日本時，災難性的聳人聽聞的故事，這個事件發生在他在忽必烈汗宮廷任職的期間。因此，當入侵失敗的報告傳回汗八里克時，他就會在現場。這也是馬可‧波羅書中為數不多、談到旅行本身的實際和危險的時刻的一小部分。

蒙古艦隊從扎伊屯（亦即泉州）和興宰（Xingzai，也就是杭州）出發，這是中國東部最重要的兩個帝國港口（後者於西元一二七六年被蒙古人征服）。率領這支隊伍的是兩位敵對的隊長「阿巴燦」（Abacan，蒙古首領若開〔Arakhan〕）和「馮賽欽」（Vonsainchin，宋朝的叛逃者范文虎），他們的相互敵意從一開始就注定了這次遠征的失敗。艦隊抵達了日本，但是還沒等到攻破一道矮牆或是後牆之前就刮起了北風。中國艦隊發現如果留在港內就會遭到破壞，於是就出海了。當他們駛入洶湧的水域時，狂風加劇，船隻開始互相碰撞變得支離破碎。能夠駛入可怕的大海中航行的船隻中有數千人被淹死，能夠逃脫的人則倖免於難。其中有一些船隻，包括兩名指揮官所在的船隻，設法在一個無人居住的小島上登陸。

　　風暴平息後，指揮官們召集了所有的軍官和船長，亦即艦隊中的高級貴族一起逃回中國。船隻失事後，他們將三萬名水手遺棄在荒無人煙的小島上。不久之後，日本人入侵了這個島嶼，計劃抓捕那些被自己的指揮官置之死地的悲慘船員。但是，根據馬可‧波羅所聽到的故事，有一些中國人智勝了日本人，能夠偷偷繞過一座山登上日本的艦隊。他們偷了船隻後航行到日本，還被當作日本水手帶走，並且受到來到「首都」的歡迎儀式，隨後他們立即占領了這座城市（從歷史上看，這應該是京都）。「除了一些漂亮的婦女之外，他們趕走了所有的人」，並留下這些婦女「為他們服務」，而且還占領了這座城市七個月。只有當他們得到保證可以保住自己的性命時，他們才會投降。與此同時，回到大汗宮廷的中國指揮官都被處決了。

　　馬可‧波羅將日本描述為一個擁有無限的商品，而且是可供掠奪的地方，那裡到處都是黃金和珍珠，這與遠東的其他中世紀仙境爭相呼應，這是一個被模糊的理解為擁有無限財富的地方，準備好讓勇敢的商人冒險到此致富。馬可‧波羅熱情洋溢的記述正代表了當時的新聞，那就是蒙古人進攻失敗的消息，而其核心也是最能代表中世紀命運改變的形象：龍捲風或是狂風暴雨。長期以來，狂風暴雨一直是描述人生中貪婪的危險和人類滄桑旅程的一個受歡迎的形象。劇烈的海洋變化導致船尾上升，船頭下降，將無能為力的凡人置於令人眼花繚亂的深海波浪中，由於無法控制船隻，艦隊前行的航向陷入了混亂。暴風暴雨席捲了所有人，無論是有意識的還是無意識的，他們只

能祈禱神的力量能夠幫助他們。在馬可·波羅的講述中，暴風雨阻礙了中國人，它是野心的平衡者，也是限制旅人繼續前行的因素，而這就是大汗帝國的邊界——自然邊界，在大自然的狂風暴雨中，即使是世界上最偉大的強國都會感到沮喪。

　　馬可·波羅對西元一二九一年事件的描述在歷史上並不準確，它反映了戰敗的中國人的面子，而他的故事在某些方面也與當代的中國和日本的資料相互矛盾。事實上，蒙古首領若開在到達日本之前就已經去世，並由阿塔蓋（Ataqai）接任總司令。對京都的占領是夢幻般的；蒙古艦隊騷擾了可怕的颱風所襲擊的高島市（Takashima）。日本人將倖存的中國人轉移到博多（Hakata，福岡〔Fukuoka〕），並在那裡處決了蒙古、朝鮮和漢族的士兵。其他人則是被監禁或是奴役。有三名倖存者返回了汗八里克，他們講述了大汗艦隊的遭遇，范文虎在汗八里克的軍事法庭上使用了他們的證詞，法庭判定他在九州（Kyushu）附近的島嶼上遺棄了他的軍隊。

　　幾乎所有中世紀的遊記都明確表示沒有人見過整個世界。馬可·波羅對日本的描述的真實性或是可靠性對他的歐洲聽眾來說並不重要，因為就西方的理解而言，日本是無主之地（terra nullius）。這只是東方神奇的島嶼中又一個物產富饒的地方罷了。儘管馬可·波羅進行了長途的旅行，並且在亞洲度過了許多年，但是他仍然不確定這個世界到底有多大，並且確信還有更多的地方可供探訪、探索和從中受益。

在中國蒙古外出用餐

馬可·波羅經常被認為將一系列的食物從中國帶到義大利，但是並沒有證據顯示出他帶回了食譜。他確實注意到了與食物有關的飲食和儀式方面的許多特點：例如，他描述了霍爾木茲地區優質的香料棗酒、喀什米爾（Kashmiri）地區獨特的肉類和米飯飲食、韃靼人吃馬肉、狗肉和貓肉的習慣、中亞地區向眾神獻上的油脂和肉湯、中國的米食和小米麵條，以及杭州市場上美味的梨子和桃子。與食物相關的其他飲食習慣、用餐習俗和社會禁忌的遭遇是旅行中常年存在的一部分。一般來說，旅行的人所關心的是對用餐規則的好奇，而不是食物的準備，人們也對中世紀中國五花八門的食物印象深刻。

這裡遵循一些有關於在蒙古中國的蒙古包內用餐和接受款待時的中世紀規則：

- 吃動物時，應將其腿捆綁起來，剖開腹部，用手緊緊捏住心臟，直至動物死亡。然後就可以開始吃肉了。任何人若是以穆斯林的方式屠宰動物，他自己也會被屠殺。
- 成吉思汗禁止將手浸入水中；水應該用容器去舀。
- 成吉思汗禁止他的臣民吃別人提供的食物，直到提供食物的人親自品嚐過後才可以，即使你是指揮官或是地方酋長（emir）而另一個人是俘虜。他禁止任何人在沒有事先邀請他分享食物的情況下，在其他人面前吃任何東西。他禁止任何人比他的戰友吃得更多，並禁止跨過正在煮食物的火堆或是人們正在用餐的盤子。
- 當旅行者經過一群正在吃飯的人的時候，他應該下馬與他們

一起吃飯,而無需徵得他們的同意,他們也不得妨礙他。

- 如果你不提供給口渴的人喝馬奶酒(kumiss),你將會被罰一隻羊。

- 如果你拒絕為旅行者提供過夜的庇護所,你可能會被罰一匹三歲的母馬。

- 切勿使用刀具從烹飪鍋中取出肉,因為這會讓肉掉落在火焰中。

- 不得在蒙古包內小便。如果你未經同意這樣做,你就會被處死。如果是不小心的,你就得花錢請巫師,透過走過兩次火堆來淨化你和蒙古包以及裡面的所有東西,在淨化之前沒有人敢進入這裡或是從裡面拿走任何東西。

- 偷取馬奶、酒或是茶的人,罰五頭牛。盜竊穀糧者,罰一匹馬。

- 不得將牛奶倒在地上或是將任何其他的食物或是飲料放在地上。

- 被食物噎住的人必須立刻被趕出蒙古包並且被殺死。

- 如果給任何人一塊食物,他把它放進嘴裡後不吃下去並且吐出來,蒙古包下面就會被挖出一個洞,然後他會被無情地殺死並拖進洞裡。

- 如果你無法戒酒,每個月只准喝醉三次。如果超過三次,你就會受到懲罰。一個月只喝兩次酒很好,若是能一個月只喝一次更好。還有什麼比完全不喝酒更好的呢?但是到底誰能做到這一點?如果能找到這樣的人,他將值得最高的讚揚。

CHAPTER————————————————————**13**

造訪西方

伊斯坦堡	_____	霍爾木茲和吉達	_____	彼得伯勒
Istanbul, 1470		Hormuz & Jeddah, 1413-1415		Peterborough, 1393

耶路撒冷	_____	普瓦捷	_____	波爾多和巴黎
Jerusalem, 1325-1327		Poitiers, 1307		Bordeaux & Paris, 1288

　　歐洲以外的許多人，如果他們真正想到歐洲，都會認為它是「羅馬人的土地」、「法蘭克人的土地」或是「拉丁帝國」，那是一個遠離世界人口主要中心的地方。在西元一三〇〇年至西元一四〇〇年期間，世界上最大的城市可能是北京和南京，各約有五十萬人口，而羅馬有三萬三千人，倫敦有五萬人，巴黎有二十萬人（所有這些數字都是大約的數目）。到目前為止，這本書主要的重心是放在歐洲遊客往東方旅行的觀光客和「我」看到的觀點。這突顯出他們的好奇心、他們的偏見、他們的慾望、他們的異國情調，以及他們的報告和觀點如何塑造出他們見到的世界。現在，我們稍微旋轉一下地球儀，以便簡要地思考一下東方旅行者和遊客眼中的西方世界是什麼樣子。要公正

的闡述這個主題需要更多的書卷。在此,我提供了一些觀點,作為對西方主導目光的糾正,這種目光對於構建我們現在生活的旅行理念起了很大的作用。

我們從貝海姆的地球儀開始了我們的旅程,它展示出了紐倫堡的世界觀。現在,我們以不同的觀點從伊斯坦堡(有時候又稱為君士坦丁堡或是拜占庭)於西元一四七〇年代,也就是貝特朗東·德拉布羅基埃在那裡傳教五十年後的那個時代來看這座城市。自西元一四五三年以來,君士坦丁堡這座城市一直處於鄂圖曼帝國皇帝穆罕默德二世(Mehmed II,又名征服者穆罕默德)的統治之下。它的人口、視覺觀點和在全球的定位都發生了根本上的變化。

西元一四五三年五月,穆罕默德二世征服了君士坦丁堡,當時他只有二十一歲。他的軍隊殺死了拜占庭皇帝君士坦丁十一世德拉加塞斯·帕里奧洛格斯(Constantine XI Dragases Palaiologos,西元一四〇五年至一四五三年),有效地結束了一個可以追溯到古羅馬的基督教帝國。在整個歐洲,國王和牧師對於伊斯蘭教在基督教世界的勝利感到震驚和恐懼。鄂圖曼軍隊獲得了三天的搶劫獎勵。第三天,穆罕默德舉行了勝利慶祝活動,保證其他殘存的基督徒的安全,並著手改造這座城市。聖索菲亞大教堂(Basilica of Hagia Sophia)於是變成了一座清真寺,穆罕默德迅速將首都從埃迪爾內(Edirne)遷至君士坦丁堡(剛開始稱為伊斯坦堡,這是其流行的土耳其語名稱,源自希臘語 bolos,「到」或是「在」城市的意思)。

西元一四五九年，穆罕默德開始為他建造一座宏偉的宮殿托普卡比（Topkapı）。從位於托普卡比陰涼的山頂區域的私人住所，蘇丹可以俯瞰金角灣（Golden Horn），他的目光俯瞰著東至黑海、西至愛琴海（Aegean）和地中海的航線。穆罕默德毫不掩飾他征服羅馬的慾望，就像他占領君士坦丁堡的「新羅馬」一樣。在他位於托普卡比的精緻宮殿中，他宣稱自己是開塞利朗姆酒（Kayseri Rum），字面上的意思是新的「羅馬人的凱撒」。

穆罕默德蘇丹具有國際化的品味，連接東西方，一部分是伊斯蘭的法提赫（fatih，征服者），一部分是文藝復興時期的王子。他從他所征服的領土上收集書籍和藝術品，他想透過他所征服的人的眼睛來觀察世界，這些人是以前統治地中海的威尼斯航海家和商人。他委託繪製了一系列具有不同視角和地理方法的地圖。

特別的是，穆罕默德似乎讓土耳其製圖師製作了許多的伊斯蘭地圖，其中包括幾張繪製在阿布·伊沙克·伊斯塔赫里（Abu Ishaq al-Istakhri）的《道路之書》著作中（*Kitab al-Masalik*，是一本極具影響力的十世紀地理著作）副本中的地圖。穆罕默德個人擁有這些地圖，並將它們也放在伊斯坦堡的清真寺圖書館中。在這些地圖上，南邊位於地圖的上方，北邊位於下方，而伊拉克位於地圖的中心。兩個主要的大陸占主導地位：南半部是非洲（上方），北半部是亞洲（下方）。這些地圖被波斯灣和印度洋一分為二。

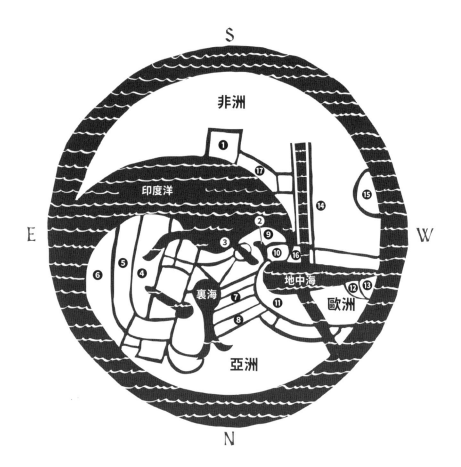

S

非洲

印度洋

E

W

裏海

地中海

歐洲

亞洲

N

❶尚吉巴　　　　❼可薩汗國　　　　⓭安達魯斯
❷幼發拉底河　　❽俄　　　　　　　⓮努比亞
❸底格里斯河　　❾阿拉伯半島　　　⓯蘇丹
❹印度　　　　　❿敘利亞　　　　　⓰埃及
❺西藏　　　　　⓫朗姆（安納托利亞）⓱衣索比亞
❻中國　　　　　⓬法蘭克

————伊斯蘭的世界地圖————

　　鄂圖曼帝國的領土被標記為「朗姆酒之地」，即安納托利亞（Anatolia）的穆斯林帝國，歐洲大陸的大部分地區被樂觀的標記為「大拜占庭之地」，即「更偉大的土耳其」。基督教歐洲只是西北邊（右下）的一個小角落，其中有一小塊領土被標記為「法蘭克人」（西歐）。它的右邊（西邊）是安達魯斯（Andalus，是伊比利亞〔Iberia〕南部的伊斯蘭酋長國，直到西元一四九二年卡斯蒂利亞〔Castile〕征服格拉納達〔Granada〕）。根據這種世界觀，基督教歐洲只是一個不起眼的角落，缺乏細節或是顯著的特徵。從伊斯坦堡開始，西歐就是世界的邊緣。換句話說，在穆罕默德統治的伊斯坦堡的一些地圖中，對於歐洲地圖的價值和視角發生了轉變：一個不同的世界，一個有差異的境外之地。

　　西元一四八〇年的夏天，鄂圖曼土耳其軍隊圍困住當時屬於那不勒斯王國（kingdom of Naples）一部分的義大利南部城市奧特朗托（Otranto）。鄂圖曼人對西方進行了史無前例的入侵，包括在同年圍攻羅德島以及對整個地中海的襲擊和登陸。與此同時，西歐最著名的製圖師之一、佛羅倫斯的弗朗切斯科·柏林吉耶里（Francesco Berlinghieri，西元一四四〇至一五〇一年）正在為鄂圖曼宮廷製作歐洲風格的地圖。柏林吉耶里（Berlinghieri）使用了古老的托勒密的《地理學》（Geographica，約西元一五〇年），這是一本關於世界製圖學的希臘專著，在西元一四〇〇年左右被廣泛的翻譯成拉丁文。《地理學》繪製並描述了從大西洋島嶼到中國東海岸的世界。柏林吉耶里透過

將托勒密的作品翻譯成義大利詩歌並添加地圖細節來「更新」
托勒密的著作。它的地圖用青金石和金箔裝飾得令人眼花撩亂，
顯示了整個歐洲及其海岸、河流和城市。人們可以看到英格蘭
的「Canterborges」（坎特伯里〔Canterbury〕）、「Londra」（倫
敦〔London〕）和「Excestria」（艾克斯特〔Exeter〕），以及
大西洋上的「Rocelle」（拉羅謝爾〔La Rochell〕）、「Bordeos」
（波爾多〔Bordeaux〕）和「Baiona」（巴約訥〔Bayonne〕）
海岸。地圖上的地名往往是港口或是教會中心。斯堪的納維亞
半島（Scandinavia）基本上沒有，波羅的海的草圖也很粗略，
但是大西洋和地中海沿岸的細節卻非常詳細，而且精確得驚人。

柏林吉耶里的書是為了穆罕默德所設計的，但是穆罕默德
在這本書完成之前就去世了。西元一四八二年，穆罕默德的兒
子巴耶濟德二世（Bayezid II，西元一四八一至一五一二年在位）
收到了這本書的精美副本及其彩繪地圖。伊斯蘭教的新月標記
在優雅的頁面旁邊，而其他副本則有基督教的十字架。這本地
圖集是鄂圖曼收藏中與其他地圖的有趣對應物，其中大多數的
地圖都以波斯和印度洋世界為背景。柏林吉耶里的地圖擴展了
土耳其對西方的了解，讓新蘇丹能夠以「西方」的視角觀察西
方，並利用義大利詩歌中所呈現的最新的義大利地理知識。正
如基督教歐洲逐漸對更廣闊的世界產生興趣一樣，歐洲以外的
世界也對西方產生了興趣。

很顯然地，中國長期以來透過絲綢之路和通往非洲東海
岸、非洲之角和阿拉伯半島的海上貿易路線與遙遠的西方相連。

─────────── Good to know ───────────

　不可不知：世界許多地方都使用駱駝進來旅行。有人說駱駝有
兩種：雙峰駱駝和阿拉伯駱駝。阿拉伯駱駝或是單峰駱駝的背上
有一個駝峰，雙峰駱駝有兩個駝峰（儘管有人說剛好相反）。人
們騎乘駱駝、給駱駝揹負重物和吃駱駝肉，人們可以穿駱駝皮或
是用它做皮革帳篷。「Cameline」或是「camlet」是一種由駱駝的
毛所製作的柔軟的亞洲毛織品。畜養駱駝的牧人被稱為單峰駱駝
人（dromedarius）或是駱駝伕（cameleer）。無論是駱駝還是單峰
駱駝都跑得很快。牠們的血液很熱，又辛辣且稀，所以牠們的奶
比其他動物的還要稀薄。

遠至英國和衣索比亞也發現了中世紀的中國錢幣。到了西元
一四七〇年代，「華夏人東渡」已廣為人知，甚至有報導聲稱，
愛爾蘭的高威（Galway）出現了兩位「奇怪又奇妙」的中國人，
反映了人們相信中國東部和西歐之間有一條直接的海上通道。
這些奇聞軼事可以被視為奇怪的謠言和誤解，也許發生在愛爾
蘭的這些事其實是來自冰島、格陵蘭島或是北美？然而，我們
確實有更詳細、更確定的紀錄，說明十五世紀早期來自中國的
旅行者曾經到達遙遠的西方，而正是在那個時期，歐洲旅行也
在那時迅速的擴張。

　鄭和（西元一三七一年至一四三五年）是明朝宮廷的高級
太監（被閹割的宮廷官員）。西元一四〇五年至西元一四三三

年間，他進行了七次大規模的海上探險，遠渡重洋為朝廷帶回金銀財寶，帶回的寶物包括貢品、掠奪品、大使、新的商品和女人。鄭和每次下西洋都有數千名水手，足跡從東南亞到東非，遍布華人世界最廣闊的地區。他的艦隊是在南京龐大的皇家造船廠建造和維護的，艦隊由巨大的船隻所組成，每艘船的長度至少有九十公尺，船身上有九根桅杆。有運載騎兵的馬船、裝飲用水的水箱、裝滿食物的補給船以及數十艘較小的船隻。

在鄭和的三次下西洋中，都有一位能言善道的翻譯家和旅行作家馬歡（筆名「山樵」）陪同。鄭和與馬歡都是穆斯林，他們的航行在某種程度上是為了前往「天庭之地」，亦即前往麥加（Mecca）朝聖。馬歡也是一位善於觀察、好奇心強的旅行作家。他於西元一四一三年至一四一五年時首次隨鄭和下西洋，這是一次非凡的航行，共有六十三艘船和兩萬八千五百多名船員。他們從南京出發，航行到爪哇（Java）、斯里蘭卡、馬拉巴爾海岸（包括科欽〔Cochin〕和科澤科德〔Kozhikode〕），最遠西至霍爾木茲和亞丁（Aden）。馬歡在他那次旅程的記述序言（寫於西元一四一六年）中描述了他最初是如何藉由閱讀十四世紀的地理文獻《島嶼及其野蠻人的記述》從而激起了他的好奇心的。他寫道，在了解了地球上不同的民族、地形和氣候之後，他問自己：「世界上怎麼會有如此不同的地方？」

和許多西方的旅行作家一樣，他們踏上旅程既是為了研究，也是為了證實自己在別人的描述中所遇到的世界，馬歡透過這次大規模的航行「親自走一回」，親眼見證並了解了他所閱讀

過的地方。因此，他知道對世界的書面描述「並非捏造，甚至
存在更大的奇蹟」。他很少談到旅行的實用性，相反地，他的
方法是收集筆記，記錄他在每個國家所遇到的人的「醜陋和帥
氣」、當地的習俗、產品和商品，以及邊界和管轄的範圍。在
他的序言中，他形容自己是「一個單純的傻瓜」，有幸陪伴欽
差大臣進行這樣的旅程，並稱這次航行是「一個絕佳的機會」，
這種機會千載難逢。他在完成序言時向讀者保證，他「沒有優
雅的文學能力」，因此他的「誠實的筆」是值得信賴的。馬歡
在他的敘述中表現出既精確又好奇，而且熱衷於詳細記錄世界
的態度，但是也充滿了對新奇觀的渴望——旅遊作家希望準確
地描述出自己的所見所聞，但是又希望傳達出世界的奇妙，在
這兩者之間搖擺不定。

此行的任務之一是抓捕蘇門答臘島北端的蘇丹王國蘇木都
刺國（Semudera）王位的篡位者，但是馬歡對這次冒險的軍事
後勤工作隻字未提。他對當地文化細節的好奇眼光和品味，與
他所航行的艦隊的令人震驚的好戰外表以及明朝國際旅行背後
的自信擴張格格不入。

馬歡對世界的非凡記述涵蓋了很多的篇幅，還包含了許多
引人入勝的細節，從一首描述他的大船在「無邊大海的咆哮波
濤上」前進的抒情詩，到對麻六甲虎人（變成人的老虎）的描
述，再到斯里蘭卡的葡萄酒清單和印度的椰子的十種用途。[1]

1　作者註：也就是說，按照馬歡的說法：

　　馬歡造訪的最西北邊是阿拉伯半島西側麥加的港口吉達
（Jeddah）。他還造訪了東非的幾個港口。吉達本身就是一個
主要的商業港口，也是大多數印度和中國海運的西部終點站。
馬歡只簡單地描述了這個小鎮，以及它的「堅強而美麗」的人
民，他們「深紫色」的皮膚，以及居民和平而令人欽佩的風俗。
「沒有貧困的家庭」，他寫道，「他們都遵守自己宗教的戒律，
違法的人很少。」 在前往麥加及其「天堂大廳」之前，他欽佩
地寫道，「這實際上是一個最幸福的國家」，他在那裡描述了
這座建築精美的清真寺。他寫道，它的牆壁「由粘土與玫瑰水
以及龍涎香混合而成」，散發出永恆的香氣。他用大家所熟悉
的術語人間天堂一詞，描述了麥加的「天堂廣場」，這是一個
富有建築的獨創性、人們可以在此輕鬆的社交並令人感到自然
愉悅的地方。

　　馬歡對霍爾木茲的記述反映出他在東西方交彙的關鍵地點
之一的經歷。根據他的估計，如果從印度的馬拉巴爾海岸出發

---

1. 甜汁是一種飲料
2. 用汁液發酵而成的酒
3. 椰子油的來源是椰子肉
4. 糖的來源是椰子
5. 食物的來源是肉
6. 椰子的纖維用來作為製造船隻時用的繩索
7. 椰子殼用來製作碗和杯子
8. 椰子灰用來鑲嵌金或銀
9. 椰子樹作為建築用途
10.椰子葉用來搭建房屋的屋頂

順風航行的話，二十五天後可抵達霍爾木茲。這需要每天穿越阿拉伯海約六十一海里（一百一十三公里）。正如西方的旅行家一樣，馬歡用霍爾木茲作為全球轉口港的地位來定義霍爾木茲：「來自各地的外國船隻和陸路的外國商人都來到這個國家擺攤和做生意。」與西方旅行作家抱怨霍爾木茲的炎熱、評論居民下垂的睪丸不同，他欽佩這座城市的財富以及其「虔誠、細膩和真誠」的宗教和居民的素養。虔誠的穆斯林「溫文有禮」、「堅定俊美」，並且穿著「帥氣、獨特且優雅」的服裝。除此之外，這座城市的文武官員、醫生和占卜師，「明顯的優於其他的地方」。他讚許地寫道，它擁有各種藝術和工藝方面的專家。馬歡將霍爾木茲描繪成一座管理優良的快樂的世界城市，這裡的民情單純且誠實。事實上，如果一個家庭陷入貧困，「每個人都會給予他們衣服、食物和資金以緩解他們的痛苦。」他從中國出發，經過最國際化、最多樣化的港口，這是他所能到達的最遠的地方。在這裡，他找到了一個和諧美好的城市社會的形象。

在霍爾木茲，他非常喜歡觀看當地的魔術表演，其中包括一隻白色的小山羊。在這場表演中，一名男子擊鼓、拍手並唱起歌曲，公山羊跟著歌聲歡喜地亂蹦亂跳。接著這隻山羊爬上了一根木桿，並站在這根木桿上和另一根桿子的頂部，桿子的大小剛好足以容納牠的四個蹄子，並做出「像是跳舞一樣賣萌的姿勢動作」。隨後男人又加了一些桿子並增加了高度，然後小山羊又繼續跳舞了。最後收尾的彩蛋是該男子將木桿推開，

用雙手接住了山羊。

馬歡還在霍爾木茲記錄了一系列有關於一隻黑色的大猴子的戲法，其中有一隻猴子被蒙住眼睛，並被人群中的旁觀者隨機的擊打其頭部。當猴子眼睛上的眼罩被拿掉時，猴子仍然能夠直接走向攻擊他的人。馬歡道：「這真是神奇。」

霍爾木茲的另一個奇觀是當地一種被稱為「飛草」的貓，顯然是一隻山貓或是獰貓，長著尖尖的黑色耳朵和龜甲色的皮毛。馬歡說這種貓「性情溫馴，一點都不兇狠」，卻有能力讓獅子、豹子等兇猛的動物「乖乖地趴在地上討拍」。據他說，飛草是「百獸之王」。馬歡筆下的山貓與基督教傳說中的豹子有著有趣的對應，這種動物是一種有著甜美的氣息且性情溫和的「溫柔動物」，牠在中世紀流行的野獸綱要《動物寓言》（Bestiary）中象徵基督。

在馬歡的區艦隊追求利潤或是征服的野心之外，他對於公山羊、猴子和山貓的記述顯示出馬歡對好奇心的洞察力。他對這些動物的欽佩更普遍地與他對霍爾木茲的讚揚相互一致：這是一個擁有廉價賞金的地方，這裡有「來自世界各地的所有珍貴商品」，有很多很多的胡蘿蔔和非常大的甜瓜，像茶杯一樣大的石榴和像拳頭一樣大的香蘋果。在他對霍爾木茲的記述中，馬歡暗示了人與自然之間的和諧互動，其中的商業財富來自於令人愉快和慈悲的自然性格。

他好奇的目光與他所經歷的旅程的目的形成了鮮明的對比：恐嚇以及主宰大亞洲的貿易世界，並且向每個地方徵收貢品。

當中國船隻離開霍爾木茲時，霍爾木茲國王將獅子、長頸鹿、馬匹、珍珠、寶石和其他的禮物裝運到船上。國王還送來了一張刻有銘文的金葉，很明顯然的展示出霍爾木茲皇位的徽章和血統。這其中還包括了數量驚人的隨從，包括了各族的酋長和特使們。他們之中有許多人將在中國停留數年：其中有一些自西元一四一五年開始就從霍爾木茲航行到汗八里克的人，直到西元一四二一年才獲准返回家鄉。

鄭和知道他所帶領的這趟航行是非比尋常的，因為他留下了幾塊不朽的石碑。其中南京和南山的兩處石碑是為了感謝媽祖這位「天上聖母」，她是中國海上的女神和水手的保護神。它們不僅是代表了鄭和下西洋的一座不朽的紀念碑，也是明朝利用航海向更廣闊的世界展示其財富和權力的紀念碑。

我們之前曾經提到西元一三九〇年代初的德比的亨利（Henry of Derby），當時他正準備開始他的十字軍東征兼朝聖和旅行，前往普魯士（Prussia）、歐洲和聖地。亨利從耶路撒冷途經法馬古斯塔（Famagusta）、羅德島和威尼斯返回。他帶著幾件紀念品去旅行，其中還包括一隻豹子（可能是賽普勒斯國王贈送的），他在前往威尼斯的樂帆船上為牠安排了一個房間。這隻豹子和牠的領薪水的飼養員似乎在倫敦塔的皇家動物園裡瑟瑟發抖地度過了餘生。亨利的回程行李還包括四個鴕鳥蛋所製成的杯子、幾桶酒、精美的威尼斯絲綢和亞麻布、獵鷹（戴著米蘭人的手套）和一隻用繩子掛在籠子裡的鸚鵡。

但是他最珍貴的紀念品是一位在羅德島撿到的土耳其人，

他皈依了基督教，並像他的主人一樣被命名為亨利。在前往英國的途中，他為「亨利・特克」購買了一張床、一件朝聖用的斗篷、一件「toga」（斗篷）和幾雙鞋子。在特魯瓦（Troyes），土耳其人與亨利王子的一行人分開，並被送回英國，與牧師休（Hugh）和另外兩名牧師以及一隻獵鷹一起沿著塞納河（River Seine）划船。「亨利・特克」最後一次被人提及是在英國小鎮彼得伯勒（Peterborough），那裡矗立著從沼澤地拔地而起的雄偉的哥德式（Gothic）本篤會（Benedictine）修道院。 我們沒有他的聲音或是感情的紀錄，甚至沒有他的原名。

　　「亨利・特克」是一個非比尋常但是並非獨一無二的人物。例如，一位名叫「巴塞洛繆（Bartholomew）」的「衣索比亞人」，可能是在西西里島被奴役時逃脫的，卻在西元一二五〇年代逃亡到英國。後來，在西元一四七〇年有一位富有的英國人約翰・帕斯頓（John Paston）寫了一封信，吹噓有一個「新的小土耳其人」，一個土耳其侏儒，據說他的陰莖和腿一樣長。這個土耳其人似乎是帕斯頓倫敦家裡的伺從，可能是一名土耳其士兵或是被贖回的俘虜，他經由威尼斯或是熱那亞前往英國。歷史紀錄中，這些人物的短暫出現讓我們想起了那些人，對於他們來說，西方的好奇心並不是抽象的思維實驗。這些人被買來交易、抓捕和改造，然後被帶到偏遠的海岸，在那裡不是成功，便是成仁。

　　亞美尼亞的赫特烏姆（Het'um，約西元一二四五年至一三一五年）同時是一位王子，也是一名修道士，他過著身份

認同交織下的生活。他出生於西里西亞（Cilicia）的皇室家庭或是現在位於土耳其東南部、稱為小亞美尼亞（Little Armenia）的地方，而他的父親是科里庫斯（Kızkalesi）的領主，科里庫斯位於賽普勒斯正北海岸，傳說中的雀鷹城堡（Sparrowhawk Castle）所在地。赫特烏姆年輕時被任命為科里庫斯總督，並與統治賽普勒斯的伊貝林（Ibelin）家族的表妹扎貝爾（Zabel）結婚。他的叔叔是亞美尼亞國王赫特烏姆一世（Het'um I），他成功地透過談判在十三世紀中東不斷變化的政治世界中確立了他的王國的地位。赫特烏姆國王是一位技巧嫻熟的外交家，他與蒙古人結盟以保證國家的安全。但是從西元一二六〇年代開始，馬穆魯克成功地推翻了亞美尼亞—蒙古條約，在接下來的數百年裡，這個王國遭受到蹂躪並最終解體。亞美尼亞的赫特烏姆似乎參與了英國和法國之間的外交事務。西元一二九九年左右，他可能有前往巴黎朝聖，到了西元一三〇五年，他一定是離開了亞美尼亞，並加入了位於賽普勒斯貝拉佩斯（Bellapais）美麗的懸崖邊的修道院普雷蒙斯特拉坦修會（monastic Premonstratensian order）。這是讓自己遠離亞美尼亞殘酷王朝鬥爭的一種方式，這場鬥爭最終導致兩位國王赫特烏姆二世（Het'um II）和里昂三世（Leon III）於西元一三〇七年十二月被暗殺，而此時，赫特烏姆修士已經在普瓦捷這座法國城市定居並停留了大約十八個月。他與經常出現在普瓦捷的教宗克萊門特五世（Pope Clement V，西元一二六四至一三一四年）成為朋友，並為亞美尼亞王權和他的親屬泰爾的阿馬爾里

克・呂西尼昂（Amalric Lusignan of Tyre，卒於西元一三一〇年）尋求與西方聯盟以索賠賽普勒斯。與此同時，赫特烏姆顯然是應教宗的要求，撰寫了一部亞洲地理學的著作，這是中世紀第一部地理學的著作之一。用法語向抄寫員尼古拉斯・福孔（Nicholas Faucon）口述了該文本，然後後者將其翻譯成拉丁語。這本書叫做「《東方歷史之花》（*The Flower of Histories of the Orient*）」，成為一部對流亡的亞美尼亞人眼中的世界有影響力描述的著作。《歷史之花》一書成為向西歐傳達有關於亞美尼亞以及蒙古世界知識的基礎文本。

赫特烏姆其著作的大部分敘述都涉及到蒙古人的崛起、成吉思汗的故事以及大波斯地區的蒙古統治者與埃及蘇丹之間的衝突。赫特烏姆很少談論自己旅行的事情，儘管他顯然是他所描述的許多事件的目擊者，並且在亞美尼亞、賽普勒斯和法國之間頻繁的移動，甚至可能到過更遠的地方（在此期間，亞美尼亞宮廷的成員肯定在西部的羅馬和東部的喀喇崑崙山）。他總結了他為這本書收集材料的三種方式：第一，從「韃靼人的歷史」；第二，來自目擊者，也就是他叔叔赫特烏姆國王的口頭證詞，該證詞隨後被寫入書中；第三，來自他自己的目擊者回憶——「我以當時在場的人的身份說話，我所看到的都是真實的記錄。」這巧妙地總結了中世紀旅行和地理寫作的方法，將過去的記憶與個人的聲音和觀點融為一體。

赫特烏姆的書一開始就描述了東方的領土，從華夏到土耳其斯坦，然後到印度，再到波斯，接著到亞美尼亞和格魯吉亞，

再到敘利亞。與西方的地理一樣，耶路撒冷及其周邊地區是世界的巔峰之地，但是對於赫特烏姆來說，「世界上最高貴、最富有的王國」，亦即華夏的領土是必要的起點。根據赫特烏姆的說法，這不僅是因為蒙古勢力的範圍，還因為華夏人用他們「微妙的勞作和巧妙的藝術」以及在藝術和手作方面的創造力而著稱。在他的世界觀中，重心已決定性地轉移到了遠東，而他最終在書中所倡導的是，鼓勵歐洲統治者與蒙古人結盟，如果他們想要奪回耶路撒冷和聖地的話。

　　赫特烏姆的短論以督促他的西歐讀者進行「一般的途徑」，亦即「朝聖者」的國際聖戰來收復聖地而告終，這並不令人感到驚訝。因此，他試圖散播有關於東方的知識，以便重新征服它，並敦促透過三條路線進行大規模的人口遷移：首先，通過巴巴里（他並不推薦這樣做，因為對「這個國家的狀況」了解甚少）；其次，途經君士坦丁堡，這是條古時候十字軍所走的危險路線，因為那個國家有土耳其人（赫特烏姆補充說，如果要走這條路線，就必須使用蒙古人來「確保道路」，請他們帶食物來給朝聖者並提供價格合理的馬匹）。第三條路線是藉由海路，也是赫特烏姆更喜歡的「另一種眾所周知的方式」。他說，這條路線需要每個港口都為朝聖者提供充足的補給，他特別建議他們在漂洋過海之後都來賽普勒斯「讓自己和他們的馬匹都休息一下」。或者，他建議朝聖者取道亞美尼亞，他們可以在小亞美尼亞的首府「塔爾蘇斯（Tersot 或是 Tarsus）」停留甚至過冬，在那裡他們會找到「充足的水和牧草給他們的馬

匹」，而且從那裡他們可以輕鬆的占領安條克城（Antioch）。

赫特烏姆的野心是顯而易見的：將賽普勒斯和亞美尼亞置於不斷變化的歐洲世界的中心，「在上帝的幫助下征服耶路撒冷城」，並與蒙古人結盟，這將會確保賽普勒斯與亞美尼亞的完整，以對抗土耳其人和馬穆魯克人。他的希望是，「敵人的力量」，也就是馬穆魯克的力量，將「被兩個而不是一個所迷惑」——這是為了結盟的必要性的早期聲明。

赫特烏姆的宣言於十四世紀的最初十年寫於普瓦捷，事實證明其內容既懷舊又天真。耶路撒冷也沒有被基督徒奪回。然而，他的文字被廣為閱讀和大量複製，因為十字軍的實用性被放棄，轉變成熱淚盈眶的浪漫和騎士精神的幻想。雖然赫特烏姆的兒子奧辛（Oshin，卒於西元一三二九年）成為科里庫斯領主（Lord of Corycus），並作為攝政王在亞美尼亞政治中扮演了活躍的角色，然而小亞美尼亞在西元一三七五年崩潰了，陷入了賽普勒斯、土耳其、韃靼和馬穆魯克之間永無休止的權力鬥爭和領土戰爭。小亞美尼亞的最後一位國王列翁五世（Levon V，西元一三四二年至一三九三年）是亞眠（Amiens）會議上英國和法國之間的主要和平締造者之一，他希望聯合起來對抗摧毀了他的王國並把他流放的土耳其人。西元一三九三年，列翁在巴黎流亡期間去世，他按照赫特烏姆的勸告再次發起另一次的聖戰，但是並沒有成功。

正如我們所看到的，喀喇崑崙和汗八里克的蒙古宮廷具有國際性、世界性和多樣性。它具有向心性，作為權力和財富的

中心吸引著世界各地的人們。它也是離心式的，向世界各地派遣大使、外交官、信使和朝聖者。

拉班・巴爾・紹瑪（Rabban Bar Sauma）就是這樣的一位蒙古使者，他是一位出生在汗八里克附近的蒙古基督徒，記錄了自己非凡的旅行。西元一二六〇年代，巴爾・紹瑪與他的一位學生馬科斯（Markos）一起前往耶路撒冷朝聖。他們穿過中亞，到達亞美尼亞絲綢之路城鎮阿尼（Ani），這裡當時是一座繁榮的城市，但是現在卻是一片荒涼，到處都是斷橋和教堂的廢墟。他們被警告說，繼續穿越敘利亞的路線太危險，所以他們前往了波斯，並參觀了位於哈馬丹（Hamadan）的阿巴可汗（Abaqa Khan）的蒙古宮廷。在這段旅程中，馬科斯被選為主教，之後成為了族長，名為亞巴拉哈三世（Yahballaha III）。他建議阿巴可汗的繼任者阿魯渾可汗（Arghun Khan）讓他明智而可敬的老師和同伴巴爾・紹瑪向西執行一項使命，那就是建立一個法蒙聯盟以對抗他們共同的敵人，也就是當時占領耶路撒冷的開羅的馬穆魯克蘇丹。

西元一二八七年，巴爾・紹瑪從巴格達出發前往歐洲，在當時他已經是一位高齡人士（至少六十幾歲了）。阿魯渾可汗給了他兩千塊黃金、一個派扎（paiza是蒙古的皇帝令牌兼護照）和三十隻動物作為運輸用。族長允許他離開並給他寫了一封介紹信。巴爾・紹瑪以獨特的方式描述他這趟旅行，而且還包含了一些精彩的細節。在此，我們將簡要的回顧一下他的歐洲之旅以及他對歐洲的印象。

　　他的旅程將他帶到君士坦丁堡，並在那裡啟程前往義大利。當航行穿過地中海時，他目睹了埃特納火山（Mount Etna）的噴發（西元一二八七年六月十八日），「這座山整天冒著濃煙」，夜間燃燒著火焰，而空氣中還瀰漫著硫磺的惡臭。巴爾‧紹瑪呼應了許多曾經穿越這些水域的人的說法，他說「義大利海」是「一片可怕的海洋」，已經有數千人在此喪生。他「經過兩個月的艱苦跋涉、疲倦和筋疲力竭」到達那不勒斯（Napoli/Naples），這反映出中世紀航海時慘淡的狀況，對於不習慣海上旅行嚴酷條件的蒙古人來說尤其可怕。

　　在那不勒斯，他會見了君主「薩爾達羅（Shardalo）」（Charles le deux，那不勒斯國王查理二世〔Charles II〕，卒於西元一三〇九年）並受到了熱烈的歡迎。西元一二八七年六月二十四日，巴爾‧紹瑪描述了他坐在豪宅屋頂俯瞰那不勒斯灣的樂趣。這個樂趣不在於蔚藍大海的寧靜景色，而在於欣賞查理國王的軍隊攻擊他的敵人阿拉貢和巴倫西亞的詹姆斯二世（James II of Aragon and Valencia，西元一二六七年至一三二七年）的方式。他想知道這場戰鬥的精確性和針對性如何，敵人如何設法只殺死戰鬥的人員而不傷害到其他的人。

　　接著他前往羅馬，然後再抵達「吉諾」（Ginoh 也就是熱那亞）在那裡過冬。他在錫那洛尼亞教堂（Church of Sinalornia，亦即聖羅倫佐大教堂〔Cathedral of San Lorenzo〕）欣賞了裝在銀棺中的施洗者聖約翰的遺體，並向他展示了一塊由綠寶石所製成的帕坦（paten 亦即聖餐盤），據說這就是基督與祂的門徒

吃逾越節晚餐（Passover meal）時所用的盤子。

他向北穿過「Onbar」（亦即倫巴底〔Lombardy〕）到達「Frangestan」（法國）的首都「Pariz」（巴黎），在那裡他會見了國王菲利普四世（King Philip IV，西元一二六八年至一三一四年）。他對巴黎的印象是旅遊勝地。他在那裡停留了一個月，他和他的團隊「看到了裡面的一切」。尤其讓他震驚的是，有三萬名學生從事各種書籍的學習，包括聖經內的評論和註解，以及哲學、修辭、醫學、幾何、算術、天文學等。這些學生「不斷地從事寫作」，他們都收到了國王的生活補助金。他參觀了位於聖但尼（Saint-Denis）的皇家陵墓，陵墓上裝飾著已故國王們的金銀雕像，現場有五百名的僧侶為他們逝去的靈魂誦經。總而言之，巴爾・紹瑪覺得他和他的同伴「看到了一切輝煌和著名的事物」。

他繼續往西南前行，到達英國的屬地卡索尼亞（Kasonia，加斯科尼〔Gascony〕），在那裡他會見了英國國王愛德華一世（Edward I），地點可能是在英國統治的波爾多（Bordeaux）。之後他回到熱那亞，在那裡他看到了「一個類似於天堂的花園」。那裡全年氣候溫和，果樹四季常青。還有一棵葡萄樹，雖然當地人並不用它來釀酒，但是一年可收成七次。

巴爾・紹瑪的歐洲之旅在羅馬停留期間達到了頂峰，在那裡他與新當選的教皇尼可拉斯四世（Nicholas IV，卒於西元一二九二年）進行了一次重要的會面。巴爾・紹瑪報告說，他曾經直接跟教皇說話，說道：「既然我看到了你的臉，我的眼

睛就被照亮了，如此一來，我就不會心碎地離開這裡前往東方的國家。」教皇贈予他一棟「豪宅」讓他住在裡面，還有僕人可供差遣並隨時會為他提供充足的補給。巴爾・紹瑪觀看了羅馬的復活節遊行，包括棕枝主日（Palm Sunday），當時有「成千上萬」的人們舉著橄欖枝聚集在一起。他看到教皇穿著奢華的聖袍主持儀式，紅色的服裝上貫穿著金線，涼鞋上還鑲滿了珍貴的寶石、紅鋯石和珍珠。巴爾・紹瑪的外交使命基本上是不成功的，因為他未能集結軍隊對抗馬穆魯克。但是教皇確實給了他基督的衣服、聖母瑪利亞的頭巾和一些身份不明（可能無法辨認）的聖徒的小碎片。教皇還給了他一千五百個金幣作為他返家的費用。

巴爾・紹瑪從羅馬出發，沿著來時的路，漂洋過海回到巴格達，並在那裡記錄下他的旅行歷程。雖然他對西方的描述是獨一無二的，但是它也和一般的西方人對於東方的描述非常類似，這是一種由航海、戰爭、天堂般的花園和不尋常的遺跡、強大的統治者和無限的財富以及所觀察到的習俗所支撐的敘述，而這些危險都介於陌生與熟悉之間。對於巴爾・紹瑪和中世紀西方旅行作家來說，了解這個世界意味著發現表面以外的事物。同時，巴爾・紹瑪的旅程揭示了朝聖、外交、傳教和旅遊好奇心之間的相互作用，以及旅行者的目光如何從東方被引導到西方。

如何找到青春之泉

青春之泉的靈感來自於聖經中對天堂的河水和從黎巴嫩（Lebanon）流出的「活水之井」的描述（頌歌〔Canticles〕四：一二—一六），許多中世紀的旅行者都在尋找它。最著名的是，西班牙探險家胡安・龐塞・德萊昂（Juan Ponce de León）於西元一五一二年接受神聖的羅馬帝國皇帝查理五世（Charles V，西元一五〇〇年至一五五八年）的委託，前往占領伊斯帕尼奧拉島（Hispaniola，大安地列斯群島〔Greater Antilles〕）附近的比米尼島（island of Bimini），據說那裡流淌著有益健康的活水。中世紀有許多對於噴泉的描述，這裡僅列出其中的一些：

在十三世紀的史詩《波爾多的休恩》（*Huon of Bordeaux*）中，英雄休恩在尼羅河邊、巴比倫的埃米爾（Emir of Babylon）的花園裡發現了青春之泉：

在這個花園的中央有一個美麗的噴泉，從天堂流淌的尼羅河中流出。這泉水有這樣的好處，如果有任何生病的人飲用了它之後就會痊癒，不貞潔的人用它來洗手或是洗臉就會變得貞潔，老人喝了之後就會回到三十歲，女人也會變得像十五歲的少女一樣青春並充滿活力。（這個噴泉四十年來一直保持著這種神奇的力量，但是休恩去到那裡十年之後，噴泉就被當時在巴比倫與海軍上將交戰的埃及人摧毀和破壞了。）

當休恩在噴泉裡洗手和洗臉並喝了泉水時，他看到了一座宮殿，覺得它非常漂亮。而當他凝視許久時，他看到噴泉旁邊有一條大蛇守護著噴泉，也因如此，最終沒有任何人敢去喝水或是觸摸噴

泉，因為如果有任何叛徒或是異教徒觸摸到它，他就難逃死亡的命運。但是當蛇看到休恩時，他傾斜了身體，並沒有表現出有任何想傷害他的意思。

約翰‧曼德維爾爵士在塞倫迪普島（island of Serendip 亦即斯里蘭卡）的波隆貝（Polombe 亦即可倫坡〔Colombo〕）附近發現了青春之井：

可倫坡市南面有一座小山丘，人們稱之為可倫坡山，這也是該市名字的由來。而這座山的山腳下有一口漂亮的井，裡面有各種香料的甜味，而其味道每小時都在變化。無論是任何人，只要一天飲用三次這口井中的水，所患的任何疾病都能痊癒。因為我喝過那口井的水，我想我確實感覺好多了。有人稱它為「青春之井」，因為喝過泉水的人似乎都永遠年輕，並且不會生大病。據說這口井來自天堂，因為它充滿了美德。

詩人兼歷史學家吉恩‧佛魯瓦薩爾（Jean Froissart，約西元一四〇五年去世）在《美麗的青春灌木叢》（*The Pretty Bush of Youth*）中表示，並非所有的人都相信有青春之泉：

我也聽說過青春之泉和看不見的石頭。但這些都是無稽之談，憑著聖馬賽爾（St Marcel）的信仰，我從來沒有見過有人說過「我實際上去過那裡」。

CHAPTER——————————————————— **14**

對蹠點和世界的盡頭的
概略指南

對蹠點	爪哇	潘丹
The Antipodes	Java	Panten

死海		天涯海角
The sea of death		Land's End

　　中世紀的旅行家、天文學家和商人們對於全球出現了新的陸地、新的大陸和新的文明做好了充分的準備（新的意思是它們以前不為人所知，但是舊的意思是它們比歐洲的文明更先進）。我們常說旅行可以讓人敞開胸懷，給人新鮮的體驗。然而，在中世紀的歐洲，發現「新的」地方並不一定要局限在固定的知識類別，因為旅遊寫作已經讓每位旅行者期待一個充滿奇蹟和驚奇的世界。

　　十四世紀時，人們講述了一個來自歐洲的年輕人的故事。這個故事曾經出現在旅行指南、編年史、佈道會、地理學和詩歌之中。故事中，有一位年輕人因為想出去看看這個世界而離開了家。他是一位聰明而好奇的農民之子，之前他從未離開過

他們的小牛群。他一路來到印度，然後繼續前行。他利用船隻、驢子、馬匹和自己的雙腳，向東穿越印度五千多英里，到達了世界的下半部。他離家鄉如此遙遠，看到了如此多的奇蹟，卻幾乎不知道自己身在何方。

然而，最令人驚奇的是他所遇到的那片土地，在那裡他發現人們說著他自己的語言，並且像他自己的村莊裡的人們一樣的生活。他們甚至用與他自己的父母完全相同的話語來放牛。有一天他發現自己已經走不動了，於是轉身，打算一路返回家鄉。但是過了一會兒，他突然撞見了自己的家，看到了他的母親和父親、他們的牛和牧場，居然都在那裡，在那個世界的盡頭。他已經竭盡所能地遠離家園，但是不知何故，最終還是回到了家。

這位旅行的年輕人並非沒有受過教育；他讀過幾本有關於行星和蒼穹的書，知道整個世界的周長正好是二萬四百二十五英里（儘管其他人說是三萬一千五百羅馬英里）。年輕人突然意識到，事實上，他已經走了這麼遠，以至於他已經繞行了整個世界，跨越了整個世界的寬度，或者也許繞了整個高度，往上又往下：無論是哪種方式，他都已經繞行了地球一圈。他的旅程帶著他環遊世界，經過陸地和海上，而最後回到了自己的家鄉。

這位年輕人的父母主要接受的教育是養牛，他們認為世界的下面沒有東西，地球是沒有底部的。如果他們認真思考的話，他們會認為世界是一條像是通往耶路撒冷的線，如果一個人往

下走，他可能會失去平衡並跌落到未知的星空中。如果他們看過世界地圖，他們就會認為它的「背面」，即地球的背面，充滿了海洋，因為他們相信世界上唯一適合居住的地方是在北部的地區，也就是他們的地區。而教堂裡的一些傳教士也相信這一點，他們在書中讀到，相信生活在世界另一邊的人是愚蠢的。如果有人相信世界有一個頂端（北極）、一個中心（耶路撒冷）和一個底部（南極洲，北極的反方向），而且如果有人也相信對蹠點與歐洲直接相對，那麼人們就必須相信農作物和樹木可以往下生長，或是雨水和雪花可以往上落下。如同這位年輕人的父母這樣的人就無法接受這一點。

但是這位年輕人卻有不同的認知，他的遠航向他證明了這一點，那就是你可以環遊世界，而不會墜入蒼穹。所以現在他知道地球的另一邊還有人，就像他認為他們在他的下面一樣，然而對方也認為他在他們的下面。

他還記得上帝在聖經中曾經說過：「不要怕我，我把大地懸在空中」（《約伯記》二六：七）。這位年輕人思考著這個星球、它的人民、它的海洋、它的城市和它的山脈，所有這些都懸浮在空中，被上帝巧妙的影響和難以理解的控制所支撐住。

年輕人走遍五湖四海、世界各地的故事，明確提出了一個有爭議的議題，亦即赤道周圍受到炙熱的海洋衝擊的熱帶地區顯然是可以通行的。傳統的地理智慧長期以來一直認為，這片炎熱的地區對於人類的旅行者來說是一個絕對的障礙。後來中世紀的科學研究證實了地球是圓的，而聖經裡的世界和已知的

三大洲（非洲、亞洲和歐洲）世界都無法填滿整個地球表面：一定還有未知的地方，無論那裡是否有人居住。

　　到了中世紀後期，男男女女們經常從地球的一邊航行到另外一邊。事實上，十五世紀編撰的《馬來年鑑》（*Malay Annals*）講述了自十一世紀以來馬來君主制興起的故事，它從「伊斯坎德爾王（Raja Iskander）」的故事開始說起，這位國王是穆斯林版的亞歷山大大帝，可謂是「馬其頓國家的羅馬人」。他「出發前往東方」，並取得了「從東到西、從北到南統治整個地球」的權力。最終，伊斯坎德爾被譽為在巨港（Palembang 亦即印尼）加冕的王朝的創始人，他建立了新加坡並建立了麻六甲（Melaka/Malacca）的蘇丹國。中世紀的爪哇、蘇門答臘和

Look out for

留意卡爾迪赫島（island of Caldihe）樹上生長的蔬菜小羊。你可能會看到一種葫蘆或是南瓜，成熟後可以被切開。這些瓜的裡面有一個由皮骨和血液組成的小生物，就像是一隻小羊一樣，但是身上沒有羊毛。★

★ 作者註：卡爾迪赫是個遙遠的島嶼，遠在韃靼和華夏之外，位於通往印度和裏海的途中。這些蔬菜小羊實際上就像據說生長在愛爾蘭原木上的鵝頸藤壺一樣。這些鵝頸藤壺原本有軟殼，然後他們長大成熟後會喙附著在原木上。一旦牠們被羽毛覆蓋，牠們就會飛走。至少聽說是這樣的。

馬來西亞半島決定了極其廣闊的海上通道，並且始終與全球商業緊密相連，儘管這些地區只是被歐洲人猶豫不決地占領了。

　　拉穆里島（islands of Lamuri，班達亞齊〔Banda Aceh〕和整個蘇門答臘島上的王國的名稱）和爪哇島是中世紀歐洲人造訪過、最接近對蹠地的地方。這些島嶼是香料貿易的中心，與印度洋的商業和旅遊世界有著密切的關聯。「爪哇」一詞通常涵蓋爪哇海域星羅棋布的所有島嶼。伊本·巴圖塔在十四世紀初時確立了「小爪哇」可以與蘇門答臘島關聯在一起，而「大爪哇（Java Major）」（或是「Djaouah」）指的則是現在的爪哇、印尼和／或婆羅洲和其他的地區。對大爪哇地區的描述也可能包括澳洲北部海岸。馬可·波羅和方濟各會傳教士波代諾內的奧多里克都將爪哇島描述為「世界上最大的島嶼」，其周長超過三千英里，這一描述不禁讓人聯想到未來澳洲的發現。然而，與其尋找中世紀思想和現代地理之間的精確對應關係，更重要的是理解，早在有紀錄的第一個歐洲人抵達澳洲之前（荷蘭商人威廉·詹森〔Willem Janszoon〕於西元一六〇六年登陸澳大利亞），對蹠點就已經是人們猜測和探究的一個對象，預示著一個既充滿奇蹟又充滿誘人的相似之處的世界。

　　中世紀時期對於南極洲土地的描述很少，但是那時候的地圖如果有提到的話，經常也是以含糊其辭的方式描繪它們。與貝海姆的地球儀一樣，地圖與實際發現的動態相互作用，海妖、神話中的島嶼與聖經中的地點和新造訪的海岸以及最近探索的內陸地區爭奪空間。製圖的傳統各式各樣，包括圖解、圖表和

華麗的世界地圖。在許多的地圖中，對蹠點表現為一面「鏡子」或是對應物，朝向地圖的底部或是「南部」，以及朝向頂部或是「北部」的已知世界。在貝海姆的地球儀上，爪哇島（以及該地區的其他島嶼，如「Pentan」和「Candyn」）附有關於對蹠點的簡短文字：地球儀上說，這些島嶼位於遙遠的南方，以至於在那裡是看不見北極星的，而相反地，南極的星星變得清晰可見。地球儀繼續描述他的國家如何「與我們的土地緊密相連。當我們是白天時，他們是黑夜，而當太陽在我們這邊落下時，他們則是白天」。此外，「在我們的下方，有一半的星星我們是看不到的，然而對他們來說卻是可見的。」貝海姆補充道：「這一切都是因為上帝用圓形的水創造了世界，就像約翰‧曼德維爾的描述一樣。」在爪哇島的東部，貝海姆的地球儀顯示出一大片廣闊的水域，上面布滿了五彩繽紛的島嶼，以及有關於世界上其他的地方的文字。水汪汪的「圓形」世界就這樣在地球上變得完整，而地球的第四部分（在美國被稱為美國之前）則透過廣闊的海洋將爪哇與非洲連接起來。

其他的中世紀地圖在呈現印度和爪哇以外的地區在方式上差異很大。有一些地圖將對蹠點放置在它們所代表的區域的邊緣，通常位於地圖的西南邊或是東南邊。在某些情況下，這暗示著「第四個大陸」應該被推斷為位於地圖「正面」所代表的普世區域（ecumene）的「背面」或是「下方」。其他的地圖只是在對蹠點中留下一片空白，以表示它們的未知狀態並暗示著那裡什麼都沒有。因此中世紀的對蹠點變成了一個鮮少人造訪

過，但卻存在的地方。

十五世紀的《世界之鏡》（*The Mirror of the World*）只是一本對十二世紀重述一遍的百科全書，內容包括了生動地描繪出兩個男人朝相反的方向走遍世界，並且在出發點的「下方」相遇，顯示出腳對腳和面對面的場景。隨附的文字解釋說，「就像一隻蒼蠅繞著一個圓蘋果轉」，人們或是野獸可以繞行地球的整個範圍，圍繞著它走一圈。「所以他應該會走到我們的下面，而在他看來，我們卻在他的下方」。如果他繼續前進，他會「走得很遠，以至於他會再次回到他第一次出發的地方」。至此，很明顯的，從理論上來說，環遊世界是可能的，無論是往上還是往下，向東還是向西，即使危險和人為的錯誤總是會阻礙前行。

西元一三二五年，在波多諾內的奧多里克到達中國之前，他乘坐帆船從印度航行到蘇門答臘。他造訪了該島北部海岸的各個港口，並遊歷了馬來群島（Malay Archipelago）。他經由尼科巴群島（Nicobar Islands）至爪哇、婆羅洲（Borneo，可能還有汶萊〔Brunei〕）和東南亞。

當奧多里克航行到蘇門答臘島西北端的拉穆里時，他明白自己正在接近對蹠點，當時蘇門答臘島是偉大的貿易王朝巴賽蘇丹國（Pasai sultanate）的一部分。而「當地球攔截它時」，他開始看不到北極星，對他來說，這是一個天文奇景。奧多里克不僅透過旅行開闊了視野，而且超越了地平線。整個北半球船員用來導航的北極星逐漸消失，固定在另一個遙遠的球體上，

————走遍世界的男人————

天體圖變得越來越陌生。

　　對於奧多里克來說，拉穆里本身在兩個主要的方面是與眾不同的。首先，那裡的人們無論是男是女都完全赤身裸體，而這並非沒有道理。按照奧多里克即使不能接受也一定能理解的邏輯，他們告訴他上帝讓亞當赤身裸體，那麼為什麼要違背上帝的旨意穿上衣服，尤其是在如此可怕的高溫下？其次，奧多里克說，那裡的人吃人肉，就像義大利人吃牛肉一樣。他們甚至從海外購買兒童，然後將其賣給肉類市場的屠夫。他們有豐富的小麥、稻米、樟腦、蘆薈和芭蕉，但是仍然喜歡人肉的滋味。

　　歐洲人對同類相食的迷戀幾乎與歐洲旅遊一樣古老。旅行者的幻想使他們面臨一些他們沒有親身經歷但是被誤導相信普遍存在的行為。這是一種自我參照的觀察，亦即在歐洲以外，吃人肉的行為相當的猖獗，因此非基督徒並不是完全的「文明」。同類相食的指控往往發生在邊界不明確的接觸地區，即已知和理解的世界以外更遠的前哨。與雞姦和一夫多妻制等習俗類似，吃人的行為被認為是非常可恥的行為，但是在海外卻非常普遍，而旅行寫作提供了一個可以探索（並淫蕩地享受）這種行為的空間。中世紀的食人行為是一個引人入勝的廣泛範疇，而食人行為的原因有各式各樣：人們因宗教、殘酷、飢餓和正義等原因而被吃掉。奧多里克很可能聽說過蘇門答臘島的食人族，但即使他沒有聽說過，他也會期望在東部的邊緣發現吃人的現象，而他新奇邊境之旅對於他的觀眾來說會更有說服力，因為那裡有出現食人族。同樣的，巴格達的水手辛巴達（Sinbad the Sailor），這位完美的伊斯蘭旅行家，據說在他第三次和第四次向東航行時也遇到了食人族。在「猿猴山（Mountain of the Apes）」（可能是蘇門答臘的另一個說法，因為那裡的居民長得像猩猩），辛巴達的船員被一個可怕的巨人吞噬掉，巨人把他們放在炭火上烤。在他的下一次航行中，焦躁不安的辛巴達在東部的一座島嶼旁遭遇海難，殘忍的巫師將一種特殊的油塗抹在遊客的身上，讓他們變得癡呆並且變得非常肥胖，然後它們將被「宰殺、烘烤並給國王食用」。辛巴達的故事發生在九世紀，但是卻在整個中世紀廣為流傳，同樣

指出同類相食是一個主要的危險，它將文明的旅行者與他們所
造訪的島嶼王國上的野蠻人區分開來。

造訪蘇門答臘之後，奧多里克將爪哇描述為一個很大的島
嶼，其國王統治下有七位國王。他說，那裡人口稠密，有豐富
的香料和食物，但是沒有葡萄酒。

然而，在他引起人們對這些令人饗往的產品的注意之後，
奧多里克對爪哇的描述聽起來很熟悉且並不陌生，甚至可以預
想的到。國王住在一座宏偉的宮殿裡，那是「世界上最美麗的
地方」，牆壁鍍滿黃金，裝飾著騎士在戰鬥的故事。那可能幾
乎就是一座法國或是義大利的皇家宮廷。

根據奧多里克的說法，爪哇島之外還有潘丹島（island of
Panten），它似乎是蘇門答臘島和新加坡之間的民丹島（island
of Bintan）的某種版本，也可能是爪哇島西側的印度教和佛教
的王國萬丹島（Banten）。那裡的樹木能夠產出美麗的麵粉，
可以用來製作精美的白麵包。奧多里克寫道，他吃過這種麵包，
「因為我親眼見到所有的這些事物。」或許這讓他回想起西谷
椰子，他強調了上帝的能力，即使在這裡，也能以一種平凡的
奇蹟為人類提供大自然的恩賜，顯示出聖餐似乎是自然的食物。

但是潘丹也存在著自然的危險。奧多里克在記述中說，那
裡有一種可怕的樹，它能產生世界上「最致命」的毒藥。唯一
已知的解毒劑是用水稀釋的人類糞便。這是一個被多次重複用
來描述有關於爪哇毒樹的神話。對於奧多里克來說，這本不應
該如此引人注目，因為動物糞便在西方的醫學中很常見：母牛

和公牛的糞便以及鵝和鴿子的糞便，經常在歐洲被用來製造藥用的藥膏和加入飲料中。

當地人之所以能在潘丹繁衍生息，全靠海邊生長著巨大的藤蔓，這些藤蔓結出了珍貴的寶石。這些寶石戴在身上，就意味著不怕鐵刀或是鋼刀，即使被砍到也不會流血。人們甚至在手臂上刻意地劃出傷口再放置上這些寶石，作為在危險的地方時大自然的護身符。

越過潘丹，海洋急速向南奔流而去。奧多里克描述了「死海」、死亡之海、「深不見底的水體」。他警告說，如果有人不幸掉進這片海域，就再也找不到了。如果水手們讓他們的船偏離海岸太遠，這片可怕的海域就會把他們帶下去，再也回不來了。奧多里克也許是在重複當地人告訴他的事情，關於爪哇海、巽他海峽（the Sunda Strait）或是爪哇和澳洲之間的印度洋。這是奧多里克史詩般旅行的最南端，是他能夠或是敢於到達的最遠的對蹠點。他已經走到了知識的邊緣，也走到了死亡的臨界點。

歐洲地圖同樣暗示了偏離世界的邊緣太遠可能會有危險。赫里福德（Hereford）的《世界地圖》（mappa mundi，約西元一三〇〇年）上面印有字母 MORS（死亡）字樣環繞著世界，這是每個人指南針上的四個點，提醒著血肉之軀的旅行者若行腳至此必定會死。西元一四五〇年左右，弗拉·毛羅（Fra Mauro）所繪製的威尼斯地圖提到印度的東南部流傳著一個傳說，凡是向南航行的船隻將被洋流帶到「黑暗」之中，「穿過

稠密的空氣和頑強的海水,它們必將滅亡。」同樣地,曼德維爾和其他人也記述了東部海洋中的「金剛岩石」,它們以猛烈的方式將任何帶鐵的物質吸向它們(因此當地的船隻是在沒有釘子或是其他的鐵器的情況下製造的)。甚至有人說,他們看到了一種狹長的島嶼,水手們告訴他們,那是所有被金剛岩石所毀壞的船隻的殘骸。巨大的船隻已經變成了一堆致命的樹木和從殘骸中長出的樹枝。如果旅行是一種感覺活著的方式,那或許是因為在旅行中,我們忘卻了海浪將會向我們襲來之前的一種與危險的調情。

潘丹以外平靜的海域代表著奧多里克知識的極限,因為他承認沒有人知道被海水沖走的人會被帶到哪裡,或是他們後來怎麼樣了。在潘丹之外,無論走多遠,死亡都會包圍這個世界。在塵世間的一切,無論是黃金、香料、華麗的宮殿或是莊嚴的寺廟,都將被一掃而空。澳洲和紐西蘭的海洋變成了一條流淌著死亡的冥河(River Styx),或者可能是一條忘川河(Lethe)。一個充滿著漩渦、水迷宮和煩惱的魔鬼的海洋。

奧多里克的死亡之海完全符合中世紀的基督教徒對上帝創造的理解,因為上帝的創造太令人敬畏,以至於個人無法理解。死亡之海標誌著唯一的選擇就是回頭。正是在潘丹海岸,奧多里克接受了旅行探索的局限性,屈服於比他更強大的風景和力量。他乘著船隻一路北上,從潘丹到占婆(Champa,今越南),再到汗八里克,到達比潘丹危險的海岸更容易到達的地方。

事實上,有許多中世紀的旅行者將他們的思緒轉向世界

的盡頭，而不是回家。馬可・波羅和奧多里克一樣，描述了已知世界邊緣的致命海洋：在爪哇和安達曼群島（Andaman Islands）之間，這片海洋是如此的深邃且波濤洶湧，船隻一旦進入，既不能停泊也不能駛離，因此永遠被捲入海灣，而馬達加斯加（Madagasca）以南的海域有持續不斷的南流，任何水手都不太可能從那裡返航。旅行可以開闊我們的視野，而不是透過無限的發現，但是能夠幫助我們了解我們的極限和世界的盡頭。

因此，被稱為「天涯海角（Land's End）」的地方出現在世界各地，代表了可穿越世界的極限。其他的地方，例如位於直布羅陀（Gibraltar）的赫丘力士之柱（Pillars of Hercules），被認為是可航行海洋的界限。中世紀世界的盡頭包括了加利西亞的天涯海角（Galician Fisterra，Finis terrae，其意為「土地的盡頭」）、布列塔尼的天涯海角（Finistère in Brittany）、英國的天涯海角（Land's End，稱為 Inglendesende，「英格蘭的盡頭」，位於英格蘭西部邊緣）、威爾斯（Wales）的彭布羅克（Pembroke，Pen Bro，其意為「土地的盡頭」），以及最遠的圖勒（Ultima Thule，原文是 Thule the Furthermost），還有冰島、格陵蘭島、謝德蘭群島（Shetland）或是其他更遠的地方。而馬來西亞半島頂端的柔佛州（Johore）在中世紀時期被稱為 Ujong Medini（意為陸地的盡頭），新加坡的主島被稱為 Pulau Ujong（意為盡頭的島嶼），蘇拉威西島（Sulawesi）的望加錫（Makassar）港被稱為 Ujong Pandang（意為地平線的盡頭）。

此外，對於毛利人（Māori）來說，位於紐西蘭北端的雷恩加角
（Cape Reinga，地獄角〔Underworld Cape〕）則成為了最具精
神意義的地方，據說靈魂會離開這個世界，下降到地獄。當我
們試圖在某個地方了解它們時，這些地方就是世界的盡頭。

　　圖勒（Thule）是一種對於對蹠點的北方對應地。不來梅
（Bremen）的歷史學家和民族誌學者亞當（Adam）於西元一〇
七〇年左右撰寫了有關北美的著作，他是已知的第一位撰寫有
關於北美的歐洲人，他描述了挪威人在文蘭（Vinland）的定居
點（著名的北歐維京探險家萊夫・艾瑞克森〔Leif Erikson〕於
西元一〇〇〇年左右在此定居）。亞當還寫過有關於圖勒的文
章，他說該島距離所有其他的島嶼都很遙遠，而且仍然「鮮為
人知」。它被稱為「最遠的圖勒（Ultima Thule）」，因為它是
海洋中的最後一個島嶼。夏至時那裡永遠不會天黑，冬至時則
沒有白晝。亞當說，圖勒距離英國有六天的航程。

　　他姑且暫時的認為圖勒就是冰島的火山島。圖勒的冰使大
海變得堅硬。這種黑色、乾燥、古老的冰層一旦著火就會燃燒
起來。圖勒人過著「神聖簡樸」的地下坑洞生活，他們只飼養
牲畜，身上穿著用動物皮毛製成的衣服。「他們沒有城鎮，而
是以山脈和泉水為樂，」亞當讚歎道。他們會與外國人和當地
人分享自己所擁有的一切，這是他們文化中許多值得讚揚的習
俗之一。圖勒之外，再也沒有其他的地區。

　　西元一四六〇年代從紐倫堡出發的德國貴族加百列・泰澤
爾（Gabriel Tetzel）在造訪聖地牙哥德孔波斯特拉後騎馬前往加

利西亞的福斯特拉（Fisterra）。他指出，農民們稱這個地方為「Finster Stern」（德語中的「黑暗之星」），儘管它的正確名稱是 Finis Terrae（「世界的盡頭」），但是兩種說法似乎都很合適。「除了天空和水，人們什麼也看不到，」泰澤爾說。有人告訴他，那裡的海洋波濤洶湧，沒有人能夠渡過。有許多的槳帆船和船隻出發去探索這些海域以外的事物，但是沒有任何人回來。

　　再往西南方向前行，還有另外一個可穿越世界的界限：無人角（Capo Non 或是 Cape No），這是一個西非的終點站和海角。根據阿爾維斯·卡達莫斯托（Alvise Cadamosto）對西元一四四三年的航海家兼奴隸販子努諾·特里斯坦（Nuno Tristão）前往茅利塔尼亞（Mauritania）的旅程的描述，該海角以此命名的原因是因為繞行過它的人再也沒有回來過。這是葡萄牙國王的兒子航海家恩里克王子（西元一三九四年至一四六〇年）渴望跨越的界限，他派遣了最好的卡拉維爾三桅帆船艦隊「成功地航行到任何地方」、以「學習新的事物」和「對居住在該地區的摩爾人（Moors）造成傷害」。他對祭司長約翰著迷，但是也對深化葡萄牙進出撒哈拉（Sahara）地區貿易的可能性感興趣。他的第一支艦隊經過無人角一百英里後，只發現了「沙地和乾旱的土地」，那裡「既沒有房屋，也沒有人」，於是他們就折返了。第二支艦隊越過了海角一百五十英里遠，但是也一無所獲。他不斷地派出裝滿食物、武器和彈藥的快艇，直到他們發現了一些東西：最終，葡萄牙船隻遇到了來自柏柏

爾（Berber）部落的「棕色人」，然後他們「終於」「發現了⋯⋯第一個黑人的國家」，接著又發現「許多其他不同的黑人族群、語言、習俗和信仰」。

對土地和利益的好奇心和貪婪戰勝了這些旅行者。能夠管理外海的卡拉維爾三桅帆船的發展、大西洋和非洲海岸的系統製圖以及更準確的天文導航方法的使用，所有這些都促成了一種道理，亦即世界不可能被個人的旅行者征服，而是由他們所代表的國家所征服。藉由通過無人角，通過奇怪地結合的渴望同時了解更多並發動戰爭，這些葡萄牙的三桅帆船可以被視為新旅行時代的代表：正面的意義上可稱為「發現的時代」，但是也許稱為征服和非法侵占的時代更為恰當，旅行者拒絕接受長期以來對他們旅遊地方的限制，無論是可以去或是應該去的地方。

CHAPTER————————————————— **15**

尾聲：
旅程的終點

　　大多數旅行者都會在某個時候感到他們已經受夠了，他們渴望回到熟悉的事物，那代表著旅行的時間已經結束了。然而，雖然有許多中世紀的旅行者都會寫下出發和到達時的感動，但是並非所有的人都會記錄回家的旅程。對於許多旅行者來說，他們回到家之後所做的第一件事就是開始撰寫他們所經歷的旅程的記錄。那些描述他們歸來的人讓我們瞥見了歸鄉和旅程即將結束時的不確定感。

　　例如，西元一三四八年和一三四九年，當瘟疫席捲城市時，伊本・巴圖塔穿越亞洲和北非飛奔回國。在大馬士革，他看到成千上萬的人死於瘟疫，基督徒、猶太教徒和穆斯林的染疫者在街上一起哭泣，他們緊抓著聖書，懇求上帝結束他們的痛苦。

西元一三四九年十一月，伊本‧巴圖塔抵達摩洛哥這片「光榮之地」的家鄉，在那裡他暫時放下了「旅行杖」。在環遊世界後，他發現摩洛哥有最好的土地，那裡有豐富的水果和淡水且土地肥沃。摩洛哥的蘇丹體現並超越了伊本‧巴圖塔從爪哇到君士坦丁堡所遇到的統治者的所有美德。在他的家鄉丹吉爾，伊本‧巴圖塔到他母親墳前悼念，接著他就生了一場病。他因病被禁錮了三個月。之後他再次上路，經直布羅陀前往安達魯西亞（Andalusia），參加針對基督徒的戰爭。

我們的老朋友約翰‧曼德維爾寫道，他取道羅馬回家，是為了讓羅馬教皇和所有智者確認他的遊記是真實的。這當然沒有發生（剛開始時教皇是在亞維儂），曼德維爾書中的大部分內容顯然都不是真實的。經由羅馬返鄉的故事很可能是曼德維爾書中作者所寫的一個修道院的笑話，嘲笑身體力行的旅遊會給旅行者帶來某種體驗優勢的想法，嘲笑環遊世界好像真的會產生真實的或是有價值的知識。正如任何一位與世隔絕的中世紀僧侶都知道的那樣，我們時常能理解未曾見過的事物，然而我們也會看道我們不能理解的事物。旅行作為一種理念的真諦在於它能夠激發人們反思上帝所創造出來的奇蹟和神秘的世界，而人們卻不需要為此原因離開修道院。

然而，曼德維爾的一位讀者、經驗豐富的朝聖者威廉‧韋以一種截然不同的方式慶祝他的返鄉。西元一四六二年，威廉‧韋第二次造訪耶路撒冷後，他回到了位於索爾茲伯里平原（Salisbury Plain）荒涼地區邊緣的英國村莊愛丁頓（Edington）

的修道院。他在這裡建造了一座非凡的耶路撒冷教堂，這是一個由建築物、書籍、地圖、法衣、圖像、紀念品和文物所組成的多媒體創作。這座建築物是在他的教堂的主要唱詩班的基礎上建造的，其中包括一幅描繪耶路撒冷、橄欖山和伯利恆場景的彩繪畫布，在耶路撒冷購買的紙製的十字架，他從耶路撒冷和伯利恆帶回來的一些石頭，以及用小板子或是厚木板所複製成的聖墓。威廉・韋的裝置藝術強烈地體現了地點的可移動性，亦即朝聖者可以將耶路撒冷帶走，而且幾乎可以無限地加以詮釋。威廉・韋為修建教堂提供資金的書面遺囑規定，任何東西都不得從教堂中移走，但是它似乎是英國宗教改革的受害者，被十六世紀的新教改革者席捲而去。他們不相信朝聖的神聖性、文物的價值或是對旅行者的原諒和赦免。

總是喋喋不休的菲利克斯・法布里詩意地描述了他於西元一四八四年一月返回烏爾姆的經歷。他說當他騎馬穿越烏爾姆以南的伊勒河谷（Iller Valley）時，一場傾盆大雨把他淋濕了，這是他整個旅程中最糟糕的時刻。他感到悲傷、怯懦、凍得瑟瑟發抖、不耐煩且焦躁不安，所有紊亂的歸鄉之情都在一場暴雨中顯現出來。但是當他回到烏爾姆見到這座城市時，他感到愉悅、舒適和快樂，這種快樂與他離開時所感受到的痛苦相等。他幾乎認不出這座城市了，因為在他離開的九個月裡，這座城市華麗的新城牆已經竣工。

當法布里跨過赫德布魯克（Herdbrucker）越過多瑙河時，當地人開始認出他來，有些人跑到修道院去尋求獎賞，以表彰

他告知法布里返回家園的好消息。當法布里到達修道院門口，發現修士們正在做晚禱，大聲誦經並唱詠著讚美詩歌。他用力地敲門，想讓別人聽到他的聲音，但是徒勞無功。旅人們總是會驚訝地發現，當他們離開家園時，生活仍在繼續，而其他人的日常一樣保持不變。城市已經發生了變化，但是即使物換星移，日常生活的節奏和習慣仍然保持著原貌。

終於，修道院裡守衛大門的狗狗（通常是一隻憤怒的、狂吠的野獸）感覺到了法布里的存在。這隻狗開始發出「不尋常的嚎叫聲和快樂的鼻息」，並用爪子和牙齒從裡面使勁地抓著大門，就像是要打破門板一樣。法布里打開大門，那條不耐煩的狗跳進他的懷裡，又跳又抽，搖著尾巴，然後全速地狂奔穿過修道院，一直快樂地汪汪叫，宣告朋友的到來。法布里的院長路德維希・福克斯（Ludwig Fuchs）模仿那隻狗跑向法布里，忘記了他年事已高以及尊崇的職位，然後院長跳到他身上，彷彿像是要撲滅火焰般，友好地擁抱著他的脖子。其餘的修士們則聚集在一起，帶領法布里列隊走向主祭壇，所有人都跪倒在地上接受聖禮和祝福。隨後修士們在晚間剩餘的時間裡和法布里親切地談論著他的經歷。法布里後來發現，他們接收到了錯誤的訊息，說他已經死在海上或是被土耳其人俘虜了。

法布里的歸來是一幅歡樂團聚的寫照，最後他不情願地剃掉了十一個月長的鬍子。他說，鬍鬚「是美化男人面容的天然裝飾品」，但是當他從旅人回到修道士的身分後，他覺得自己應該再次符合修道會的期望，讓他看起來「值得尊敬」，而不

是「強壯且無畏」。鬍鬚標誌著他作為一位旅行朝聖者的臨時身份，而剃掉鬍鬚則代表著他重新回到了他的日常生活。儘管如此，法布里暗示著他感覺到自己的內心已發生了變化，透過旅行，他成為了一位更好的修道士和優秀的傳教士。

與此同時，令人敬畏的波代諾內的奧多里克並沒有描述他回家的旅程，而是以他在亞洲深處某個可怕的山谷中的經歷結束了他的記述。在這個由一條「歡樂之河」切割而成的七到八英里長的山谷裡，鼓聲和其他的音樂聲震耳欲聾。山谷的地面上散落著數百具屍體，這些非基督徒在進入那個可怕的山谷後幾乎立即死亡。有一顆岩石的側面上有一張「非常巨大且可怕」的男人的臉。奧多里克說，他的靈魂在這個地方死去。他開始對自己重複「道成了肉身（Verbum caro factum）」這句話（《約翰福音》〔John〕一：一四），這個咒語提醒他，他是帶著上帝的精神和恩典去旅行的，而這個世界上所有創造出來的事物都是神聖計劃中的一部分。在一個交織著無所不在的聖潔和極端不尊崇上帝為聖的世界裡，這是一種超自然現象與奇蹟的相對應。

當他最終回到歐洲並漸漸地熟悉了在帕多瓦（Padua）修道院的生活後，他的上司朱多托（Giudotto）要求奧多里克向一位修道士索拉尼亞的古列爾莫（Guglielmo of Solagna）口述他的旅行經歷。於是在西元一三三〇年五月，奧多里克描述了他去過的地方以及他所目睹的一切。他說他只記錄了他的親眼所見或是忠實的人所告訴他的內容。在這裡，旅行的奇妙經歷變成了

旅遊寫作的故事題材。奧多里克避免使用華麗的語言，而是以平易近人的方式講述，因此他的敘述無論是飽讀詩書之士或是販夫走卒都可以理解。

幾個月後，奧多里克出發前往亞維儂拜訪教皇。然而，他並沒有到達目的地：奧多里克在途中生病了，一位穿著打扮像是一位朝聖者的睿智老人警告他盡快返回家鄉弗留利省（Friuli）。這位老人請奧多里克抓緊時間，因為他的生命只剩下十天了。人們後來說，這位年長的朝聖者就是阿西西的聖方濟各（St Francis of Assisi）本人的靈魂。

十天後，奧多里克於西元一三三一年一月在弗留利的首府烏迪內（Udine）去世。他曾去過世界的邊緣並到達知識的極限，但是他是在家鄉、靠近他出生的地方去世的。奧多里克去世後的幾個月裡，據報導在他的墳墓裡出現了治癒的奇蹟。據說，有一位來訪的婦女試圖砍下他的手指，以作為虔誠的紀念品帶走，希望旅行的祝福能繼續伴隨著她。

奧多里克的故事證實了這樣的一個想法：在探索結束時，我們回到了起點，但是我們也重新理解了這個起點。旅途歸來後，旅人們在某種程度上產生了變化，以新的方式變得更加的有智慧，與巨大的差異和奇妙的相似性不期而遇，他們的家庭生活和先前的認知被拋入了新的解脫之中。旅行迫使我們思考生命的意義，並在地球的多樣性和未知性中領悟到人類的渺小。

當他掙扎著返回家園時，垂死的奧多里克很可能感受到他所走過的地球本身已經變得很渺小，只不過是一個微小的表面

上的一些小點，是時候從塵世的事物轉向天上了。這並不是停止遨遊，而是尋找其他的世界。當夕陽西下，夜幕低垂，奧多里克收到了他進入天際的通行證，加入了那些從肉體和塵世旅行中解脫出來的人們，進入了璀璨的群星中的絢麗圓圈，在那裡，靈魂將開始進行其神秘的、無形的旅程，走向無垠的地平線。

【Historia 歷史學堂】MU0063

走進中世紀的世界
一本寫給過去、現在、未來旅人的歷史指南

A Travel Guide to the Middle Ages: The World Through Medieval Eyes

作　　　者 ❖	安東尼‧貝爾（Anthony Bale）
譯　　　者 ❖	蔡耀騰
封 面 設 計 ❖	陳恩安
內 頁 排 版 ❖	李偉涵
內 文 校 對 ❖	魏秋綢
總 編 輯 ❖	郭寶秀
責 任 編 輯 ❖	洪郁萱
行 銷 企 劃 ❖	力宏勳

國家圖書館出版品預行編目 (CIP) 資料

走進中世紀的世界：一本寫給過去、現在、未來旅人的歷史指南 / 安東尼. 貝爾 (Anthony Bale) 作；蔡耀騰譯 . -- 初版 . -- 臺北市：馬可孛羅文化出版：英屬蓋曼群島商家庭傳媒股份有限公司城邦分公司發行, 2024.09

面；　公分 . -- (Historia 歷史學堂；MU0063)

譯自：A travel guide to the middle ages : the world through medieval eyes.

ISBN 978-626-7520-09-3(平裝)

1.CST: 旅遊 2.CST: 世界地理 3.CST: 中古史

712.3　　　　　　　　　　　　　　113010819

事業群總經理 ❖　謝至平
發　行　人 ❖　何飛鵬
出　　　版 ❖　馬可孛羅文化
　　　　　　　台北市南港區昆陽街 16 號 4 樓
　　　　　　　電話：886-2-2500-0888 傳真：886-2-2500-1951
發　　　行 ❖　英屬蓋曼群島商家庭傳媒股份有限公司城邦分公司
　　　　　　　台北市南港區昆陽街 16 號 8 樓
　　　　　　　客服專線：02-25007718；02-25007719
　　　　　　　24 小時傳真專線：02-25001990；02-25001991
　　　　　　　服務時間：週一至週五上午 09:30-12:00；下午 13:30-17:00
　　　　　　　劃撥帳號：19863813 戶名：書蟲股份有限公司
　　　　　　　讀者服務信箱：service@readingclub.com.tw
　　　　　　　城邦網址：http://www.cite.com.tw
香港發行所 ❖　城邦（香港）出版集團有限公司
　　　　　　　香港九龍土瓜灣土瓜灣道 86 號順聯工業大廈 6 樓 A 室
　　　　　　　電話：852-25086231 傳真：852-25789337
　　　　　　　電子信箱：hkcite@biznetvigator.com
馬新發行所 ❖　城邦（馬新）出版集團
　　　　　　　Cite（M）Sdn. Bhd.（458372U）
　　　　　　　41, Jalan Radin Anum, Bandar Baru Seri Petaling,
　　　　　　　57000 Kuala Lumpur, Malaysia.
　　　　　　　電話：+6(03)-90563833 傳真：+6(03)-90576622
　　　　　　　電子信箱：services@cite.my
輸 出 印 刷 ❖　中原造像有限公司
初 版 一 刷 ❖　2024 年 9 月
紙 書 定 價 ❖　590 元（如有缺頁或破損請寄回更換）
電子書定價 ❖　413 元

A Travel Guide to the Middle Ages: The World Through Medieval Eyes
Copyright © Anthony Bale, 2023
This edition arranged with Viking, an imprint of Penguin General. Penguin General part of the Penguin Random House group of companies through Andrew Nurnberg Associates International Ltd.,
Traditional Chinese edition copyright © 2024 MARCO POLO PRESS, A DIVISION OF CITE PUBLISHING LTD.
ALL RIGHTS RESERVED

城邦讀書花園
www.cite.com.tw

ISBN：978-626-7520-09-3（平裝）
ISBN：9786267520086（EPUB）
版權所有　翻印必究